Mein Leben als jugendlicher Draufgänger

Manni Breuckmann

Mein Leben als jugendlicher Draufgänger

Eichborn

Alle Begebenheiten, die in diesem Buch geschildert werden, sind wirklich passiert – die meisten jedenfalls. Die Namen habe ich erfunden; sollte jemand sich selber oder einen anderen wiedererkennen, so kann das ein Zufall sein – oder auch nicht.

Der Autor

Bei der Getrennt- und Zusammenschreibung folgt dieses Buch den Regeln der sprachlichen Vernunft und nicht denen der neuen Orthografie.

1 2 3 4 07 06

Umschlaggestaltung: Ruth Wagner unter Verwendung
eines Fotos von © getty images
Lektorat: Oliver Thomas Domzalski
Gesamtherstellung: Fuldaer Verlagsanstalt, Fulda

ISBN 3-8218-5618-1

Verlagsverzeichnis schickt gern:
Eichborn Verlag, Kaiserstraße 66, 60329 Frankfurt am Main
www.eichborn.de

Inhalt

Vorspiel

Es gab Fragen, die hatte ich mir schon oft gestellt: Warum sind die anderen Jungs attraktiver als ich? Weshalb hast du dir ausgerechnet dieses Scheiß-Jura-Studium ausgesucht? Wie konnte es gestern Abend zu sage und schreibe zwanzig Pils kommen? Manchmal – besonders an solchen Pils- und Skat-Abenden – schwebte auch die Frage nach dem Sinn des Lebens in den vollgequalmten Schankraum.

Aber die Kleidungsfrage? Die musste nur in seltenen Ausnahmefällen beantwortet werden: beim Abschlussball in der Tanzschule, zu Weihnachten, beim sechzigsten Geburtstag von Onkel Heinz (der mit den 15 Zigarren pro Tag), oder wenn einer gestorben war. In allen anderen Fällen reichten zwei bis drei Hosen, sogenannte »Stoffhosen« (Jeans wurden lange als verwegene und irgendwie unanständige »Nietenhosen« gebrandmarkt und waren verpönt), vier bis fünf mehr oder weniger geschmackvolle Hemden, zwei Pullover, eine Strickjacke – ein Teil, mit dem heute bestenfalls Mallorca-Rentner rumlaufen – und selbstverständlich ein Parka. Fast jeder hatte damals einen Parka, die Farbe war einheitlich olivgrün, alle Parkas hatten ein Futter mit Druckknöpfen für den Winter. Sie mussten möglichst vergammelt aussehen, besonders edel waren Parkas mit »Original«-Einschuss-Löchern aus Vietnam.

Was also sollte der angehende Star-Reporter bei seinem ersten Einsatz anziehen? Sollte er in feinere Klamotten schlüpfen als sonst? Sollte er sich gar in ein Bekleidungs-Fachgeschäft begeben, um eine edle Hose und ein sündhaft teures Sakko zu erstehen? Ich konnte es kaum fassen, aber diese Fragen waberten durch meinen zwanzigjährigen Kopf, und allein die Vorstellung, wieder mal schlecht sitzende Hosen anprobieren zu müssen, erzeugte in mir einen aggressiv getönten Widerwillen. Hosentechnisch gesehen wandere ich nämlich behindert durchs Leben: Ich verfüge über ganz wenig Arsch, aber über einen mittelgroßen Bauch. In einem solchen Fall ist Perfektion nur durch Hosen vom Maß-Schneider zu erreichen. Ich besprach den Fall mit Joe, der aus Oldenburg kam und für seine kurzen und meist genau ins Ziel treffenden Antworten bekannt war – ein Mann für Kurzgeschichten, nicht für Romane. »Zieh das an, was du immer anziehst«, sagte Joe und kaute wieder mal auf einem rosafarbenen, süßlich stinkenden Hubba-Bubba-Kaugummi herum.

»Aber ich will mich auf keinen Fall blamieren, ich sitz da auf dem Präsentierteller!«

»Dann geh aber auch zum Friseur und lass dir deine Matte killen.«

Meine Haare reichten damals fast bis auf die Schulter und bedeckten in Form zweier großer Ausstülpungen auch meine Problemzonen, die leichten Segelohren. »Friseurhandwerk ist Körperverletzung, ich gebe keinem die Möglichkeit, Straftaten zu begehen.«

Ich hasste Friseure und bekam auf Friseurstühlen immer Beklemmungen. Frühkindliche, neurotisierende Erlebnisse hatten mich in diese Sackgasse geführt, denn mein Vater war gelernter Friseur und setzte mich als kleinen Jungen immer auf eine hohe Keksdose, um mir dort seinen gefürchteten Zuckerrüben-Rundschnitt zu verpassen.

»Dann zieh dich an wie jeden Tag. Ist doch sowieso nur Radio, dich sieht ja keiner.« Der erlösende Tipp! Nur Radio. Keiner weiß, wie du aussiehst. Du kannst alle mit deiner voluminösen, sonoren Stimme beeindrucken, und keine Sau will wissen, ob du eine Bierplautze und eine Kartoffelnase hast, oder

Mark zu sparen, nicht hineingegangen. Als ich noch jünger war, hat sie mir das oft erzählt.
Seit ihrer Kindheit war Mutter sehr fromm, ging gerne zur Kirche und ließ Gott über ihr Schicksal walten, und fügte sich ebenfalls wie Vater dem katholischen Glauben. Auch heute, mit 62 Jahren, ist Mutter noch wie früher.

Nachdem sich meine Eltern kennengelernt hatten, fuhr Vater immer den weiten Weg bis hoch in den Westerwald, und seinerzeit wurde noch alles per Fahrrad oder zu Fuß zurückgelegt. Die steilen Straßen und Wege, die Vater jedes Mal bewältigen musste, um seine Geliebte zu sehen, lagen im hohen Gebirge, welches im Winter bei Regen, Schnee und Eis kaum passierbar war. Aber Vater hat die Strecken oft und bei allen Witterungen per Fahrrad oder zu Fuß bewältigt, denn Liebe ist ja stark.
Vater und Mütter müssen sich sehr geliebt haben und wie Mutter mir einmal sagte, wäre sie für Vater durchs Feuer gegangen. Das sagt alles und bestätigt die Liebe meiner Eltern. Und es zu wissen, dass meine Eltern sich sehr liebten, macht mich unsagbar glücklich, denn Liebe ist das Schönste, was es gibt. Ich glaube, etwas über vier Jahre kannten sich meine Eltern, bevor sie zum Traualtar schritten. Es war am 26. September 1926 in Weibern.

Weibern, im Kreise Mayen in der Eifel, meines Vaters Heimat, hier ließen sich meine Eltern nieder und gründeten ihre Familie. Am Anfang hatten sie sich eine Wohnung gemietet und zwar bei Josef Hoss in der Bahnhofstraße. Hier begannen sie mit nichts, kein Kapital, nur das Allernötigste, was sie von Zuhause mitbekommen hatten. Vater machte sich als Schuhmachermeister selbständig und unterhielt mit Mutter zusammen, zuerst ganz klein und bescheiden, ein Lädchen., wo sie in kleinen Mengen Pantoffeln und später auch Schuhe verkauften. Da sie ja nichts hatten, mussten sie mit Schulden anfangen und sich langsam hocharbeiten. Es war ein schwerer und harter Start für ihr gemeinsames, junges Eheleben. So etwas ist mit den heutigen Ansprüchen gar nicht mehr zu vergleichen, da die Menschheit heutzutage viel anspruchsvoller ist als früher. Ob sie aber glücklicher und zufriedener ist als damals, das lässt sich bezweifeln.

Nach zweijähriger Ehe im Herbst 1928 kam das erste Kind, meine Schwester Elfriede, zur Welt. 1930 folgte dann das zweite, meine Schwester Cilly. Beide wurden im November in Weibern geboren.
Wie ich mich aus Erzählungen erinnern kann, kauften meine Eltern damals mit zwei Kindern das Haus in der Bahnhofstraße Nr.8. Dort wohnten wir bis 1956, als wir nach Rheinhausen zogen. Am 1. Juni 1933

Papa hatte Friseur gelernt ...
(Foto von 1960)

in welcher Boutique auf der Düsseldorfer Königsallee du einkaufst.

Und so war zu Beginn der Fahrt von meinem Studienort Marburg an der Lahn ins schöne Wattenscheid eines bereits ganz klar: Meine Chancen, zum bestgekleideten Mann des Jahres 1972 gewählt zu werden, tendierten gegen Null. Die braune Schlabberhose, das schlangengrüne Hemd und der abgewetzte Parka hätten die Juroren vom Verband für adrette Oberbekleidung nicht beeindruckt. Aber als Fußball-Reporter für den Westdeutschen Rundfunk stand ich am Beginn einer galaktischen Karriere. Das versuchte ich mir jedenfalls in den Augenblicken einzureden, in denen mein chronisch unterentwickeltes Selbstbewusstsein mal ausnahmsweise über die Nullmarke kletterte.

Jetzt allerdings, da der Countdown für die Reporter-Rakete Manni im vollen Gange war und von Ferne schon das liebliche Lüdenscheid grüßte, ging mir so richtig die Düse. Ich war nervös wie die texanische Kuh, die in ein Klapperschlangen-Nest getreten ist; und die ungemein flotten Sprüche meiner Mitfahrer gingen mir gewaltig auf den Zeiger. »Wo hast du denn die Fotos machen lassen?« Diese nur scheinbar unschuldige Frage kam von Warnfried, dessen Eltern während der Namensfindung in der katholischen Fahrradfahrer-Metropole Münster wohl zuviel Germania-Bier getrunken hatten. »Was für Fotos?« – »Na ja, die Fotos für die Autogrammkarten natürlich. Die brauchst du doch jetzt.« – »Verarschen kann ich mich selber, Blonder. Tu mal lieber ne Fluppe rüber, ich hab keine mehr.« – »Aber mal ganz ehrlich«, sagte Warnfried und schob mir eine HB in den Mund, »Autogrammkarten haben sie alle bei Funk und Fernsehen. Mein Vater hat eine von Ernst Huberty. Und dein Doppelkinn können sie bestimmt wegretuschieren.« Jetzt die Schnauze halten, dachte ich mir, oder diesen Nervsack rausschmeißen, mitten in die brutale Ödnis der sauerländischen Berge, zwei Tagesmärsche entfernt von jeglicher Zivilisation, und das wäre dann auch noch die Zivilisation von Weltmetropolen namens Hunswinkel oder Dumicke gewesen.

Angesichts der vor mir liegenden übermenschlichen Aufgabe, der Radio-Übertragung der Regionalliga-Partie Wattenscheid 09 gegen den VfR Neuss, in ihrer weltumspannenden Bedeutung nur mit einem WM-Finale zu vergleichen, entschloss ich mich zur Politik der friedlichen Koexistenz. Zumal Warni ja eigentlich ein sehr guter Freund war, dessen einziger Webfehler in der Sucht bestand, ständig witzig zu sein. Ich vergab ihm, und das fiel mir allein deshalb leichter, weil sich vom Beifahrersitz eine zarte Hand auf meinen Oberschenkel schob und dort sanfte Streicheleinheiten verteilte. Wenn ich nicht so lausig nervös gewesen wäre, dann hätte ich stehenden Fußes den Beweis dafür angetreten, dass unter meiner braunen Designer-Hose tatsächlich Leben existierte. So entfaltete sich lediglich eine überaus beruhigende Wirkung, und das sollte ja wohl auch der Sinn von Miriams Aktion sein.

Die blonde, sanfte Miriam, die genau in den Momenten unsanft-lebhaft werden konnte, wenn eine bestimmte Art von Lebhaftigkeit angesagt war! Meine erste ausdauernde Lehrerin auf dem weiten Feld der praktizierten Erotik! Sie war in mein Leben getreten, als ich schon neunzehn war, aber es war nicht zu spät für eine wollüstige Lehrzeit, und, ich schwöre es beim Schnurrbart meines verstorbenen Onkels August, der Anblick ihrer viel zu groß geratenen Zähne hat bei mir nie, nie Gedanken an die Gelsenkirchener Galopprennbahn geweckt.

War es Liebe? Viel Körperlichkeit war es, aber Liebe war es nie, noch nicht einmal Verliebtheit; ich glaube, es handelte sich um die pure Geilheit, wie sie in ihrer reinen Form nur beim männlichen Teil der Weltbevölkerung existiert. Ein paar Wochen nach der Fahrt über die Sauerlandlinie habe ich den Riesenfehler gemacht, Miriam meine eindimensionale Sicht unserer Beziehung zu gestehen, als sie mich nämlich mit der naheliegenden, mir aber lächerlich erscheinenden Frage »Liebst du mich auch ein klein wenig?« überfiel. Sie nahm mir die Antwort nicht übel, natürlich nicht! Es gibt keine Frauen, die übelnehmen, sondern nur solche, die Konsequenzen ziehen. Die Konsequenzen sahen in diesem Fall so aus, dass Miriam sich innerhalb weniger Wochen aus unserem altmodischen, quietschenden Liebesnest in meiner Fünfzig-Mark-Studentenbude bei der Witwe Muth (20 Quadratmeter, nur kaltes Wasser, keine Badewanne, keine Dusche, Klo auf dem Flur) zurückzog. Tja, es gab auch damals schon Lehrerinnen, die nicht bereit waren, selbstlos und auf Dauer Verantwortung für ihre Schüler zu übernehmen! Ich habe nicht geweint, aber auch ohne Liebe hat sie mir gefehlt, ich hätte gerne noch eine Weile Körperflüssigkeiten mit Miriam ausgetauscht.

Aber an jenem schicksalhaften 7. Mai 1972, da saß sie ja noch streichelnd neben mir, das erste von den zahllosen Groupie-Mädels, die mir der Reporter-Ruhm später noch zuspülen sollte. Sagen Sie jetzt bitte nicht: Da übertreibt der Autor vielleicht ein klein wenig, fragen Sie lieber Ute, Daniela, Moni, Rebecca, Uschi, Marina, Sonja und all die anderen! Ich gab meinem grau-braunen Auto-Geschoss die Sporen, damit es seine 34 Pferdestärken so richtig ausreizen konnten. Mein Vater hatte mir sein halbes Vermögen in Höhe von 1 200 Mark in bar ausgezahlt; so war ich in der Lage, mir diesen lediglich sieben Jahre alten VW Käfer unter meinen Wohlstands-Hintern zu schieben. Es handelte sich um das berühmte Modell, bei dem der Reservetank durch einen kleinen Hebel im Fußraum geöffnet werden musste. Weitere zwei Hebelchen rechts und links der Handbremse mussten nach oben gezogen werden, um die Heizung in Gang zu setzen. Es verging danach auch nur eine kleine Weile von rund fünfzehn bis zwanzig Minuten, bis die ersehnte warme Luft in den geräumigen Fahrgastraum strömte.

Einmal konnte ich eine mitreisende Kommilitonin, deren Namen ich hier verschweigen möchte, sehr beeindrucken, indem ich ohne Vorwarnung anfing, einen der Heizungshebel hektisch hoch- und runterzuziehen, immer wieder, mindestens eine Minute lang. Auf ihre erstaunte Frage, was das denn zu bedeuten habe, sagte ich atemlos: »Scheiße, dat Öl iss alle. Ich muss neues reinpumpen, sonst verreckt mir der Motor!« Sie hat mir geglaubt, hat die Geschichte überall rumerzählt und sich über das herzhafte Gelächter des Publikums doch sehr gewundert.

Lüdenscheid-Süd und Lüdenscheid-Nord flogen vorbei. An einer dieser beiden Abfahrten – tut mir Leid, liebe Lüdenscheiderinnen und Lüdenscheider, welche, weiß ich nicht mehr so genau – hätten sie ein paar Monate zuvor beinahe in putativer Notwehr mein junges Leben voller geiler Träume und wilder Hoffnungen ausgepustet. Es war nämlich die Zeit der Terroristen-Hatz, eine Handvoll Baaders, Meinhofs und Raspes stand kurz davor, die komplette bundesdeutsche Polit-, Wirtschafts- und Militär-Elite auszulöschen und eine brutale Diktatur des

Proletariats zu errichten. Um das zu verhindern, wurde einfach mal eben die komplette Autobahn Frankfurt-Dortmund abgeriegelt, um alte VW-Busse und verschlissene R4s nach langmähnigen Gestalten mit Kalaschnikows und Bomben an Bord zu filzen.

Jeder Terrorist, der seine Rest-Intelligenz noch einigermaßen beieinander hatte, kaufte sich ein nettes Sakko, ließ sich einen Kurzhaarschnitt verpassen, der dem Herrn Kaiser von der Hamburg-Mannheimer alle Ehre gemacht hätte, und setzte sich in einen cremefarbenen, flotten BMW. Das hielt aber unsere clevere Polizei nicht davon ab, Parkaträger mit fettigen Haaren in jahrelang nicht gewaschenen Käfern (wegen der Regenhäufigkeit in Mitteleuropa) ganz besonders gründlich zu durchsuchen. Mich konfrontierten sie vor den Toren Lüdenscheids mit der trickreichen Frage nach der Motor-Nummer meines Autos. Diese geniale Taktik musste bei der Terroristen-Fahndung einfach aufgehen! Denn wer die Motornummer weiß, bei dem stimmt etwas nicht, wieso lernt der denn die Nummer auswendig, hat er vielleicht seinen VW geklaut, wahrscheinlich auf dem Schrottplatz, befindet er sich auf dem direkten Weg zu einem Anschlag oder Banküberfall?

Ich kannte meine Motornummer nicht und konterte mit der Gegenfrage, ob wir denn hier bei Hans-Joachim Kulenkampff seien, was die Laune der Vertreter der Staatsgewalt augenblicklich in den Keller sinken ließ. Sodann entfernte ich mich ein paar Schritte von meinem Automobil, um mir zur Entspannung eine Reyno anzustecken, während die grünen Jungs jeden Quadratzentimeter des Wagens nach terroristischen Utensilien absuchten. Ich kam aber nicht dazu, mir eins dieser mörderischen Mentholstäbchen zu verpassen, die ich damals tatsächlich im Wechsel mit Camel Filter rauchte; denn ich trat dummerweise auf einen sauerländischen Stein, knickte um und wäre beinahe der Länge nach hingeschlagen. Dieses Ereignis setzte bei einem der Bullen, die der Untersuchung mit der MP im Anschlag zu-

Der Nachwuchsreporter – Gott sei Dank war's nur Radio.

guckten, eine Gedankenkette in Gang: schnelle Bewegung des Verdächtigen – Fluchtversuch? – Schusswaffeneinsatz? – lieber selber schießen als hingemeuchelt werden.

Er riss die MP hoch. Es fehlten nur ein paar Zehntelsekunden, und die verträumte Mittelgebirgs-Idylle, durch den massiven Polizeieinsatz ohnehin angeknackst, wäre in einem bleihaltigen, blutigen Chaos versunken. Außer einer dramatischen Schlagzeile in der *Bild*-Zeitung – »Es war Notwehr! – Terrorverdächtiger Jura-Student erschossen« – hätte die Nachwelt keinerlei Möglichkeit mehr gehabt, von mir Kenntnis zu nehmen, für die wilden Torschreie wären all die anderen zuständig gewesen, und dieses aufsehenerregende Buch hätte seinen Platz in der Literaturgeschichte nicht finden können. Ich, die Literaturgeschichte und die Arbeitsgemeinschaft der Rundfunkanstalten Deutschlands sind dem sympathischen jungen Polizeibeamten auf ewig dankbar, dass er damals an der Sauerlandlinie im allerletzten Augenblick eine zweite Gedankenkette zuließ: Hallo, hallo, der Junge ist doch bloß gestolpert – jetzt den Finger am Abzug nicht weiter krümmen – die MP sinken lassen! Die MP sank, der Polizist wurde blass, ich blaffte ihn an und bekam einen Herzschlag später sehr wacklige Knie. Die grünen Terroristenjäger wurden aber keine Spur freundlicher, auch als sie schon längst festgestellt hatten, dass ich nur der liebe Manni aus Datteln war, der vielleicht mal auf der Kirmes zwei Gips-Röhrchen zerballerte und sich dadurch ein Schalke-Fähnchen oder eine Plastikrose für die Liebste holte, der es aber sonst nicht mit Gewalt und Schusswaffen hatte. Nein, die Herren von der Polizei taten nur ihre grimmige Pflicht, und so ein kleines bisschen putative Notwehr war da manchmal eben auch im Programm.

Am Tag meiner ersten Fußball-Reportage war die Autobahn samt ihrer Abfahrten Gott sei Dank frei von größeren Polizei-Ansammlungen, die Terroristen saßen wahrscheinlich schon fiebernd und in freudiger Erwartung vor den Radiogeräten. Mein lieber Freund Joe ließ sich von dem dramatischen Bericht über meine Fast-Erschießung zu einem gewagten Vergleich hinreißen. »Na ja« meinte er lakonisch, »du und Terrorist, das wäre ja so was wie Franz Josef Strauß als Blaukreuzler.«

»Was sind Blaukreuzler?« fragte Miriam.

»Rotes Kreuz für Adlige«, beschied Joe sie in seiner knackig-kurzen Art. Ich klärte Miriam über den wahren Charakter der Blaukreuzler-Vereinigung auf. Dann lenkte Joe das Gespräch in eine andere, ebenfalls sehr originelle Richtung. »Bist du nicht Abonnent der Zeitung der Arbeiterklasse?« Er meinte damit die *UZ*, das Zentralorgan der Deutschen Kommunistischen Partei. Ich hatte mich dazu hinreißen lassen, ein Jahresabonnement der *UZ* zu erwerben, und zwar in der irrigen Annahme, dort Aufklärung und nützliche Informationen aus dem linken Spektrum zu bekommen. Eine naive Vorstellung, denn *Unsere Zeit* versorgte mich lediglich mit platten DDR-marxistisch-leninistischen Sprechblasen und nervigen Wortlaut-Protokollen der Reden des großen Vorsitzenden Herbert Mies anlässlich des Besuchs des stellvertretenden bulgarischen Sportministers in der BRD. Alles garantiert frei von Humor, Selbstdistanz oder gar Selbstkritik. Meine Lieblings-UZ-Geschichte habe ich mal in Bremen erlebt, wo ein Verkäufer das Blatt mit den Worten »UZ, die Zeitung der Arbeiterklasse! Heute könnt ihr sie noch kaufen, bald müsst ihr sie kaufen!« anpries.

»Okay, okay, du hast Recht, ich krieg die UZ. Aber was hat das mit Terrorismus zu tun, und wie kommst du überhaupt auf das Thema?«

»Das ist ziemlich naheliegend. Wenn schon kein Terrorist, dann aber doch Kommunist.«

»Ich bin doch kein Kommunist, weil ich die Zeitung der Kommunisten lese.«

»Das ist dem Verfassungsschutz scheißegal. Als Abonnent der UZ bist du ein potentieller Verfassungsfeind.«

»Nehmen wir an, das wäre so, was willst du mir aber damit sagen?« Joe machte es wirklich sehr spannend. Statt mich moralisch zu unterstützen, ging er mir auf den Sack.

»Der WDR ist doch eine öffentlich-rechtliche Anstalt, und wenn du für die arbeitest, dann ist das doch so was wie Öffentlicher Dienst. Du glaubst doch nicht im Ernst, dass der WDR an der Beschäftigung von Verfassungsfeinden interessiert ist.«

Wie albern, wie bescheuert! Ein vollkommen untauglicher Versuch, mit einem oberhohlen Scherz die Stimmung zu fördern. Aber in meiner hochnervösen Verfassung war ich (tatsächlich) ein guter Kunde für Joes absurde Spekulation. Um kommunistische Briefträger und Turnlehrer an der zersetzenden Unterwanderung des öffentlichen Dienstes zu hindern, war ausgerechnet die sozial-liberale Koalition unter Willy Brandt

Anfang des Jahres 1972 auf die Idee gekommen, mittels des sogenannten Radikalen-Erlasses einen gewaltigen Gesinnungsschnüffel-Apparat aufzubauen. Und war nicht ein mit kommunistischer Gehirnwäsche bearbeiteter Radio-Reporter tatsächlich eine ernsthafte Gefahr für das freiheitlich-demokratische Rundfunkwesen? Würde er die Angriffe ständig über die linke Seite laufen lassen? Wie verheerend parteilich hörte sich eine Reportage vom Spiel Schalke gegen Dynamo Moskau an? Wäre nicht während der Bundesliga-Schlusskonferenz mit einer spontanen Huldigung des Vorsitzenden des Staatsrates der DDR und Generalsekretärs des ZK der SED, des Genossen Erich Honecker zu rechnen? Ich beschloss, während wir die A 45 am Kreuz Dortmund-West verließen und auf den Ruhrpott-Highway, die Bundesstraße 1, einbogen, das abseitige Thema einfach versickern zu lassen. Außer einem knurrigen »Dat Abo läuft im September aus« gab es von mir in dieser Angelegenheit nichts mehr zu hören, ich schwieg einfach, und das fiel mir verdammt schwer. Später habe ich einige Menschen getroffen, die die Kunst perfekt beherrschten, Provokationen und Herausforderungen mit Schweigen zu kontern. Das werde ich nie lernen. Ich bin zwar alles andere als ein Schwätzer, kein Party-Löwe, der bei jeder Fete im Mittelpunkt steht, eher ein ruhiger Westfale. Die Leute wundern sich immer, wie aus diesem wandelnden Phlegma am Mikrofon ein Temperamentsbolzen werden kann. Aber wenn du bei mir bestimmte Reizpunkte anvisierst, dann gibt's in neunzig Prozent der Fälle ein Echo, und das ist oft nicht tauglich für einen diplomatischen Notenwechsel.

Aber auf dem Weg nach Wattenscheid ins brodelnde Lohrheide-Stadion gelang es mir zu schweigen, zumal mich vor dem epochalen Reportage-Einsatz ein Gefühl der Beklemmung in Besitz genommen hatte. Die Zeit zwischen den Zigaretten wurde immer kürzer, und ich malte mir mit aller zur Verfügung stehenden schwarzen Farbe sämtliche Super-Gaus aus: falsches Ergebnis, falsche Torschützen, Rumgestottere, bis hin zum Total-Blackout, der vollkommenen Blockade der Sprech-Werkzeuge. Ich nahm mir abwechselnd vor, sofort die nächste Kneipe anzusteuern und dort mindestens fünf Pils zu schlucken, oder stehenden Fußes umzukehren und wieder ins beschauliche Marburg zurückzufahren. Beides kam nicht in Frage; ich setzte eine Fähigkeit ein, die ich später noch oft gebrauchen sollte: trotz großer Angst nicht zu flüchten, sondern standzuhalten und mich geradewegs in die angsterzeugende Situation zu begeben.

Die Dame und die Herren an meiner Seite merkten jetzt, wohin der Angsthase lief und vor allem, wer der Angsthase war. Jetzt bemühten sich alle nach Kräften um eine entspannte Situation im Käfer. Leider konnte es in der Sache selbst, bei Fachfragen rund um den herrlichen Fußballsport, keinen Gedankenaustausch zwischen Miriam, Joe, Warni und mir geben, denn die Herrschaften hatten allesamt ein Verhältnis zum Fußball wie Freddy Quinn zu Deep Purple. So musste ich mit mir selber über die zu erwartende Aufstellung und die möglichen taktischen Varianten diskutieren; dieses Fach-Selbstgespräch endete aber sehr schnell mit der ernüchternden Erkenntnis: Von den Spielern kenne ich nur zwei, nämlich den Spargel-Tarzan Hannes Bongartz aus Wattenscheid und den Ex-Nationalspieler Albert Brülls aus Neuss. Fünfzigseitige Dossiers mit Personalia und Statistik vor jedem Spiel gab es damals noch nicht. Und Taktik? Geh mich doch wech mit Taktik! Ich hatte keine Ahnung. Außerdem ging es in dieser Partie am vorletzten Spieltag der Regionalliga nur noch um die Ehre, schier unerträgliche Spannung wartete auf mich. Es konnte also putzmunter werden.

In Wattenscheid runter von der B 1, im Zick-Zack-Kurs den Hinweisschildern »Lohrheide-Stadion« folgen, und dann, vielleicht einen Kilometer vor dem Stadion: Feierabend, Menschenauflauf, nichts ging mehr – eine Demonstration, eine wahrhaftige Demo, mitten in Wattenscheid! Warni war begeistert: »Das ist ja sensationell, die Arbeiter im Ruhrgebiet nehmen die Sache selber in die Hand, die lassen sich nicht mehr von den Bossen bescheißen!« Er meinte wirklich, das Proletariat von Wattenscheid sei auf die Straße gegangen, um an diesem Sonntag endgültig die Ketten zu sprengen.

»Jetzt halt doch erst mal die Luft an, bevor du dir so richtig schön revolutionär einen runterholst. Guck doch mal auf die Transparente!«

Wir alle guckten auf die Transparente, lauschten den Sprechchören – und verstanden sofort, dass es nicht um die Machtübernahme durch die Werktätigen von Wattenscheid ging.

»Und ist die Welt auch noch so weit, Wattenscheid bleibt Wattenscheid!« schrien die Demonstranten.

»Bochum bleib zu Hause!«

»Wattenscheid ist kein Vorort!« hatten sie auf ein breites Transparent gepinselt. Und: »Bochum 6? Nie im Leben!«

Es ging schlicht um die seinerzeit in Nordrhein-Westfalen tobende kommunale Gebietsreform; Wattenscheid sollte nach Bochum eingemeindet werden und fortan mit der postalischen Bezeichnung ›Bochum 6‹ einen beleidigenden Schimpfnamen erhalten. Sie waren wirklich alle auf der Straße, vom Gammler mit der Lambrusco-Granate bis zur alten Oma, vereint in der Wut gegen die imperialistischen Bochumer, die dieses herrliche Wattenscheid zu schlucken gedachten. Genauer gesagt hatten sie es bereits geschluckt, es handelte sich um ein verzweifeltes Rückzugsgefecht gegen die Bürokraten in Düsseldorf.

»Hier Kumpel, deine Unterschrift für Wattenscheid!« Eine brutale Bierfahne, die Flasche hatte er auch noch in der Hand, Fiege-Pils aus Bochum (!). Ich machte den Überzeugungs-Wattenscheider auf die Widersprüchlichkeit seines Trinkverhaltens aufmerksam, allerdings ohne Erfolg. Er nahm einen tiefen Schluck und rülpste mehr, als dass er sagte: »Hömma, dat Bier iss doch nich Schuld da dran, dat iss lecker. Und außerdem war et ein Sonderangebot gewesen.« Also eher ein hedonistischer, marktwirtschaftlich orientierter Demonstrant, der uns da mit dem Verwesungsgeruch aus seinem Verdauungstrakt malträtierte. Ich ließ mich nicht zweimal bitten und leistete eine Protest-Unterschrift. Wattenscheid, der Ort meiner ersten Fußball-Radio-Reportage, durfte nicht von der Landkarte verschwinden! Meine Unterstützer-Szene, nach wie vor bestehend aus dem überaus lustigen Warnfried, dem philosophisch schweigenden Oldenburger Joe und dem zärtlichen Zahn-Luder Miriam, schloss sich der Bekundung politischen Protestes gegen die arroganten Bochumer an. Ich persönlich wunderte mich bei der Abgabe meiner Unterschrift schon ein wenig, dass nicht lauter Jubel aufbrandete. Unterschrieb hier nicht ein Prominenter, der Radio-Herold des kurz bevorstehenden grandiosen Wattenscheider Fußballsieges? War der Wattenscheider zu scheu, um den historischen Moment mit seiner Instamatic-Kamera festzuhalten? Oder lag es vielleicht daran, dass mein Bekanntheitsgrad, verglichen mit dem Ilja Richters oder Lou van Burgs, doch noch nicht die angestrebten lichten Höhen erreicht hatte?

»Jetzt aber nix wie ab ins Stadion!« Ich glaube, meine Stimme klang zwar sehr laut, aber nicht besonders selbstbewusst, so, als müsste ich gleich auf einem Drahtseil von der Wattenscheider Propstei-Kirche zum alten Förderturm der Zeche Holland laufen. Dieses Kleinod der Industrie-Architektur befand sich und befindet sich bis heute direkt neben dem Lohrheide-Stadion. Keiner kann, wenn er nicht gerade auf der Gegentribüne sitzt und in die falsche Richtung guckt, auf die Idee kommen, er befände sich im Schwarzwald oder in der Toskana. Ruhrpott bleibt Ruhrpott, und Wattenscheid bleibt Wattenscheid!

»Ich hab' aber Hunger, können wir nicht irgendwo noch ne Kleinigkeit essen?« Habe ich etwa vergessen zu erwähnen, dass Joes Wortkargheit nur noch von seiner unbändigen Fresslust übertroffen wurde?

»Nein, das können wir nicht. Jetzt reiß dich mal zusammen.

Wir haben jetzt schon halb zwei, um drei Uhr geht das Spiel los. Ich will auf jeden Fall pünktlich sein.«

Joe hörte aber nicht auf zu quengeln, und so schoben wir uns in einer schmierigen Pommes-Bude am Wegesrand noch schnell eine Curry-Wurst rein, bis auf Miriam, die gerade auf dem Gesundheits-Trip war. Für sie hatte der ölige Typ in »Ferdis Grill« – so der originelle Name des Etablissements – nichts im Angebot. Ich weiß es noch genau, weil ich auf die Uhr geguckt und mir die Uhrzeit gemerkt habe, vielleicht weil ich damals wirklich das Gefühl hatte, dass mich der Hauch der Radiogeschichte umschmeichelte: Es war dreizehn Uhr siebenundfünfzig, als ich mit meiner Expedition die Tore des Wattenscheider Stadions passierte. In der vierköpfigen Gruppe hatte einer eine Karte, und das war ich. Mir hatte der WDR in seiner ganzen Großzügigkeit eine sogenannte Arbeitskarte zugeschickt. Die anderen schleuste ich mit der Bemerkung »Die gehören alle dazu« kostenfrei in den alten Stadion-Kasten. Nach über drei Jahrzehnten heiterer Erfahrungen mit dem Ordnungspersonal in deutschen und internationalen Stadien darf ich feststellen: Eine so dreiste Aktion ist mir später nie wieder gelungen, ich kann es nur auf die Unerfahrenheit des blutjungen Anfängers zurückführen, dass ich dergleichen überhaupt gewagt habe. Drei Figuren ohne Eintrittskarte mit einer platten Ausrede in ein Stadion der zweithöchsten Spielklasse zu schleppen, sensationell, eine waghalsige Mutprobe! In Dortmund oder Schalke hätten sie mich schon damals vor das örtliche Standgericht gestellt oder in die Psychiatrie eingewiesen.

Der normal ausgebildete und scharf gemachte Ordner sagt: »Manni, ich finde dich sehr sympathisch, und wir unterhalten uns ja auch immer sehr nett. Aber leider muss ich dich jetzt erschießen. Ich finde das sehr bedauerlich, ehrlich, aber ich hab ja auch nur meine Anweisungen. Tschüs!« Aber 1972 in Wattenscheid ließ ich sprachlose, überrumpelte Männer zurück. Ich persönlich hätte sie angesichts ihres krassen Fehlverhaltens sofort aus dem Ordnungsdienst entfernt. Völlig ungeeignet für ihren harten Job, die Jungs! Ich war immer noch kribbelig, aber gleichzeitig voll konzentriert auf die Aufgabe, und die lautete: insgesamt sieben oder acht Minuten Reportage vom vorletzten Spieltag der Regionalliga West, Wattenscheid gegen den VfR Neuss. Hallo Ü-Wagen! Ein Ford Transit in wunderschönem, fast heimeligem Dunkelblau. Begrüßung der Ü-Wagen-Besatzung, ein Techniker und ein Fahrer. Wie behandeln sie mich, wie gucken sie mich an? Ist das kollegiale Freundlichkeit oder freundliche Herablassung, ein aufmunterndes oder eher mitleidiges Lächeln? Wir haben hier schon so viele erlebt, was willst du langhaariger Parka-Fettsack denn am Mikrofon? Das sehen wir doch sofort, du bist die klassische Fehlbesetzung, einmal darfst du üben, dann nie wieder.

Der Fahrer führte mich zum Reporterplatz auf der mickrigen Tribüne: ein Tisch und ein Stuhl, die der Intendant des Westdeutschen Rundfunks wahrscheinlich persönlich aus dem Sperrmüll gerettet hatte. Auf dem Tisch: ein Mikrofon, ein paar anthrazitfarbene Kopfhörer, die kopierte Mannschaftsaufstellung und – ein Feldtelefon. Mit dem hatten deutsche Landser wahrscheinlich schon vor Stalingrad die nächste Schnapsration geordert, bevor es wieder auf den Russen ging. Dieses museale Teil sicherte die Verbindung mit dem Ü-Wagen, falls ich gerade nicht die Kopfhörer aufhatte. Drehst du an der Kurbel, klingelt es am anderen Ende.

Ich habe ein erotisches Verhältnis zu Mikrofonen. Sie transportieren meine Stimme, leises Säuseln genauso wie lautes Brüllen; ich trage sachlich vor, ich lege ein Lächeln in die Stimme, ich lache dreckig, ich schildere ernst, ich versuche, Ironie durchschimmern zu lassen: Begeisterung, Trauer, Spannung, Feierlichkeit, Resignation, alles lässt sich mit der Stimme darstellen, und ohne Mikrofon wäre die ganze Mühe nur Masturbation. Mir reicht das Mikrofon als Transportmittel, ich brauche keine Kamera, ich hasse die Körperlichkeit und die totale Kontrolle durch das elektronische Auge. Am Anfang fand ich meine Stimme unmöglich, mittlerweile stimme ich innerlich zu, wenn die Leute sagen, ich hätte eine gute Radiostimme. Aber gleichzeitig werde ich nie den Verdacht los, dass ich im Grunde nur ein selbstverliebter eitler Gockel bin, der Radiofrequenzen und öffentliche Veranstaltungen missbraucht, um sein Ego anzufüttern.

Im Mai 1972, bei strahlendem Sonnenschein und knapp 2 000 Zuschauern, wahrscheinlich weniger als bei der Pro-Wattenscheid-Demo, hatte ich allerdings keine Zeit zur Selbstanalyse. Lieber Gott, dachte ich, während die Mannschaften vom Schiedsrichtergespann aufs Feld geführt wurden, lass die Blamage bitte, bitte nicht allzu groß werden.

»Hängen Sie sich das Mikrofon um, wir müssen mal eben die Lautstärke testen.« Ein hellgraues, längliches Sennheiser-Mikrofon, mit dem blauen WDR-Schaumgummi-Ball vorne drauf, verschraubt mit einer sogenannten Halskrause, einem Metallbügel in Fragezeichenform, den ich mir um den Hals hängen sollte. »Da bleiben die Hände schön frei, da können Sie schreiben oder rumgestikulieren, ganz wie Sie es brauchen.« Dass mir das Umhängen der Halskrause wie die Vorbereitung zur Hinrichtung vorkam, teilte ich dem Techniker vorsichtshalber nicht mit.

»Ene, mene, miste, es rappelt in der Kiste – es klapperte die Klapperschlang', bis ihre Klapper schlapper klang.« An der Sprechprobe habe ich bis heute nichts verändert. Hinter mir standen, mangels weiterer Sitzmöglichkeiten, meine drei moralischen Hilfskräfte und gaben mir per Körpersprache zu erkennen, dass ich die Sache schon packen würde. Joe hatte es sich nicht verkneifen können, eines der legendären Wattenscheider Bratwürstchen zu erstehen. Der Anblick des zufrieden kauenden, in sich ruhenden Norddeutschen machte mich neidisch. Warum tue ich mir den ganzen Stress an? Was ist der zu erwartende Ruhm gegen den herzhaften Biss in eine dick mit Senf beschmierte Bratwurst? Aber jetzt war es zu spät, die Reißleine zu ziehen, der Schiedsrichter führte seine Trillerpfeife zum Mund, im Kopfhörer trällerten die zuckersüßen Jungs von The Sweet ihren sehr anspruchsvollen Hit »Poppa Joe«, Miriam kraulte noch mal meinen Nacken, es nahte unaufhaltsam der Augenblick, in dem die Welt stehen bleiben würde: Denn ein hoch begabter junger Reporter, der schon jetzt verzweifelt nach einem möglichst originellen Einstieg suchte, schickte sich an, seine ersten goldenen Worte auf die Ultrakurzwelle zu schicken. Und alle, alle, der dicke Vikar Baykamp, die blonden Protestsänger Christopher und Michael aus Frankfurt, Willi Sielmann, der NPD-Schankwirt aus Datteln, der blinde Udo mit der Hochleistungsleber und nicht zuletzt Karin Ludomeit, die üppige Aushilfs-Kunstlehrerin vom Dattelner Gymnasium, sie alle stellten sich in diesem historischen Augenblick bange Fragen: Konnte das gutgehen? Würde der Griff nach den Radio-Sternen, den dieser dickliche Manni aus der Provinz hier wagte, nicht als Lachnummer enden? Die Antwort darauf wurde ausnahmsweise nicht auf dem Platz, sondern am Mikrofon gegeben.

Plumpsklo und Lachsersatz – Ich war ein Kind der Dattelner Hafenstraße

Ich lag rücklings auf einem Wagen mit gusseisernen Rädern. Der Wagen rollte langsam auf sein Ziel zu, es herrschte ein höllischer Lärm, aber ich hatte keine Angst, denn ich war der mutige kleine Manni. Wenn ich den Kopf leicht anhob und über meinen Bauch und die glänzende Lederhose nach vorne sah, konnte ich die Lärmquelle sehen: ein riesiges, zwei Meter langes und zwanzig Zentimeter breites Sägeblatt, das, von einem knatternden Motor über mehrere Transmissionsriemen angetrieben, mit schnellen waagerechten Bewegungen ins Leere sägte. Kein Zweifel: Diese Säge wollte sägen, aber sie durfte nicht; wäre sie ein Mensch gewesen, hätte sie das sinnlose Hin und Her augenblicklich frustriert abgebrochen. Aber in ihrer Eigenschaft als Säge zerschnitt sie weiter lautstark nichts als die Luft, und Manni auf dem zeitlupenhaft rollenden Wagen befand sich noch gut drei Meter vom kraftvollen Sägeblatt entfernt.

Einige Minuten noch, dann würde ein blutiges Zerstörungswerk genau in der Mitte meiner Füße in Gang gesetzt, aber das war nicht die wirkliche Aufgabe der Säge am Rande des sogenannten Holzplatzes. Das Gatter, so hieß die gesamte Anlage mit Schienen, Wagen und elektrischer Säge, diente der Umwandlung von Baumstämmen in Bretter, und diese Bretter wurden dann durch weitere Zerkleinerung und Bearbeitung in Stiele verwandelt, Stiele für Schüppen, Spaten, Sensen, Harken und Mistgabeln.

Das Gatter gehörte zur Stielfabrik Mushoff an der Hafenstraße im Ruhrgebiets-Städtchen Datteln. Dort, zwischen Wohnhaus, Holzplatz, Hühnerstall, Pferdekoppel, Gatter und Fabrikhalle, habe ich die ersten acht Jahre meiner Kindheit verbracht – in beengten, aus heutiger Sicht primitiven Verhältnissen und, das Allerschlimmste, ohne Fernsehen, Handy und PC. Das kann keine glückliche Kindheit gewesen sein ohne Talkshows, Sendung mit der Maus und Gerichtsfernsehen. Keine SMS verbanden mich mit meinen Freunden, noch nicht einmal ein simpler Gameboy verkürzte mir die Zeit zwischen Aufstehen und Schlafengehen. Ich wurde von meinen grausamen Eltern gezwungen, bei Wind und Wetter draußen zu spielen, ohne Skateboard und Kettcar, und zwischendurch musste ich meinen Teller mit Wirsinggemüse oder Stielmus leeressen. Es kann nur das Ergebnis westfälisch-kleinbürgerlicher Gehirnwäsche gewesen sein, dass ich mich trotz dieser desaströsen Umstände wohl fühlte und nichts vermisste. Ich hatte eine Kindheit voller Magie, Phantasie und unendlicher Spielmöglichkeiten.

Im September 1958 hätte allerdings nicht viel gefehlt, und meine Dattelner Hafenstraßenidylle wäre auf tragisch-brutale Weise zerstört worden. Denn der Abstand zwischen dem sinnentleert arbeitenden Sägeblatt und meinen zarten jungen Füßen hatte sich mittlerweile auf knapp zwei Meter reduziert. Ich lag nicht zum Spaß an Stelle eines Baumstammes auf dem rollenden Wagen, oh nein! Es ging um viel, es ging um sich trauen, es ging darum, den richtigen Augenblick zum Absprung zu erwischen, es ging um die Mutprobe aller Mutproben: möglichst lange auf dem gefährlichen Wagen liegenbleiben und dann im letzten Augenblick der Säge entrinnen.

Mein Freund Friedhelm, wie ich sieben Jahre jung, stand in sicherem Abstand dabei; seine Bestimmung war es, meinen übermenschlichen Mut zu bewundern. Eigentlich war ich ein Hasenfuß, hatte Angst vor Spinnen, Mäusen und Hunden, gehorchte der Mama aufs Wort und war bemüht, es allen recht zu machen und nirgends anzuecken. Es war kein Zufall, dass ich mich auch im Auto-Skooter auf der Kirmes so bewegte: immer um die anderen rum- und an ihnen vorbeikurven, auf keinen Fall Zusammenstöße provozieren und ganz stolz das Mini-Auto verlassen, wenn die drei Minuten erschütterungsfrei abgelaufen waren.

Aber heute musste ich mir und Friedhelm zeigen, dass ich ein ganz großer Held war. Ein leichter Anflug schlechten Gewissens nagte schon in mir, denn ich hörte, so als stünden sie vor mir, die Stimmen meiner Mama und von Onkel Richard: »Ihr dürft nicht am Gatter spielen! Wenn ihr dat macht, dann hat der Popo Kirmes!« Kirmes für den Popo war nicht zu vergleichen mit Riesenrad, Schiffschaukel und Losbude. Diese andere Art der Kirmes fand selten statt und tat höllisch weh, auch der kleinen Manni-Seele. Meine Eltern benutzten zwar keine Folterinstrumente wie Lederriemen oder Rohrstöcke, was in den 50er-Jahren noch als ganz normal galt, aber kopfüber zwischen den elterlichen Beinen eingeklemmt zu werden und mit der bloßen Hand den Hintern versohlt zu kriegen, war wirklich kein Kinderspaß.

Ich verdrängte die Aussicht auf körperliche Züchtigung und konzentrierte mich ganz auf die unter dem seitlich einfallenden Sonnenlicht blinkende und glänzende Säge. Spring ich zu früh runter, lacht mich Friedhelm aus und erzählt überall rum, was ich für ein Feigling bin. Warte ich zu lange, kriege ich Probleme mit der Säge. Und einen Kampf mit dem gezähnten Metall, das war mir auch schon mit sieben klar, konnte ich nicht gewinnen. Aber Angst hatte ich überhaupt nicht, ganz im Gegenteil, ich wurde durchflutet von einem wunderbaren Gefühl der Allmacht und Überlegenheit, ich schrie es raus: »Siehst du, was ich mich traue! Das macht richtig Spaß! Leg dich doch auch auf den Wagen, Friedhelm!« Aber Friedhelm konnte mich wegen des Krachs nicht hören. Er zuckte nur mit den Schultern und blieb wie festgemauert stehen. Noch ein Meter bis zum Sägen-Massaker. Ich war die Ruhe selbst und dachte an den blöden Jupp Gawlack. Diesem Arschloch würde ich morgen zeigen, wo der Hammer hängt. Ob ich tatsächlich das Wort ›Arschloch‹ gedacht habe, weiß ich nicht mehr; die sprachlichen Umgangsformen waren im Jahre 1958 noch nicht ganz so versaut wie heute. Zu Hause in der Familie des Postbeamten Willi Breuckmann hätte nach dem Aussprechen dieses schlimmen Wortes wieder eine Popo-Kirmes stattgefunden, und in der Schule, unter den Augen der Lehrer, benutzten wir harmlosere Begriffe wie ›Blödmann‹ oder ›Doofmann‹.

Ob Arschloch oder Blödmann – mit den ständigen Versuchen des rothaarigen Jupp, mich zu terrorisieren, mich umzuschubsen oder mich wegen meines Bauchs oder meiner Lederhose zu beleidigen, war ab sofort Feierabend. Und zwar notfalls auch unter Anwendung körperlicher Gewalt. Jawoll! Ich war nämlich jetzt einer wie Prinz Eisenherz aus den verpönten Groschenheften, oder, noch besser, ein kleiner Tarzan, der Tarzan des Gatters von der Hafenstraße. Tarzan, der sich in Gedanken von Liane zu Liane schwang, begann aber jetzt den einen oder anderen Gedanken an das Ende des Sägen-Abenteuers zu verschwenden. Der Absprung vom Baumstamm-Wagen musste bald in Angriff genommen werden. Er sollte möglichst elegant aussehen, locker-lässig, wie der federnde Abgang der von mir so bewunderten Kassierer vom Trittbrett der Raupenbahn, meines absoluten Lieblingskarussells auf der Kirmes.

Zum Entsetzen meiner Eltern hatte ich mir angewöhnt, auf die liebevolle Frage diverser Tanten »Na, Manfred, was willst du denn mal werden, wenn du groß bist?« sehr selbstbewusst zu antworten: »Ich will Kassierer auffe Raupe werden.« Mama nannte die jungen Männer, die auf Pappschildern als Kirmesarbeiter rekrutiert wurden (»Junger Mann zum Mitreisen gesucht«), verächtlich »Kirmes-Louis« – eine Herabsetzung, die mich sehr wütend machte und meinen Berufswunsch schon aus purem Protest noch verstärkte. Die Raupenbahn, eine Berg- und Tal-Bahn mit grün-orangenem Verdeck, das zum krönenden Finale der Fahrt unter lautem Lautsprecher-Geheule über die Wagen klappte, war eine logische Vorgängerin der Diskotheken. Dort versammelte sich die pubertierende Jugend und lauschte den Hits von Elvis, Little Richard und dann den ersten Knallern der Beatles, Stones und Kinks. Es kam zum Austausch von Zärtlichkeiten, sehr gerne auch unter dem Verdeck – Zuklappzeit rund zwanzig Sekunden –, und, infolge des maskulinen Balzverhaltens, leider auch zu Schlägereien. Im benachbarten Waltrop hatte es mal einen Riesen-Skandal gegeben, weil nach den dunklen zwanzig Sekunden ein Mädchen splitterfasernackt das Tageslicht erblickte. Das Ordnungsamt entschied, angesichts dieser urplötzlich und schockhaft sichtbar gewordenen moralischen Verlotterung die Raupenbahn im folgenden Jahr ohne Verdeck fahren zu lassen, was so ähnlich war wie Heino ohne Brille oder Robert Lembke ohne Hund Jacky.

Die Raupe, auf der ich an jenem warmen Septembertag 1958 lag, fuhr allerdings nicht rauf und runter, sondern auf der Flachstrecke, und am Ende wartete keine Knutscherei, was ich damals ohnehin noch widerlich und abstoßend gefunden hätte, sondern die große böse Säge. Der wollte ich mit einem schwungvollen Hopser aus der Hüfte entgehen, als strahlender Sieger im Nerventest. Jetzt waren es noch achtzig Zentimeter, bis die Sägezähne ungewohnte Arbeit bekommen würden. Zur Vorbereitung des Sprungs hob ich das rechte Bein, genauer formuliert: Ich wollte es heben – aber es klappte nicht. Warum krieg ich das Bein nicht hoch, was ist denn los? Die ersten Vorboten der Angst krochen durch meine Adern. Ich guckte Richtung Fuß und bekam einen Schreck. Der Schnürriemen meines rechten Schuhs hatte sich im Gestänge des Baumwagens verheddert. Was mach ich denn jetzt? Warum hab ich nicht auf Mama gehört? Weshalb bin ich immer noch zu doof, meine Schuhe richtig zu schnüren? Wieso mache ich nicht den Doppelknoten, den Tante Ingeborg vom Kindergarten mir beigebracht hat?

»Friedhelm!« schrie ich. »Mach meine Schuhe auf! Ich komm nicht vom Wagen runter!« Der Idiot guckte gerade in eine andere Richtung, und außerdem: Es war immer noch entschieden zu laut, meine Rumbrüllerei drang einfach nicht durch. Ich strampelte mit den Füßen hin und her, in der durch nichts begründeten Hoffnung auf brüchige oder angeknackste Schnürsenkel. Ich versuchte, den Fuß aus dem Schuh zu winden – nichts zu machen, das Biest saß einfach zu eng. »Friedhelm!!« Noch weniger als fünfzig Zentimeter. Jetzt glotzte er zu mir rüber und hatte plötzlich Panik in den Augen. Er wedelte mit den Armen, als wollte er mir mitteilen: Hau ab, es droht Gefahr! Friedhelm hatte immer noch nicht begriffen, welche Gefahr die größte war in diesem Augenblick. Er meinte offensichtlich etwas vollkommen anderes, etwas, das sich mir nicht erschließen wollte, und auf einmal, mir fielen fast die Augen aus dem Kopf, startete er durch und lief weg! »Bleib hier! Hilf mir doch!« Das war kein Freund, das war ein gemeiner Mörder! Ich hörte mit dem Gezappele auf und fing an zu heulen, verzweifelt und hemmungslos. Kein Tarzan mehr, nur noch ein kleiner Junge in Todesangst, der jetzt den von Panik getriebenen Entschluss fasste, sich einfach seitlich vom Wagen fallen zu lassen, egal was passieren würde, Fußbruch, Beinbruch, Quetschung, Prellung, blutende Kopfwunde – Hauptsache, Flucht vor der unerbittlich schwingenden Säge. Dann passierten mehrere Dinge innerhalb weniger Augenblicke: Ein großer Schatten legte sich über meinen zitternden Körper, eine Hand griff nach meinem Schuh, die andere nach meinem Bein. Aua! Es machte r-r-r-ratsch, es knirschte fast, und dann hatte der Fuß den störrischen Schuh verlassen. Zwei Arme hoben mich hoch, trugen mich schnell aus der Gefahrenzone und legten mich in dem großen Haufen Sägespäne neben dem Gatter ab. Gleichzeitig – es waren seit Friedhelms feiger Flucht sicherlich nicht mehr als zehn Sekunden vergangen – gab die mörderische Säge nach und nach ihre untauglichen Arbeitsversuche auf – ein letztes müdes Hin und ein fast altersschwach erscheinendes Her, dann war sie ganz ruhig. Es herrschte eine nur von Hühner-Gegacker untermalte Stille, die ich unter anderen Umständen als ›friedlich‹ beschrieben hätte; nach der Vorgeschichte passte besser die Vokabel ›unheilschwanger‹.

»Bist du wahnsinnig? Bist du von allen guten Geistern verlassen?« Onkel Richards helles Stimmchen, ein früher Vorläufer von Markus Merks Organ vor der Stimmband-Korrektur, kippte hysterisch nach hinten weg. »Wat hass du da gemacht? Haben wir euch nicht tausendmal gesagt, ihr bl-bl-bleibt vom Ga-ga-gatter weg?« Jetzt fing er auch noch an zu stottern, was sonst nur passierte, wenn er die üblichen lautstarken Auseinandersetzungen mit seinen Brüdern oder seiner dickschädeligen pommerschen Frau Sybille austrug. Ich lag in den wunderschön nach frischem Holz duftenden Sägespänen, maß innerlich nur noch einen halben Meter mit Hut und schwieg. Selbst das innere Grinsen über Onkel Richards helle Stotterattacken war mir vergangen. »Dat wirst du so schnell nicht vergessen! Wir gehen jetzt zu deiner Mama und deinem Papa, und dann kannst du dich auf wat gefasst machen.«

Ich fing an zu weinen, eine Mischung aus Rotz und Tränen lief mir das Gesicht hinunter, ich wischte alles mit dem Ärmel meines rot-schwarz-karierten Flanell-Hemdes weg. »Ich will es nie wieder tun! Ich will immer auf euch hören!«

»Dafür isset jetzt zu sp-sp-spät, du ungezogenes, dummes Blag!« Er packte mich schon wieder mit seinen vom ständigen Holzschleppen austrainierten Armen. Aber dieses Mal ging es nicht darum, meine Existenz zu retten und mein Leben als Made im Speck des Nachkriegs-Wirtschaftswunders zu sichern, nein, nunmehr sollte ich dem zuständigen Gericht zur harten und gerechten Bestrafung zugeführt werden, und dieses Gericht hieß Mama und Papa. Es war ein Standgericht, ohne Verteidigung, ohne Berufung, ohne Revision. »Hörst du wohl auf zu za-za-zappeln, das wird di-di-dir überhaupt nix nützen!« Er schleifte mich einfach hinter sich her, durch die westfälische Heimaterde, die auf dem Gelände der Stielfabrik Mushoff stark mit Sägespänen und Pferdeäpfeln versetzt war. Letztere stammten von Max und Mia, den beiden fabrikeigenen Kaltblütern, die während des dramatischen Zwischenfalls am Gatter nichtsahnend und friedlich vom saftigen Gras auf der Pferdekoppel genascht hatten.

Die beiden schon sehr in die Jahre gekommenen Tiere waren – neben den obligatorischen Fahrrädern – lange die einzigen Transportmittel an der Hafenstraße 107 gewesen, bis sich Richard 1951 ein Dreirad angeschafft hatte, einen hell pötternden Zweitakter mit drei Plätzen vorne in der Fahrerkabine und einer kleinen Ladefläche. Die eigentliche Sensation waren die Winker: Das Autolein hatte tatsächlich noch keine elektrischen Blinker für die Richtungsanzeige, sondern zwanzig Zentimeter lange, hoch- und runterklappende Winker.

Das Dreirad war eng verbunden mit meiner Ankunft in dieser Welt; denn als bei meiner Mutter die Wehen einsetzten, transportierte Onkel Richard sie mit atemberaubender Geschwindigkeit ins Vinzenz-Krankenhaus direkt neben der Kirche, wo ich an einem Montag, morgens kurz nach sieben, als schreiender Siebenpfünder meiner Mutter in die Arme gelegt wurde.

Das Schreien und Wehklagen hatte sich gehalten; sieben Jahre später, nach meinem Fast-Dahinscheiden am Gatter der Stielfabrik Mushoff, entsprang es jedoch nicht dem Ur-Schock angesichts der hellen und lauten Welt. Dieses Mal war es die ganz konkrete Angst vor der Konfrontation mit meinen Erziehungsberechtigten.

Onkel Richard stieß die Tür zur Wohnküche auf. »Da, Willi, da hasse deinen Manfred. Kannze froh sein, dat der noch am Leben iss. Hat die Säge am Gatter angemacht, der Do-doof-

1952: Ganz schön pfiffig, das Wirtschaftswunder-Baby!

mann!« Papa saß am Küchentisch, einem grob zusammengezimmerten Monstrum, und trank Kaffee. Um es genauer zu sagen: Er trank den guten Malzkaffee der Firma Vox. Der sogenannte Bohnenkaffee, per Hand mit der hölzernen Kaffeemühle frisch gemahlen, wurde nur an Sonn- und Feiertagen serviert. Und der Ersatzkaffee stammte von der Firma Vox, weil Klein-Manfred es so wünschte und seinen Willen ausnahmsweise durchgesetzt hatte. Meine Vorliebe für Vox hatte überhaupt nichts mit dem Geschmack dieser Plörre zu tun, sondern ausschließlich mit der Tatsache, dass jeder Packung Vox ein wunderschöner, großer, farbenprächtiger Glas-Knicker beilag. So wurde schon in den 50er-Jahren der Beweis für den entscheidenden Einfluss von Kindern auf die Kaufentscheidungen ihrer Eltern geführt.

»Was iss denn passiert? Erzähl doch mal, Richard. Und du setzt dich hier auf den Stuhl und hörst sofort auf zu flennen!«

Der altersschwache dunkelbraune Stuhl mit dem bequemen Kissen und den für mich etwas zu hohen Armlehnen war mein Lieblingsplatz in der Küche, aber es war nicht der richtige Augenblick, sich bequem zurückzulegen und einzukuscheln.

»Also, ich wollte gerade mit Axel am Kanal spazieren gehen, da höre ich, dass das Ga-ga-gatter am laufen iss.« Axel war achtzehn Jahre alt, fett wie ein Mops und hatte die Dackel-Rente schon längst durch. »Ich denke mir, dat kann doch nich sein, wir haben doch heute Samstag, da iss doch keiner am arbeiten. Ich lauf nach'm Gatter hin, und w-wat seh ich da? Da liegt doch der Manfred auf dem W-w-wagen, die Säge iss am sägen, und der Wagen fährt immer näher an die S-s-säge ran!«

Mein Vater war vom Sofa hinterm Küchentisch aufgesprungen. In den Zeiten der Reichsparteitage musste dieses Sofa mit vermutlich leuchtend rotem Brokatbezug ein echtes Prunkstück gewesen sein; jetzt war es abgewetzt, blässlich und so ausgeleiert, dass es den Sofa-Sitzer fast verschluckte – für etwas zu kurz geratene Menschen wie meinen Vater ein ständiger Angriff aufs Selbstbewusstsein. »Warum hast du das gemacht, wat sollte dat?« pflaumte er mich an und bekam schon wieder seine berüchtigte rote Birne. Ich lebte in der ständigen Angst, durch meinen Ungehorsam und durch meine frechen Widerworte meinen Vater »ins Grab zu bringen«, wie Mama mir immer wieder gerne drohte. Papa hatte es nämlich am Herzen, er litt ständig unter Kopfschmerzen, der Blutdruck war zu hoch, die Nazis und die Russen hatten ihn geschafft. Jahrgang 1914 war er und konnte mit einer deprimierenden Vita aufwarten: erstmal ab 1936 Reichsarbeitsdienst, mit dem Spaten deutsches Erdreich fürs Vaterland bewegen, danach Ausbildung in der Reichswehr zur ›Verteidigung‹ der deutschen Scholle, um dann ab 1939 die gelernten Fähigkeiten gleich in der Praxis auszuprobieren – zunächst in Frankreich, dann in Russland. Es folgte ab 1945 die russische Kriegsgefangenschaft; damit er die dort servierte Gourmetküche, bestehend aus Kohlsuppe und harten Brotkanten, voll auskosten konnte, wurde Willi Breuckmann erst 1949 entlassen. Insgesamt dreizehn Jahre, zwischen dem 22. und 35. Lebensjahr, voller Abenteuer und wunderschöner Erfahrungen, immer ganz nah am Puls der Zeit. War es ein Wunder, dass dieser Mann, in seiner Jugend noch ein witziger, geselliger, biertrinkender Westfale, sich fortan beständig weigerte, das Glas für halb voll zu halten? Für ihn war es nach seiner Rückkehr aus der Gefangenschaft meistens noch nicht einmal halb leer, sondern komplett ohne Inhalt. Der Briefträger Willi Breuckmann war ein notorischer Pessimist und Schwarzmaler geworden, der Gefühle wie Stolz oder Freude nur ganz schwer zeigen konnte.

»Komm her!« brüllte Papa. »Du sollst mir jetzt sofort erzählen, wat du da gemacht hast!« Ich folgte seiner Aufforderung, mein rotgesichtiger Vater ergriff die Träger meiner Lederhose, seine Hände zitterten dabei, das taten sie immer, wenn er sich aufregte. Ich legte ein komplettes Geständnis ab: Wie Friedhelm und ich auf die Idee mit der gefährlichen Mutprobe gekommen waren, wie ich mich auf den Wagen für die Bäume gelegt hatte, wie Friedhelm dann auf einen Holzklotz geklettert war, um den Betriebsschalter für das Gatter bequem umlegen zu können. Ein frei zugänglicher Schaltkasten ohne besondere Absicherung! Zumindest diesen katastrophalen Zustand hat Onkel Richard noch am selben Wochenende mit einer abschließbaren Abdeckung beendet.

Meine Beichte war noch in vollem Gange, als Mama die Wohnküche an der Hafenstraße betrat. Sie kam gerade von einer Toiletten-Sitzung, was eine olfaktorisch höchst problematische Angelegenheit war. Auf Deutsch: Wir hatten ein Plumpsklo, und wegen der darunter liegenden Jauchegrube verbreiteten größere Mengen von Scheiße einen bestialischen Gestank. Im Winter war es außerdem noch saukalt, dieser Faktor kann jedoch wegen der Härte und Belastbarkeit der Urbevölkerung im östlichen Ruhrgebiet vernachlässigt werden. Mit ehrlichem Bedauern sehe ich heute die Tatsache, dass die übelriechenden Verdauungsprodukte mit einem in Stücke gerissenen Presseerzeugnis vermischt waren, das schon vor fünfzig Jahren die Menschen meiner Heimatstadt vorbildlich informierte: Die *Recklinghäuser Zeitung*, heute als Lokalausgabe *Dattelner Morgenpost*, diente im Hause Breuckmann nicht nur dem allmorgendlichen Überblick über die Heimat- und Weltlage, sondern musste auch die körpernahen Rückstände von Stielmus & Co. beseitigen. Tut mir nach all den Jahren noch echt leid, aber dieses vierlagige, flauschige, dezent duftende, mit einem niedlichen Bären bedruckte Toilettenpapier stand uns 1958 noch nicht zur Verfügung; und von der Saugkraft her war die *Recklinghäuser* gleichwertig, wenn nicht überlegen!

»Manfred, du weißt doch, dat der Papa sich nicht aufregen darf!« Da war sie wieder, die beliebte Drohung mit Krankheit und Tod. Meine Mutter, der Biogas-Attacke auf dem Plumpsklo lebend entronnen, demonstrierte mit ihrem ersten Satz nach dem Betreten der Stätte des Tribunals ihre hervorstechendste Unart, nämlich die Angewohnheit, ohne lästiges Nachfragen sofort hochemotional Partei zu ergreifen. Gott sei Dank profitierte auch ich des Öfteren von solchen unüberlegten Schnell-Interventionen, aber dieses Mal schloss sie sich ohne Umschweife der ohnehin schon erdrückenden Übermacht von Onkel Richard und Papa an. »Er wäre beinahe tot gewesen«, stellte mein Vater mit düsterer Stimme fest und brachte Mama mit einer für meinen Geschmack entschieden zu dramatischen Schilderung auf den Stand der Dinge.

»Und dann kam Richard und hat ihm dat Leben gerettet«, endete Papa.

»Schönen Dank, Richard, dat werden wir dir nicht vergessen.« Mama stand mitten in der Küche, stützte sich mit der rechten Hand auf dem Tisch ab und wurde während Papas Er-

1956: Warum bekam der Junge mit dem Russenkittel keinen Eisbecher?

zählung richtig blass. Sie trug ihr gelbes Sommerkleid mit den großen schwarzen Punkten – Hosen waren damals für den weiblichen Teil der Bevölkerung als viel zu männliches Bekleidungsstück noch nicht vorgesehen – und wirkte so angeschlagen wie ein Bayern-Fan nach dem Champions-League-Finale gegen Manchester. Später, wenn ich mal gerade sauer auf Mama war, habe ich manchmal hämisch gedacht, der Überraschungs-Schrei »Ach, du dicke Mutter!« sei beim Anblick meiner 100-Kilo-Mama entstanden. Zugegeben, dieser Gedanke war nicht von tiefer Mutterliebe geprägt, ich hätte ihn auch im heftigsten Wutanfall nicht laut auszusprechen gewagt, aber sie war wirklich viel zu fett. Und glaube niemand, diese Körperfülle, die sie mit gigantischen rosa Korsetts zu bändigen versuchte, sei durch die Luft geflogen gekommen. Es war die orale Aufnahme westfälischer Hausmannskost, die sie so unförmig anschwellen ließ: Möhren ›durcheinander‹, Stielmus, schwabbeliges Eisbein, fettige Rippchen, Pannhas (für alle Nicht-Westfalen: eine Art gebratene Blutwurst), Vanille- und Schokoladenpudding, große Mengen Blechkuchen, mal Apfel, mal Pflaume, mal Streusel, und in den Ferien bei Oma im ostwestfälischen Bad Driburg viele große, mit Sahne üppig verzierte, ganz, ganz leckere Eisbecher.

Diese Palette ausgewogener Mischkost, abgerundet mit dem einen oder anderen Likörchen und dem kompletten Verzicht auf sportliche Betätigung, konnte nur eine Konsequenz haben: Die Waage schnellte in 2,3 Sekunden von Null auf Hundert!

»Warum tust du uns so was an?« jaulte Mama auf und brach in Tränen aus. Das war nun das Allerschlimmste für mich. Wenn meine Mutter weinte, dann brach für mich die Welt zusammen, in der Mütter stark zu sein haben, und Väter erst recht. Papa weinte, wie es sich für einen ›richtigen‹ Mann gehörte, ganz selten, eigentlich nur, wenn einer aus der Verwandtschaft starb und sein Sarg ins kühle Grab gesenkt wurde. Sonst war er ganz weit vom Wasser weg gebaut, obwohl er in der Beziehung meiner Eltern den schwachen, kränklichen Part einnahm. Willi Breuckmann war selbst bei den abendländischen Männerdrogen Bier und Schnaps nach und nach zur Nullnummer geschrumpft. (Ich habe heute den Verdacht, er fürchtete sich vor den Depressionen am Morgen danach.) In unserer Zeit an der Hafenstraße schwenkte der Teufel Alkohol aber schon mal das leckere Fläschchen, zumal die Versuchung für den Briefträger groß war: Damals gab es nämlich noch keine Briefkästen, die Post wurde persönlich an den Wohnungstüren abgegeben, hinter denen nicht selten grüne Witwen mit Schnapsflaschen lauerten. Eva aus dem Paradies probierte es mit Äpfeln, die Witwe Kuczinski von der Bülowstraße setzte mehr auf Doppelkorn oder scheußlichen Wacholder.

Mutter weinte, und das versetzte mir einen körperlich spürbaren Stich ins Herz. So ging es mir immer, wenn ihr die Tränen über das schwabbelige Gesicht rannen, außer wenn sie später in den 60er-Jahren bei Heintjes »Mama« oder »Ich bau dir ein Schloss« von der Rührung übermannt wurde. Dann habe ich sie – peinlich berührt – angeherrscht: »Jetzt reiß dich mal zusammen, so'n Scheiß-Käskopp-Lied iss doch kein Grund zu flennen!«

Die Situation nach dem ungleichen Zweikampf mit der gewaltigen Säge war so aufgeladen, dass ich es nicht mehr ertragen konnte. Ich riss mich von Papa, der immer noch meine Hosenträger umklammert hielt, los und flüchtete zu meinem geliebten Stuhl neben dem Spülstein. Dort versteckte ich meinen Kopf in dem rot-weiß karierten Kissen und fing auch an zu weinen, allerdings nicht mehr so laut und sirenenartig wie noch ein paar Minuten zuvor, sondern mit deutlich reduzierter Phonzahl, klagend und wimmernd.

Angesichts der Heul-Arie von zwei Dritteln seiner Kleinfamilie überkam meinen Vater der blanke, eruptive Zorn. »Jetzt habe ich aber die Schnauze voll!« tobte er. »Dat iss kein Grund, hier rumzuheulen, Else, dat iss eher ein Grund, ihm den Hintern zu versohlen.«

»Ich bin so fertig,« schluchzte Mama, »warum haben wir so ein Kind, kannste mir dat mal sagen?«

Jetzt wurde Papa ungerecht: »Da musste dir mal einfach deine Familie angucken, dann kommste schon da drauf, warum wir so ein Blag in die Welt gesetzt haben.« Das war ein Volltreffer, denn in der Familie meiner Mutter wimmelte es von schwarzen Schafen, die allesamt nicht als Vorbild für einen ordentlichen, fleißigen und gehorsamen Briefträgersohn taugten.

Jetzt entrang sich dem Schlund meiner Mutter ein Ton, der eine verdammte Ähnlichkeit mit dem Fliegeralarm hatte, der die Dattelner dreizehn Jahre zuvor in die Keller und Bunker getrieben hatte. »Dat lass ich mir von dir nicht sagen!«

Rrrums! machte die Tür, und Mama stampfte über den Flur, ab ins Wohnzimmer. Wobei der Begriff ›Wohnzimmer‹ irreführend war: In diesem Zimmer, der guten Stube, ›wohnte‹ niemand, außer einer Mäusefamilie, die manche für niedlich hielten, ich aber für bedrohlich. Ich mied das Wohnzimmer, was aber nicht schwerfiel, weil dort ohnehin nichts passierte. Fünf Menschen, Tante Hanna, Onkel August, Else, Willi und Manfred lebten unter beengten Verhältnissen an der Hafenstraße 107, und sie leisteten sich den Luxus, einen Raum einfach nicht zu benutzen! Und zwar nicht deswegen, weil eines schönen Tages der Papst oder Maharishi Yogi vorbeikommen und dort ihren rituellen Mittagsschlaf abhalten würden, sondern weil dieses Wohnzimmer als zu fein für den Alltag galt, weil man aber andererseits an den Sonn- und Feiertagen die gewohnte gemütliche Umgebung in der Küche nicht verlassen wollte. Das Wohnzimmer, bestückt mit einem dunkelbraunen Schrank, einem dunkelbraunen Tisch und – darauf wären Sie jetzt nicht gekommen – dunkelbraunen Stühlen hatte nach meiner Erinnerung nur zwei Zwecke: An Geburtstagen, zu Weihnachten und zu Ostern wurden dort die Platten mit den Schnittchen und die Schüsseln mit dem Heringssalat fürs Abendessen kaltgehalten, denn geheizt wurde im Wohnzimmer nicht; und manchmal begab sich mein Vater zum Zwecke des Klavierspielens ins Wohnzimmer. Papa war kein begnadeter Pianist, eine Beethoven-Sonate war noch nie unter seine kurzen Finger geraten; aber er war der Meister der 50er-Jahre-Stimmungshitparade, alles aus dem Kopf, nichts vom Blatt, denn es gab keine Blätter. ›Lass mich mal an deinem Strumpfband zieh'n‹, – ›Das alte Försterhaus‹, – ›Der Schneewalzer‹, dann die schönen, anrührenden Volkslieder wie ›Vor meinem Vaterhaus steht eine Linde‹ oder ›Waldeslu-hu-hust, o wie einsam geht die Brust‹, er hatte sie alle drauf, die hammerharten Hits! Anfang der 30er hatte Willi zusammen mit seinem Bruder Heinz, der die Geige bearbeitete, zum Tanz aufgespielt, und ich möchte nicht wissen, mit wie vielen wildgewordenen, hysterischen Groupies es nach der Show Körperkontakt gegeben hat.

Nach dem Krieg beschränkte sich Papa auf gelegentliche Privatkonzerte, und ich war sein größter Fan im arschkalten Hafenstraßen-Wohnzimmer. Dort gab es außer den Mäusen noch Hunderte andere Zuhörer, wobei ich nicht weiß, wie es um das Gehör von Holzwürmern bestellt ist. Die zerfraßen jedenfalls das Klavier, trotz der eingesetzten chemischen Kampfstoffe, und ein paar Jahre später, nachdem es zuvor noch per

1952: Laufenlernen nach der Vollkasko-Methode – mit Mama und *Papa.*

Seilwinde durchs Fenster in die nächste Wohnung – sie lag im ersten Stock – befördert worden war, wurde das Pianoforte aus dem Verkehr gezogen. Und das sah so aus, dass mein Vater persönlich es mit Axt und Säge in seine Einzelteile zerlegte. Willi Breuckmann hat also – das darf ich hier hoffentlich unwidersprochen behaupten – die Grundlagen für die Aktionskunst des späten 20. Jahrhunderts gelegt. Denn was unterscheidet die Zerstörung des Klaviers als Sinnbild des dahinsiechenden Kleinbürgertums beispielsweise von der Zerstückelung eines kompletten Wohnzimmers im Schaufenster von Karstadt, mit der der Künstler H. A. Schult 1983 ganz groß rauskam?

Und ich selber war schon 1958 so etwas ähnliches wie dieser berühmte koreanische Videokünstler, der immer zusammen mit Joseph Beuys auftrat; indem ich nämlich die Tasten des verstimmten Pianos wüst und sinnfrei bearbeitete. Ich machte das zwar, weil ich meinen Vater imitieren wollte, aber mit einem guten PR-Berater im Rücken wäre ich bestimmt als kindlicher Fundamental-Protestler gegen die alle Kreativität zerstörenden Formvorgaben in der Musik durchgegangen. Drei Jahre später mündete das musikalische Chaos dann doch in ganz ordentliche Klavierstunden beim alten Klavierlehrer Willy Sträter. Der hielt zwar auf dem Sofa hinter mir ab und an ein Nickerchen, weil er nachmittags um fünf schon besoffen war, aber immerhin: Weitere drei Jahre danach war ich in der Lage, ›Schenkt man sich Rosen in Tirol‹ aus der Operette ›Der Vogelhändler‹ oder das bekannte ›Charakterstück‹ – ich weiß bis heute nicht, was das ist, ein ›Charakterstück‹ – ›Heinzelmännchens Wachtparade‹ fehlerfrei und zum Entzücken meiner Eltern aufzuführen.

Als meine Mutter im September 1958 ins kühle Wohnzimmer stürmte, war das Klavier stumm, nur die Luft vibrierte von ihrem unmelodischen Geheule. Und mein Vater sprach zeitgleich in der Küche den Richterspruch: »Du gehst jetzt sofort ins Schlafzimmer! Ich will dich nicht mehr sehen, du bist eine einzige Schande! Schäm dich und hau ab!« Zur Bekräftigung trat er mir noch in den Hintern, aufjaulend verschwand ich im Schlafzimmer. Das war alles? War das das zitternd erwartete Urteil des grausamen Standgerichts? Nur eine rote Karte, ein Platzverweis, sonst nichts? Entpuppte sich Richter Gnadenlos als Papa Gnädig? Ich hatte mit einer weiteren Kirmesveranstaltung für meinen Popo gerechnet, darum war ich auch einerseits sehr erleichtert; aber auf der anderen Seite befiel mich jedes Mal eine tiefe Traurigkeit, wenn sie mich wegschickten: das Gefühl, abgeschoben und allein gelassen zu werden. Diese Angst meiner Kindheit hat sich als die stärkste aller Ängste bis auf den heutigen Tag gehalten. Da ich aber schon als kleiner Junge über eine große Portion Phantasie verfügte, verfiel ich in solchen Situationen auf eine Notlösung: Ich suchte mir einfach einen Gegenstand aus, der mir Trost spenden musste. Heute guckte ich die große, aus Korb geflochtene Wäschetruhe so liebevoll an, als wäre sie meine beste Freundin, und sprach wimmernd: »Du hältst wenigstens zu mir. Du haust wenigstens nicht ab wie der blöde Friedhelm.« Ach ja, Friedhelm, wo war eigentlich Friedhelm? Friedhelm war, wie sich später herausstellte, aus Angst vor dem Strafgericht geflüchtet, und zwar in unser Baumhaus am Datteln-Hamm-Kanal.

Die Stadt Datteln ist Europas größter Kanalknotenpunkt; hier treffen sich vier Binnenschifffahrtsstraßen. Darauf sind die Dattelner so stolz, dass sie vor ein paar Jahren überall in der Stadt maritime Accessoires wie Anker oder Schiffsruder platziert haben. Mit nur ein klein wenig gutem Willen könnten wir Datteln das St. Pauli des Ruhrpotts nennen, nur, dass es hier keine Landungsbrücken, sondern lediglich den Anleger des Dattelner Kanu-Clubs gibt. Und ich war in meiner Kindheit ganz nah dran am Dattelner Tor zur Welt: sieben Jahre im gänzlich unverruchten Dattelner Hafenviertel; keine Punks, keine Nutten, keine Hausbesetzer, die einzigen Örtlichkeiten, die immer wieder gern besetzt wurden, waren die zahlreichen Kneipen. Die Menschen trugen ordentliche Frisuren, es gab keine Straßenschlachten, sondern einmal im Jahr ein Schlachtfest in der Waschküche, wobei ich das in einer großen Schüssel aufgefangene Schweineblut rühren musste, damit es nicht gerann und damit die Herstellung von Pannhas und Blutwurst verhindert würde. Die großen Dattelner Abenteuer gehörten den Kindern, zum Beispiel der Bau eines geheimen Baumhauses am Kanal. Dorthin hatte sich Friedhelm verkrochen, und nur dank eines Hinweises aus der Bevölkerung konnte der schmächtige Junge, als schon überlegt wurde, die Polizei einzuschalten, gefunden werden. Die Bevölkerung hieß in diesem Falle Manfred Breuckmann. Friedhelm hat mir diesen Verrat lange nicht verziehen, ich aber handelte in dem Bewusstsein, ein gutes Werk zu tun. Die Dämmerung legte sich schon über den Dattelner Hafen, mir war sehr klar, wo mein Freund steckte, und ich wollte verhindern, dass er in der Nacht von betrunkenen, randalierenden Schiffern umgebracht wurde. Meine Mutter sprach nämlich über die Binnenschiffer aus Duisburg, Emmerich und Rotterdam wie über Schwerverbrecher, ihr Beruf gehörte nicht zum Kanon der in der Postlerfamilie wohlgelittenen Tätigkeiten. Irgendwie machten diese auf dem Wasser reisenden Männer, ähnlich wie die Kirmesarbeiter, einen verlotterten, verdächtigen Eindruck. Kein Wunder, dass ich angesichts von Mamas Erzählungen den Schiffern jede Art von Straftaten zutraute, einschließlich der grausamen Ermordung meines Spielkameraden Friedhelm, der wegen seiner spindeldürren Statur ohnehin nicht zu ernsthafter Gegenwehr in der Lage gewesen wäre.

Friedhelm überlebte – ein Spezial-Einsatzkommando, bestehend aus meiner Mama und Tante Änne, Friedhelms Mutter, pflückte ihn aus dem Baumhaus, auch ihm blieben Schläge erspart, weil die Erleichterung bei den beiden Damen größer war als die Wut. Ich war, nach meiner trostreichen Zwiesprache mit der Wäschetruhe, im großen Ehebett sanft entschlummert. Nach den Aufregungen um Mutproben, Mördersägen und das elterliche Strafgericht mit glimpflichem Ausgang habe ich wahrscheinlich von friedlichen Spielen in der Kindergartengruppe oder vom morgendlichen Stuhlkreis mit Schwester Luitburga geträumt.

Ich träumte viel vom Kindergarten, obwohl ich schon im zweiten Jahr in der Schule war, aber der katholische, von Nonnen betriebene Kindergarten im Schatten der St. Amandus-Kirche hatte mir, wie meine Familie an der Hafenstraße, ein starkes Gefühl von Geborgenheit gegeben. Den Start ins Kindergartenleben hatte ich allerdings vollkommen anders erlebt. Ich war gerade mal drei, als ich an der Hand meiner Mama den Gruppenraum betrat. Die Schwester Oberin begrüßte mich zwar freundlich, trotzdem war sie mir mit ihrer schwarz-weißen Schwesterntracht unheimlich, irgendwie auf der Grenze zwischen Mensch und göttlichem Wesen, unnahbar, streng. Meine Mutter blieb noch eine Viertelstunde, forderte mich auf,

1953: Altötting oder Datteln?

wie die anderen Kinder mit Knetgummi zu spielen, was ich freudlos tat, denn ich kannte die Kinder ja gar nicht, und sie behandelten mich mit einer Mischung aus Neugierde und Misstrauen.

Dann schickte Mama sich an, mich alleinzulassen. Das hatte sie noch nie getan! »Mama holt dich heute Mittag wieder ab, spiel schön und sei artig!«

Mein Ja war schon sehr zurückhaltend, und wenn die Mutter aufmerksam hingeguckt hätte, wären ihr die Tränen in meinen Augen aufgefallen. Und dann war sie weg. Auf dem zwei Kilometer langen Weg in unsere gewohnte Umgebung. Und genau da wollte ich schon nach ein paar Minuten auf dem schnellsten Wege auch wieder hin.

Als die Schwester und die blöden anderen Kinder gerade mal nicht guckten, flüchtete ich aus dem feindlichen Kindergarten. Ich wollte gar nicht mit grünem Knetgummi spielen. Später habe ich das mit Wonne getan, wir kneteten sogar absonderliche Dinge aus Knetgummi, russische Panzer zum Beispiel, die hilflose ungarische Menschen zusammenschossen. Das war 1956, als auch fünfjährige Kinder etwas über den ungarischen Volksaufstand mitbekamen. Aber zwei Jahre vorher wollte ich nicht kneten, wollte auch keine Geschichten von der Schwester oder Fräulein Elsbeth vorgelesen bekommen, ich fühlte mich ganz allein in der Welt und hatte nur einen einzigen dringenden Wunsch: Ich will zu meiner Mama!

Ich lief, so schnell mich meine kleinen Manni-Füße trugen, aus dem Kindergarten, über den Hof, öffnete das Tor, und rannte los, Richtung Hafenstraße 107, den Weg hatte ich mir gemerkt, fast immer nur geradeaus, einmal rechts, das hätte ich locker geschafft.

Aber dann war sie hinter mir, mit wehender Schwesterntracht, wie ein böser Greifvogel, der mir die frisch errungene Freiheit wieder entreißen wollte: Schwester Luitburga, trotz der beengenden Kleidung erstaunlich schnell und mir mit meinen kurzen Beinen läuferisch deutlich überlegen. »Jetzt hab ich dich! Du sollst doch nicht weglaufen, du ungezogener Junge!« Sie griff zu, packte mich am Schlafittchen, ich jaulte auf, wand mich vergeblich, sie hatte mich wieder eingefangen, ich sollte dem katholischen Kindergarten St. Amandus nicht entkommen, dort, wo mein persönlicher Handtuchhalter mit dem kleinen Bild einer Kirche an der Wand hing. War das nicht ein überdeutlicher Fingerzeig von ganz oben, sollte da nicht schon dem Kindergartenkind Manni symbolhaft mitgeteilt werden, wo sein Weg hinführen würde, nämlich geradewegs in eine symbiotische Partnerschaft mit dem lieben Herrn Jesus?

Ich glaube, dass die Kindergartenflucht als Dreijähriger meine früheste Erinnerung ist. Irgendwie peinlich für einen heranwachsenden Fußball-Reporter; denn immerhin schrieben wir das Jahr 1954, und nun frage ich Sie: Was ist mein persönliches

Laufduell mit einer Schwester aus dem Orden der Vinzentinerinnen gegen den epochalen, triumphalen WM-Titel unserer Jungs in Bern? Aber soviele Expeditionen ich auch durch mein Gedächtnis schicke – es finden sich keine Spuren, nicht von Fritz und Ottmar, nicht vom Boss oder vom Toni, die Weltmeisterschaft in der Schweiz bleibt ein weißer Fleck in meiner Erinnerung.

Dafür kommt schon mal die Sache mit der Wespe hoch: Die stach in mein Leben, als Mama mich in der Zinkbadewanne badete, die freitags in der großen Küche aufgestellt wurde. Freitags, nicht samstags! Es lagen kulturelle Welten zwischen Freitags- und Samstagsbadern. Wer erst samstags badete, der war in meinen Augen irgendwie schmuddelig oder unordentlich, zumindest aber evangelisch. Während wir braven Katholiken samstags zur heiligen Beichte gingen, suhlten sich die Ketzer im Badewasser, wahrscheinlich auch noch viel länger als nötig.

An einem dieser Freitage jedenfalls, wie immer gegen Abend, hob mich meine Mutter aus dem trüben Wasser, in dem sie anschließend praktischerweise noch selber zu baden gedachte, hüllte mich in ein großes hell-orange-dunkel-orange gemustertes Badetuch und begann, mich abzurubbeln. Als mich der Schmerz unter der Fußsohle durchzuckte, hatten weder Mama noch ich irgendeine Ahnung, was passiert war. Ich schrie, Mama ließ das Badelaken fallen, es fühlte sich an, als ob die empfindliche Haut unter den Füßen mit Messern traktiert wurde, und dann sahen wir die Übeltäterin: eine Wespe, das überflüssigste Insekt der Welt, auf nicht nachvollziehbare Weise in das Baumwolltuch geraten und durch das Trippeln meiner Füße in Panik versetzt.

Auch dieser schockierende Vorfall war für mein Gedächtnis mächtiger als das Wunder von Bern. Gibt es ein schlimmeres Kindererlebnis als den urplötzlichen Wechsel von Wärme und liebevollem Umhülltsein zum stechenden, brennenden Schmerz? Da mag Rahn so oft er will aus dem Hintergrund schießen und eine ganze Nation in Ekstase versetzen: Wespen und geiergleiche Kindergarten-Schwestern brennen sich ein, sind abrufbar und erzeugen auch nach all den Jahren noch ein unangenehmes Gefühl.

Das gilt noch viel stärker für meine Mutprobe am Gatter. Aber als Papa mich ins Schlafzimmer geschickt hatte, brauchte ich nur knapp zehn Minuten, bis der barmherzige Mantel des Schlafs und vorläufigen Vergessens über mir lag. Ich schlief übrigens im elterlichen Ehebett. Dort war mein ständiger nächtlicher Aufenthaltsort, seit ich mit drei Jahren von meinem Gitterbettchen hinaus in die Welt gedrängt hatte. Welche Auswirkungen dieser Tatbestand auf das Sexualleben meiner Eltern hatte, ist mir nicht bekannt. Hatten sie überhaupt noch eins, war es vielleicht schon in gutbürgerlicher Tradition wenige Jahre nach der Eheschließung sanft entschlummert? Oder waren sie immer noch rattenscharf aufeinander und wandten die verwegensten Tricks an, um mich für ein paar Stunden auf Distanz zu halten? Und was passierte in dieser Zeit mit Onkel August und Tante Hanna, die nach Feierabend, wenn nicht gerade Nacht, Familienfeier oder Heilige Messe war, nebenan in der Wohnküche saßen? Ich weiß es nicht, und alle, die es mir erzählen könnten, sitzen mit Harfen auf den Knien über den Wolken und singen ›Hosianna‹.

Ich wachte auf, weil aus der Küche bekannte Töne zu mir herüberdrangen. »Wo meine Sonne scheint«, sang da einer lauthals, »und wo meine Sterne stehen«, und bevor man lange darüber nachdenken konnte, was denn da passierte, wo Sonne und Sterne ihr Unwesen trieben, bot der Sänger schon die Auflösung an: »Da kann man der Hoffnung Glanz und der Freiheit Licht in der Ferne seh'n«. Aha! Glänzende Hoffnung und leuchtende Freiheit funkeln um die Wette, die Sonne scheint in der Ferne, die Sterne sind zum Greifen nah, und Caterina Valente zeigt ihr Pferdegebiss! Aber sie war es nicht, die da sang, das wäre ja auch ein hammerhartes Ding gewesen, wenn die ständig un-

1959: Mit Onkel August auf dem Holzplatz.

angenehm laut lachende Caterina, vielleicht noch mit ihrem öligen Bruder Silvio Francesco im Schlepptau, der Hafenstraße 107 einen umjubelten Kurzbesuch abgestattet hätte. Nein, das singende Sterne-Freiheit-Sonne-Hoffnung-Leuchten stammte von einem der größten Valente-Fans jener Zeit, meinem geliebten Onkel August, der bei Sternenlicht betrachtet mein Großonkel war, der Onkel meines Vaters. Onkel August hatte gerade sein samstägliches Ritual beendet, und das bestand aus dem Genuss von fünf Stifts-Export-Bieren. Es waren immer fünf, nie drei oder vier, Ordnung musste sein, zuzüglich zweier sogenannter Beschleuniger aus dem Städtchen Steinhagen.

»Wo meine Sonne scheint ...« fing er schon wieder an, wurde aber durch die nörgelige Stimme von Tante Hanna gestört: »Hör ma sofort mit die Singerei auf. Nebenan schläft der Manfred!«

Dies entsprach nicht der Wahrheit, denn ich war ja hellwach, und außerdem konnte ich es überhaupt nicht leiden, wenn diese alte Giftspritze Hanna an meinem Onkel August rummeckerte.

»Ich bin überhaupt nicht am schlafen«, krähte ich los, »du kannst ruhig weitersingen. Du singst richtig schön!« Ich konnte mir allerdings nicht sicher sein, ob der Adressat diese Nachricht mitbekommen würde, denn eins der hervorstechenden Merkmale von Onkel August war seine fortschreitende Schwerhörigkeit. Seit Jahrzehnten stand er an der Bandsäge in der Stielfabrik seines Bruders, und der herumfliegende Staub, die Sägespäne und der ständige Maschinenkrach ruinierten sein Gehör. Anfangs, bis Ende der 50er, reichte es noch, ihn laut anzubrüllen, später probierte er es mit einem Hörgerät, das aber ständig piepste und auch des Öfteren gänzlich ausfiel. Da halfen dann nur noch Stift und Zettel oder je nach Situation Bierdeckel, um die nötigsten Botschaften an den Onkel zu bringen. »Ich mach dir jetzt dein Abendessen. Für zum Trinken brauchs du ja wohl nix mehr!« schrie Tante Hanna. »Jau, jau«, sagte August, vollkommen unbeeindruckt von der kaum verhüllten Kritik an seinem Kneipenbesuch.

Tatort der alkoholischen Samstags-Exzesse war »Martens Hafenwirtschaft« schräg gegenüber, die typische Kneipe an der Ecke. Kamst du rein, umhüllte dich eine schwer zu beschreibende Duft-Kombination: nicht nur diese unnachahmliche Mischung aus schalem Bier und Zigarettenqualm, da war noch etwas anderes, Säuerliches, wahrscheinlich eine Nebenwirkung der ständigen Produktion von Soleiern. Die standen in einem Riesenglas auf der Theke und waren der absolute Hit des Gourmet-Tempels, knapp gefolgt von den knüppelharten Frikadellen. Diese Fleischklopse, unter konspirativen Umständen nachts bei runtergelassenen Rolläden nach einem über acht Generationen vererbten Familien-Geheimrezept zubereitet, zeigten manchmal eine dunkelbraune Farbe, die Übelmeinende als schwarz diffamierten. Heute würde ich sagen, Martens Frikadellen waren die konsequente kulinarische Umsetzung der parteiübergreifenden Kohle-Vorrang-Politik in NRW.

Onkel August aß nie in der Hafenwirtschaft, er hatte nur dreißig Meter Luftlinie bis zum heimischen Küchentisch, Hanna verfügte als Köchin seines Herzens über eine Monopolstellung. Sie kochte zwar etwas grob, aber August war zufrieden. »Willst du Lachs-Bütterkes?« brüllte sie ihrem Gatten ins Ohr. »Oder lieber Sülze?« Abends gab es nie warmes Essen, die Regel war eisern. Und Onkel August vor die Alternative Lachs oder Sülze zu stellen, war rein rhetorisch, denn mein Großonkel war ein Lachs-Fanatiker, und als mein Patenonkel hatte er mir diese Leidenschaft vererbt.

Die in Öl eingelegten kleinen Lachsstreifen, die Tante Hanna nun mit einer Mini-Gabel aus einem Glas fischte und auf einer Scheibe Roggenbrot verteilte, stammten allerdings nicht von der Sorte Lachs, die ein paar Wochen zuvor noch fröhlich über die Staustufen in einem kanadischen Fluss gehüpft war. Wo denken Sie hin, wir schrieben das Jahr 1958! Echter Lachs war damals noch unerschwinglich für Briefträger und Holzarbeiter, für diese Sorte Konsumenten war der sogenannte Lachsersatz vorgesehen; aus Seelachs hergestellt, sehr rot, sehr salzig und, verglichen mit seinem edlen Bruder, von sehr fester Konsistenz. Für Onkel August und mich aber eine der leckersten Delikatessen, die der aus heutiger Sicht wenig üppige Nachkriegs-Speiseplan zu bieten hatte. Kaum hatte ich aus Tante Hannas Mund das Wort ›Lachs‹ gehört, steckte ich den Kopf durch die Tür und peilte erstmal, ob die Luft rein war. Sie war es, Mama und Papa waren weg, Onkel Martin besuchen, der damals noch ansprechbar war und seine Familie noch nicht tyrannisierte. »Gib dem Manfred auch ein Lachs-Bütterken«, sagte Onkel August. »Nach dem, wat der heute Nachmittag gemacht hat, dürfte der eigentlich gar nix mehr kriegen«, fauchte Hanna. Sie wusste also Bescheid. Ihre Bemerkung war aber zu leise für Augusts Ohren. Der Onkel war der friedlichste und ausgeglichenste Mensch, den ich jemals kennen gelernt habe, ruhig, fast aggressionsfrei. Und der wichtigste Grund für diese engelsgleiche Wesensart war seine Schwerhörigkeit. Er kriegte es einfach nicht mit, wenn wieder mal über nicht im Raum Befindliche hergezogen wurde. Und die anderen Streithähne beteiligten ihn auch nicht an ihren Auseinandersetzungen, denn zu diesem Zweck hätten sie Dinge, die nur leise zischelnd ihre Wirkung entfalteten, laut herausschreien müssen.

Mein Bild von Onkel August als wandelndem Gewaltverzicht erhielt nur wegen seiner Methode, Hühner zu schlachten, einen leichten Riss. Der Onkel packte sich nämlich das Huhn, den Kopf in der rechten, den restlichen Körper in der linken Hand, und sägte dem armen Tier mittels der Bandsäge schlicht den Hals durch. Das ging zwar in Sekundenschnelle, wirkte aber dennoch höchst martialisch, zumal das Rest-Huhn nach dem Tötungsakt noch ohne Kopf und Flügel schlagend eine kleine Runde auf dem Holzplatz drehte, bevor es tot zu Boden sank. Fehlte nur noch, dass es kopflos gegackert hätte. Wir Kinder beobachteten das grausame Schlachten amüsiert-interessiert, ohne besondere Gefühlsaufwallungen, es wirkte auf uns skurril, empörte uns aber nicht die Bohne.

Tante Hanna schob mir das Lachsbrot hin. »Dass du deine armen Eltern aber auch immer so ärgern musst!« – »Das mache ich nie wieder. Das war ganz böse von mir.« – »Deine Mama konnte sich gar nicht mehr beruhigen, ich glaub, die musste sogar Tabletten nehmen.« Wie furchtbar, Tabletten! Und alles wegen mir. Ich war jetzt wieder fest davon überzeugt, ein ganz schlechter Mensch zu sein. Die Sache musste ich unbedingt im Beichtstuhl zur Sprache bringen, damit der liebe Gott mir meine schwere Sünde verzeihen konnte.

»Und wann kommen Mama und Papa zurück?« Vielleicht nie mehr?

»Die sind schon ’ne Stunde weg. Lange kannet nich mehr dauern.«

Erleichtert schob ich mir ein Lachs-Häppchen in den kleinen Genießer-Mund. Meine Ernährer pflegten die belegten Brote in kleine Rechtecke aufzuteilen, auch als ich schon längst in der Lage war, die ›Bütterkes‹ selber zu zerkleinern.

Tante Hanna ging zum großen, mit Kohle befeuerten Herd und holte ihren ›Knabbel‹ aus dem Backofen. Knabbel waren kinderfaustgroße, unförmige Stücke Bauernstuten, also Weißbrot, die im Ofen geröstet wurden. In einem tiefen Teller mit heißer Milch übergossen, womöglich noch mit schwabbeligen Stücken – igitt! – Schmand obendrauf, ein, zwei Esslöffel Zucker drüber, fertig war die schlichte, aber nahrhafte Bauernmahlzeit. Mich schüttelte es allerdings, wenn ich nur zugucken musste, wie Tante Hanna das Knabbelgericht wegschlabberte. Milch war mir ohnehin ein Graus, und dann auch noch mit nacktem Brot – so stellte ich mir ungefähr das Essen im Zuchthaus vor, da, wo die Binnenschiffer saßen, die kleine Jungs in Baumhäusern ermordet hatten.

Meine größte Überwindung jedoch bestand darin, jeden Abend einen Löffel milchigen, fischigen Dorschlebertrans in mich hineinwürgen zu müssen, weil dieses Teufelszeugs ja so ungeheuer gesund war. Manchmal, wenn ich erkältet war, gab es allerdings noch eine Steigerung: Dann suppte auf dem Herd ein brauner Sirup, der aus Wasser, Zwiebeln und Kandis zusammengeköchelt wurde und jeden grippalen Anflug innerhalb weniger Stunden zur Notlandung zwingen sollte. Ich kann noch heute diesen widerlichen Geschmack nachempfinden und kriege dabei eine Erektion meiner Nackenhaare.

»Wer war denn alles da bei Martens?« fragte die Knabbel mümmelnde Hanna ihren Ehemann. Die Stimme lag jetzt wieder im kritischen Bereich der Lärmschutzverordnung.

»Wäbers Bähnd was do«, sagte August, »un Lückes Theo, und de Herumschwelge-Wiever.« Diese Aussage bedarf der

Übersetzung: Mein Onkel wollte sagen, Bernd Weber sei in der Kneipe gewesen und Theo Lücke, und dann auch noch die Herumschwelge-Weiber, also Frauen mit einem hedonistischen Zugang zum Leben. Onkel August sprach Münsterländer Platt, denn die Gemeinde Datteln mit ihren sieben Bauernschaften war ein Tor zum Münsterland; auf der einen Seite eine Bergbau-Stadt mit der Zeche Emscher-Lippe und vielen zugewanderten Bergleuten, die in den typischen Zechen-Kolonien mit ihren winzigen Einfamilien-Häuschen oder in grauen Mietblocks wohnten. In seinem Kern blieb Datteln aber westfälisch-bürgerlich-katholisch, im Zentrum rund um die Amanduskirche lebten die Handwerker, Kaufleute, die kleinen Angestellten und die Beamten. Dort gab es noch bis in die 70er-Jahre ganze Familien, deren Umgangssprache das Platt war, und August, mein Piätöhm, also Patenonkel, war eins dieser plattdeutschen Auslaufmodelle. Ich verstand ihn meistens gut, aber selber war ich nicht in der Lage, auch nur einen Satz in dem weich-verschwommenen Münsterländer Idiom zu formulieren.

»Annemarie und Sofie sind eine Schande für die ganze Hafenstraße«, ätzte Tante Hanna, »schlimm genug, dass ich sie noch nie in der Kirche gesehen habe. Vielleicht sind sie ja auch schon heimlich ausgetreten. War Wolfi denn auch da?«

»Nee, Wolfi habe ich nicht gesehen. Ab und zu muss er sich ja auch um seine Frau kümmern.«

»Ja, die Arme. Die tut mir richtig leid. Und die beiden Töchter erstmal. Mit so einem verkommenen Subjekt als Vater.«

Da tat sich nun ein brodelnder, stinkender Sündenpfuhl auf, der zu Kaisers Zeiten von der Polizei trockengelegt worden wäre. Annemarie, die Wirtin der Hafenwirtschaft, und Sofie, ihre Tochter, beschränkten sich nicht nur darauf, dem männlichen Teil der Kundschaft schöne Augen zu machen und sich in erotischen Andeutungen zu suhlen; das war schon Skandal genug und hätte ausgereicht, sich jahrelang immer wieder das Maul zu zerreißen. Aber es war ja alles noch viel schlimmer! Sofie pflegte nämlich regen Kontakt mit dem schon immer sexuell höchst aktiven Wolfi Middelmann, fünfzig Jahre, Besitzer eines Installationsgeschäftes, und Mutter Annemarie duldete diese Liaison zwischen einer Zwanzigjährigen und dem berüchtigsten Dattelner Lebemann nicht nur, nein, sie schaffte sogar Vorkehrungen, den Vollzug des außerehelichen Beischlafs in ihren eigenen vier Wänden zu ermöglichen! Indem sie nämlich im Hinterzimmer der Kneipe, dort, wo der Fernseher stand und wo die Taubenzüchter sich sonntags trafen, eine Couch aufstellte und mit, so wurde gewispert und gemunkelt, bordeauxroter Bettwäsche versah. Ein schlimmer Schandfleck in unserem katholisch-sittsamen Biotop an der Hafenstraße, im Dreieck der Anständigen zwischen der Stielfabrik Mushoff, der Bäckerei Kill und dem Tante-Emma-Laden der Witwe Sibbe. Schon die Anwesenheit einiger evangelischer Mitbürger war eigentlich störend, aber die wurden, trotz gelegentlicher spitzer Bemerkungen, toleriert. Bereits an den achtjährigen Manni richtete Mama den dringenden Appell, ja nicht eines Tages mit einer Evangelischen anzukommen. Mischehen waren nicht vorgesehen, darum veranstaltete die Pfarrgemeinde St. Amandus auch für die jungen Leute die intern sogenannten ›Mischehen-Verhütungs-Tanzabende‹.

Aber die skandalöse Rumhurerei zwischen Sofie und Wolfi nur wenige Meter von unserer züchtigen Behausung entfernt war jenseits sämtlicher Toleranzgrenzen aller billig und gerecht Denkenden, da regte sich nicht nur der fromme katholische Teil der Bevölkerung auf. Und dann noch diese furchtbare Ohnmacht im Angesicht der Sünde! Keiner traute sich, die Polizei einzuschalten, dazu waren sie nun wiederum zu feige, ganz abgesehen von der Aussichtslosigkeit dieses Unterfangens, denn wegen der Familienbande kam ja noch nicht einmal der Tatbestand der Kuppelei in Frage. Und der unglücklichen Ehefrau anonym einen besorgten Brief zu schreiben, galt ebenfalls als sinnlos, denn die Gattin wusste Bescheid und nahm das Fremdgehen ihres Mannes als göttliche Prüfung auf dem Weg zur ewigen Seligkeit.

»Ich wünsche ihm, dass er mit einem Herzinfarkt tot vom Sofa fällt!« bellte mein Vater manchmal.

»Ja«, sagte Mama, »oder sie soll dabei einen Krampf kriegen.«

»Oder der Schlag soll sie beide gleichzeitig treffen.«

Von der gewohnten Zurückhaltung bei allen Themen, die die Körperregionen ›da unten‹ betrafen, war bei diesen Gesprächen über die Orgien in der Hafenwirtschaft nichts zu merken. Ich kriegte alles mit, und gleichzeitig begriff ich nur wenig. Es reichte aber, um bei allen Besuchen mit Onkel August in der Wirtschaft Wellen der Empörung durch meinen kleinen Körper schwappen zu lassen – und ein Gefühl der moralisch-sittlichen Überlegenheit. Denn ich war ›keusch‹ und würde es, daran glaubte ich ganz fest, immer bleiben; gegenteilige Gedanken schlummerten noch tief in mir und würden Jahre brauchen, um brachial die Herrschaft über mein Denken und Handeln zu ergreifen. Was immer dort im Hinterzimmer auch geschehen mochte, die technischen Details waren mir nicht geläufig, es war aber in jedem Falle ›unkeusch‹, und unkeusche Gedanken, Worte und Werke waren verboten und mussten, wenn sie trotzdem vorkamen, gebeichtet werden.

»Tante Hanna, kannst du mir das Radio anmachen, gleich kommt das Sandmännchen.« Mein Sandmännchen sprach noch aus dem Radio zu mir, ich musste mir selber ausmalen, wie es aussähe. Die Uhr zeigte viertel nach sieben, und das Sandmännchen war – es folgte noch das Nachtgebet – der vorletzte Mosaikstein in meinem Abendritual.

»Ich weiß nicht, ob deine Mama und dein Papa das erlauben würden, so böse, wie du heute gewesen bist.«

»Haben sie denn gesagt, dass ich nicht Radio hören darf?« Hanna dachte einen Moment darüber nach, ob sie mich aus pädagogischen Gründen belügen sollte, denn in der ganzen Aufregung hatten die Eltern keinen Gedanken an eine Einschränkung meines Radiokonsums verschwendet. »Nein, haben sie nicht. Dann setz dich meinetwegen auf die Dose.« Ich holte die hohe ,blau-weiß gestreifte Keksdose mit den Abbildungen von Schokoladenkeksen aus der Ecke. Sie war mein Logensitz im großen Wort- und Musiktheater des Radios. Eine Welt, in der ich mich verlieren konnte. Es war mir allerdings verboten, die technischen Voraussetzungen fürs Radiohören selber zu schaffen: Ein- und Ausschalten durften nur die Erwachsenen. »Hinterher geht's aber sofort wieder ins Bett. Zieh dir am besten schon vorher den Schlafanzug an.« Ich hatte nach der lautstarken, aber letztlich glimpflichen Aufarbeitung des Gatter-Vorfalls in voller Montur eine Tasse Schlaf genommen und holte mir jetzt schnell den Schlafanzug, um ja nichts vom Sandmännchen zu verpassen. Tante Hanna drückte den klobigen Ein-/Aus-Knopf, der Grundig-Empfänger fing an zu brummen, besann sich noch einen langen Augenblick, um sodann durch das allmählich erstrahlende Phosphor-Grün des sogenannten magischen Auges seine Sendebereitschaft zu signalisieren. Wobei viel Grün die Botschaft vermittelte: Der eingestellte Sender wird klar und deutlich empfangen.

Bei uns war es immer nur ein Sender: der Nordwestdeutsche Rundfunk, der sich später in den WDR aus Köln und den NDR aus Hamburg aufteilte. Diese Feinheiten waren dem siebenjährigen Manni aber schnuppe; er saß auf der Keksdose und lauschte voller Andacht den lustigen oder spannenden Geschichten, die der Sandmann zu erzählen hatte. Ich guckte ständig auf das Radio, auf den ockerfarbenen kitschigen Stoffbezug, auf die Skala mit den abenteuerlichen Ortsnamen wie ›Beromünster‹ oder ›Hilversum‹, meine Gedanken waren aber bei den putzigen Hasen, den Elfen, den Zauberern, den Räubern, den Detektiven, den bösen Hexen, den alten Männern mit den langen weißen Bärten, dem kunterbunten, aufregenden Personal der Sandmännchen-Abenteuer. Sie hätten drumherum das komplette Küchenmobiliar abtransportieren können, oder Mama hätte eine Riesenportion Majala-Zitronencreme und einen überdimensionalen Teller voller Rührei mit Schinken auf den Tisch stellen können, dazu noch ein knusprig paniertes Kotelett, ich hätte all diese sinnlichen Herausforderungen ignoriert, denn ich war ja im Sandmännchen-Kosmos, ganz weit weg von der Hafenstraße. Und es war ja nicht allein das Sandmännchen, das mich verzauberte. Liebend gern hörte ich auch den Schulfunk: ›Neues aus Waldhagen‹ war meine Lieblingsserie, in Hörspielen verpackte Bürgerkunde mit dem norddeutsch parlierenden Bürgermeister Piepenbrink, der Tierfreund und der Arzt sprachen zu mir, ›English for Juniors‹ hörte ich mir an, ohne viel zu verstehen. Und selbstverständlich gehörte ich auch zu den Dauerkonsumenten des Kinderfunks, mit Kalle Blomquist, dem Meisterdetektiv, mit dem Märchen-Onkel Eduard – das war der Schauspieler Eduard Marx – und einem witzigen Quatschmacher namens ›Onkel Zuckerbein‹, hinter dem sich der Hamburger Schauspieler Josef Offenbach verbarg. Ich hab ihn mir bis heute gemerkt, den Text des Zuckerbein-Liedes, das immer am Anfang gesungen wurde. Heute, im täglichen Grauen der sogenannten Populärwellen ›mit den besten Hits der 80er, 90er und von heute‹, würden sie es den ›Show-Opener‹ nennen: »In unserm Kinderzimmer, da kann man lustig sein, viel Spaß gibt es dort immer mit Onkel Zuckerbein.«

In der Realität meines jungen Lebens hatte man an diesem Samstag im September 1958 nichts von einem lustigen Kinderzimmer gemerkt, der Spaß im Kinderzimmer musste schon am Fehlen einer geeigneten Räumlichkeit scheitern. Aber immerhin endete dieser Tag, an dem beinahe Blut geflossen wäre, in einer alle Generationen umfassenden Idylle: Tante Hanna saß in dem Sessel, der nicht nur mein, sondern auch ihr Lieblingsplatz in der Wohnküche war, und stickte in einem Stickrahmen abwechselnd kreisrunde und ovale Ornamente in eine Tischdecke, Onkel August war in die Lektüre der Kirchenzeitung des Bistums

Münster, *Kirche und Leben*, vertieft, die ihm wahrscheinlich wieder nahelegte, bei der nächsten Wahl auf jeden Fall eine christliche Partei zu wählen, und ich lauschte einer musikalisch untermalten Gute-Nacht-Geschichte, persönlich vorgetragen vom für problemloses Einschlafen zuständigen Sandmännchen. Und als meine Eltern ein paar Minuten später die friedvolle Szenerie durch das Niederdrücken der quietschenden Türklinke störten, stellten sie fest, dass der Sandmann ganze Arbeit geleistet hatte: Ich saß mit geschlossenen Augen und schwankendem Oberkörper auf der Keksdose – ein Wunder, dass ich noch nicht runtergefallen war – und hatte mich schon vor dem Ende der Sendung ins Reich der Träume begeben.

Mutter Kirche ist die Beste

Es wird Ihnen auffallen, dass in diesem Buch oft geweint wird. Hatte ich es in meinen jungen Jahren mit einer unerträglichen Zusammenrottung von Heulsusen und Warmduschern zu tun? Soll der vom Sozialpädagogismus der 70er-Jahre inspirierte Beweis geführt werden, dass es die Natur aller Menschen ist, sich an den Händen zu fassen und ein klein wenig zu weinen? Aber ich muss doch – ein Stück weit – bei der Wahrheit bleiben. Ich kann es ja auch nicht ändern: Der Mann saß nun mal zusammengesunken vor mir und schluchzte ohne Ende, das feiste Gesicht glänzend feucht von all den Tränen, der Blick aus den kleinen roten Augen verschleiert wie der einer ganz besonders fetten Eule. Außerdem schämte er sich, guckte mich gar nicht richtig an, ich war darauf gefasst, dass er mittels göttlichen Beistands ein breites Loch in seinen Parkettboden zaubern und dort polternd verschwinden würde. Denn der da hockte und hemmungslos heulte, hatte einen unmittelbaren Draht nach oben: Es war der strenge Vikar Peter Baykamp von der katholischen Pfarrgemeinde St. Amandus in Datteln. »Du kannst mir bestimmt auch nicht helfen«, jammerte er und kriegte zu allem Überfluss noch einen lächerlichen Schluckauf. Baykamp mit Schluckauf! Wir Messdiener hätten uns an anderer Stelle und unter halbwegs normalen Umständen kaputtgelacht, so wie es die Kleinen immer tun, wenn die Großen in peinliche Schwächeperioden schliddern. Aber an diesem Abend im Juli 1966 wagte ich noch nicht einmal, innerlich zu lächeln, sondern stotterte sinnlose Trostformeln:

1970: Auch die Weste rettet Manni nicht vor dem wahren Leben.

»Dat kriegen Sie doch wieder hin, Herr Vikar. Lassense uns noch mal da drüber reden, da gibt's doch bestimmt einen Ausweg. Soll ich noch ein Bier holen?« Der Priester nickte schwach. Auf Beistand von oben konnte er in seiner Situation nicht hoffen, er befand sich nämlich im Zustand der Todsünde, das bedeutete eine ungewisse Chance auf Vergebung, nur bei ganz tiefer und echter Reue und bei sofortigem Verzicht auf weitere einschlägige Fehltritte, andernfalls war das ewige Schmoren in der Hölle vorgesehen – nach meiner Vorstellung mit musikalischer Untermalung von Ernst Mosch und seinen Original Egerländern. Als vorläufigen Ersatz für die unverzügliche Rettung durch den lieben Herrn Jesus oder gar den Chef selbst hatte sich Vikar Baykamp für Union-Pils entschieden. »Du kannst ruhig auch noch ein Glas mittrinken. Wieviel hast du schon gehabt?«

»Zwei«, log ich und füllte die bauchige Pils-Tulpe, die wundervoll mit der äußeren Erscheinung des Vikars harmonierte.

»Ich weiß wirklich nicht, warum ich es gerade dir erzähle. Du bist doch erst fünfzehn, eigentlich dürfte ich dich gar nicht damit belasten.« Eine breite Spur Pils-Schaum suppte von seinem linken Mundwinkel Richtung Dreifach-Kinn.

»Aber dat macht doch nix. Mir können Sie doch alles erzählen. Ich sach es auf keinen Fall weiter.«

»Mein Riesenproblem ist, dass ich eigentlich keinen habe, dem ich die Sache anvertrauen kann. Aber es muss irgendwie raus, ich halt das sonst nicht mehr aus!« Ich hatte schon gedacht, jetzt beruhige er sich allmählich, und das Bier tue mit dem Beginn der vierten Flasche sein barmherziges Werk; aber der letzte Satz war wieder ein kehliger Schrei der Verzweiflung gewesen.

»Dat kann ich verstehen, beruhigen Se sich doch, ich höre Ihnen gerne zu.« Schon wieder eine Lüge; es gab tausend Dinge, die ich in diesem Augenblick lieber getan hätte als den Beichtvater für einen dreißig Jahre älteren Vikar zu spielen. »Vergissmeinnicht« gucken zum Beispiel. Heute war Donnerstag, da durften sich die deutschen Fernsehzuschauer wieder auf zum Schreien komische Dialoge zwischen Peter Frankenfeld und dem echten Briefträger Walter Spahrbier freuen, einem krummbeinigen Hamburger Beamten mit gelegentlichen Anfällen von knorrigem Humor. Stattdessen saß ich auf einem schlicht-eleganten Sessel in Baykamps priesterlichem Wohnzimmer – alles sehr modern in Hellbraun, Hunderte von Büchern, kein Hauch von Spätbarock – und lauschte nunmehr zum dritten Mal der Geschichte von Angela und Peter. Ich kann es heute ohne innere Widerstände gestehen, damals keimte ganz tief in mir ein unbändiges Gefühl, das ich mich geweigert hätte zu benennen, dessen Existenz ich gar geleugnet hätte: das Gefühl reiner, ungetrübter Eifersucht. Ausgerechnet Angela! Strahlende Augen, in die man eintauchen mochte, dunkle Negerkrause, appetitliche Figur, immer lustig – Lachen ist die Musik der Gotteskinder! –, einziger, verzeihbarer Makel: der deutlich wahrnehmbare Damenbart. Angela beim Pfarrfamilienfest, Angela im Kirchenchor, Angela auf der Kanzel, wo sie mit ihrer dunklen Stimme die sogenannten Fürbitten vortrug. Die katholische Angela Dampf in allen spirituellen Gassen, wie frisch dem Katechismus entschlüpft, fern jeder Sünde; sie konnte ja nichts dafür, dass der pubertierende Manni sie zum Gegenstand seiner wilden Phantasien machte, aufregende Tagträume, bei denen es weder um den Kuchenverkauf beim Pfarrfest noch um die Krönungsmesse von Wolfgang Amadeus Mozart ging.

»Sie war hier, um mit mir die Wallfahrt nach Kevelaer zu besprechen«, fing der Vikar wieder an. »Ich hab es dir ja schon gesagt, es überkam uns beide fast gleichzeitig, wir konnten uns nicht dagegen wehren. Es war wie ein Gewitter, einfach ein Naturereignis.« Noch ein tiefer Schluck vom guten Union-Pils. »Und jetzt kommen wir nicht voneinander los. Wie soll das nur weitergehen?«

Was wäre die angemessene Reaktion auf ein solches Geständnis gewesen? Halt die Schnauze, du geiler Bock, geh doch heimlich in den Puff! Das kommt eben davon, wenn du unerfüllbare Zölibatsschwüre ablegst! Grein mir nicht die Ohren voll, ich bin selber scharf auf die Alte, und du machst den Weinerlichen! Erst Spaß haben und dann das Gewissen wie eine stinkige Mülltüte über kleine Jungs ausleeren! Glauben Sie mir, von solchen Gedanken und erst recht von dieser fiesen Ansammlung obszöner Ausdrücke war ich so weit entfernt wie der Papst vom Swingerclub. Der Mann, der mir sein Herz ausschüttete, war ein geweihter Priester, eine unantastbare Respektsperson. Obwohl er mir – es war noch fünfundzwanzig Grad warm, und das abends um neun – sehr unpriesterlich in einem hellblauen kurzärmeligen Hemd und in beigen Schlabbershorts gegenübersaß. »Es könnte sogar passieren, dass ich mein Priesteramt aufgeben muss.« Entsetzt von diesem Gedanken flüsterte er jetzt fast. »Angela und ich, wir lieben uns nämlich sehr. Das ist mehr als eine flüchtige Affäre.«

Jetzt steh schon auf und renn einfach weg, durchfuhr es mich. Hau einfach ab, lass den Vikar Vikar sein und lauf, lauf, bis du die schützende Haustür unserer neuen Wohnung an der Amandusstraße 11 hinter dir geschlossen hast. War dieser Vikar Baykamp nicht manchmal ein richtiges Ekelpaket? Einer, der nicht davor zurückschreckte, die Messdiener auf offener Szene am Altar zusammenzufalten, wenn sie einen Fehler machten? Einmal, in der Adventszeit, als wir unter den weißen Ministranten-Hemden violette sogenannte Röcke trugen – lange Gewänder, die manchmal über den Kirchenboden schleiften, wenn wir die falsche Größe erwischt hatten –, hatte er uns sogar den Segen verweigert. Nach der heiligen Messe war es üblich, dass die Messdiener im Chor zum Priester sprachen: »Wir bitten um den Segen«. Der Fußballprofi kriegt die Siegprämie, der Brauereifahrer jede Woche einen Kasten Bier, der WDR-Redakteur bekommt mit dem Rentenbescheid die Giftkapsel, und der Messdiener in St. Amandus und anderswo erwartete eben nach seiner Dienstleistung am Altar als Bonus den Segen des zelebrierenden Priesters. Und was sagt der Vikar zu uns beiden, zu Paul Möllmann und mir, nach der mit leiser Stimme vorgetragenen Segensbitte? »Wat, für so eine Leistung wollt ihr den Segen? Kommt gar nicht in die Tüte.« Ich weiß nicht mehr, welche gravierenden Fehler uns unterlaufen waren; vielleicht hatten wir ihm zu wenig Wein in den Messkelch gekippt, wir waren zu langsam oder zu schnell zum Altar geschritten, hatten uns beim einleitenden, komplett auf Latein zu sprechenden ›Stufengebet‹ verhaspelt. Wir trauten uns nicht zu fragen und schlichen wie vom Kurienkardinal höchstpersönlich getretene vatikanische Köter nach Hause.

Eins zeigt die Geschichte des verweigerten Segens immerhin: In Teilbereichen der heiligen Mutter Kirche wurde schon sehr früh nach dem Leistungsprinzip verfahren. Wer nicht spurte, bekam keinen Segen, und ohne Segen konnte es am Ende verdammt schwer werden, in den Himmel aufzufahren. Ich habe schon seit frühester Kindheit, angefeuert von Mama und Papa, alles dafür getan, um nach dem irdischen Jammertal das ewige Leben verliehen zu bekommen. Bereits mit fünf Jahren gehörte ich zu den Auserwählten, die zur ›Frühkommunion‹ gehen

1956: Mein Glaube an den Osterhasen war noch unerschütterlich.

durften. Welche Maßstäbe da angelegt wurden – die Erstkommunion ist im Normalfall erst vier, fünf Jahre später vorgesehen –, weiß ich heute nicht mehr. Wahrscheinlich wurden die ausgesucht, die ganz besonders fromm gucken konnten.

Wer den Leib des Herrn verspeisen will, muss vorher seine Seele säubern. Der kannibalische Akt ist nicht möglich im Zustand der Sünde. Das bedeutet: auf jeden Fall zur Beichte gehen! Darum war der kleine Manni nicht nur ein Frühkommunionkind, sondern auch ein Früh-Beichter. »Was soll ich denn da beichten?« fragte ich ratlos meine Mama. Ich wäre ja so gerne ein Sünder gewesen, aber so sehr ich auch mein Gewissen erforschte, es geradezu auswrang, es wollte mir einfach kein Verstoß gegen eins der Zehn Gebote einfallen. Ich neigte nicht dazu, ein falsches Zeugnis abzulegen, ich begehrte weder meines

Nächsten Weib noch sein Hab und Gut. Und den sogenannten Beichtspiegel, eine lange Horrorliste mit allen möglichen Verfehlungen, konnte ich mit fünf noch nicht lesen. Unschuldig wie ein neu geborenes Lamm, so ganz ohne Sünde? Ein unhaltbarer Zustand, weil es einen Katholiken, der nicht schwer unter der Last seiner Verfehlungen ächzt, überhaupt nicht geben darf. Denn nur die Sünde erzeugt dieses wunderbare, ständig dräuende und nagende Schuldbewusstsein, das Mutter Kirche so an den Gläubigen schätzt. Schon die frisch geborenen kleinen Menschen bringen die Erbsünde mit, wenn sie schreiend auf die Welt plumpsen. Das hat ihnen die schlangige Eva im Paradies eingebrockt.

Meiner Mutter schulde ich tiefen Dank dafür, dass meine erste Beichte nicht zu einem Desaster wurde. Wahrscheinlich wäre ich auf die bunte Seite des *Osservatore Romano* geraten, hätte ich die Stätte der Selbstanklage mit den Worten »Leider fallen mir keine Sünden ein, aber ein klein wenig Vergebung wäre vielleicht nicht schlecht« betreten. Mama also wusste einen Ausweg. Sie schlug mir auf dem Weg in die Krankenhauskapelle, wo der alte Dechant Wethmar im Beichtstuhl wartete, drei Sünden vor, die sich prima für die erste Beichte eigneten: »Du hast doch bestimmt schon mal unandächtig gebetet, oder?«

»Wat iss dat denn, unandächtig beten?«

»Na, wenn du dich nicht aufs Beten konzentriert hast, wenn du an andere Sachen gedacht hast.«

»Ja, dat stimmt, dat iss mir schon mal passiert.« Konnte ja vorkommen, dass beim Beten die Gedanken abschweiften: »Gebenedeit sei die Frucht deines Leibes ... ... ob ich gleich wohl eine Dose Pfirsiche essen darf?« Oder: »Komm, Herr, sei unser Gast, und segne, was du uns bescheret hast ... ... wünsche ich mir zu Weihnachten Lego oder Baufix?« ›Unandächtig gebetet‹, das war doch eine prima Sünde, die würde bestimmt beim gestrengen Dechant gut ankommen. Gott sei Dank keine Todsünde wie Mord oder Ehebruch; bei unandächtigem Beten drohte schlimmstenfalls das Fegefeuer, eine Tortur mit mittlerer Hitze – unangenehm, aber auszuhalten. Das war jedenfalls meine Phantasie zum Thema Fegefeuer. Seltsamerweise dudelte in meiner Vorstellung auch im Fegefeuer Musik als Hintergrund-Bestrafung, nicht so schlimm wie Ernst Mosch in der Hölle, aber immerhin, grausam genug, Gerhard Wendland und sein Fegefeuer-Hit »Tanze mit mir in den Morgen«. Im modernen Fegefeuer des angehenden dritten Jahrtausends erklängen Melodien der Pet Shop Boys oder der bezaubernden Britney Spears.

»Und wat soll ich dem Dechant als zweite Sünde sagen?« Mama dachte tief nach und wirkte wieder so wahnsinnig angestrengt, wie immer, wenn sie auf einem Problem herumkaute. »Du könntest beichten, dass du genascht hast.«

»Genascht? Aber wat denn?«

»Na, jetzt überleg doch mal. Von der Schokolade natürlich, die immer im Küchenschrank liegt.«

»Aber da frag ich dich doch immer, und du erlaubst es mir!« Ich war ehrlich empört, denn ich hatte es überhaupt nicht nötig, heimlich an die Sarotti- oder Stollwerck-Schokolade (zwei Sorten: Nuss oder Vollmilch) zu gehen. Mama war selber süchtig, und in ihrer Eigenschaft als Schokoladen-Junkie brachte sie es einfach nicht übers Herz, mir den Wunsch nach einem Stückchen abzuschlagen.

»Aber du musst doch irgendwat beichten, eine Sünde allein reicht nicht, kann doch nix schaden, wenn du sachs, dat du genascht hast.«

Das wiederum überzeugte mich, und ich akzeptierte auch den zweiten mütterlichen Beichtvorschlag. An diesem harmlosen Beispiel hatte ich wieder etwas für mein Leben als autoritär geprägte Persönlichkeit gelernt: Der taktische Einsatz von Geständnissen ist geeignet, die Obrigkeit zu besänftigen, auf den Wahrheitsgehalt kommt es nicht an. Nun hatte ich also die zweite Sünde für meine erste Beichte, das Beichtgespräch mit dem Dechant nahm Konturen an.

»Und zum Schluss kannst du ja noch sagen, dat du ungehorsam gewesen bist.« Da konnte ich nun tatsächlich nicht aufmucken, denn Ungehorsam gab's in zahlreichen Fällen: Spielsachen nicht aufgeräumt, zu lange draußen geblieben, Teller nicht leer gegessen: eine umfangreiche Liste, die mir noch am ehesten die Notwendigkeit der Beichte vor Augen führte. Kurz bevor wir die Krankenhaus-Kapelle betraten, übten wir noch mal:

»Welche Sünden sollst du beichten?«

»Ich habe unandächtig gebetet, ich habe genascht, ich bin ungehorsam gewesen.«

»Sehr schön! Und was musst du vorher sagen, und was hinterher?«

»Am Anfang: Im Namen des Vaters, des Sohnes und des Heiligen Geistes, ich habe gesündigt in Gedanken, Worten und Werken. Und am Ende: Ich bereue alle meine Sünden.«

»Dat hast du gut gelernt, jetzt kann nix mehr schiefgehen.« Mama war stolz auf mich, und sie konnte sich hundertprozentig auf mich verlassen. Ich ging zwar mit einem unsicheren Gefühl in den Beichtstuhl, aber meinen einstudierten Part trug ich fehlerfrei vor.

Der Beichtstuhl war ein Furcht einflößender Kasten aus dunklem Holz, der an jeder Seite eine Beichtzelle für die Sünder hatte. Innen drin war es dunkel, der Dechant saß in der Mitte, nach vorne nahmen ihm eine hüfthohe Tür und ein Vorhang die Sicht auf die Schäfchen, seitlich trennten ihn zwei Holzwände, die lediglich in Gesichtshöhe ein Gitter aufwiesen, von den Beichtenden. Ich kniete jenseits des Gitters und flüsterte Dechant Wethmar meine Sünden ins Ohr.

Sie hätten auch einen Beichtautomaten in die Kapelle stellen können, denn der alternde Chef unserer Gemeinde ratterte ein, zwei leiernde Sätze runter, die mit Bereuen und Vergeben zu tun hatten, es folgte die verhängte Buße, ich glaube, fünf Vaterunser und fünf Gegrüßet-seist-du-Maria, dann die berühmte Vergebungsformel auf Latein »Ego te absolvo ...« (»Ich vergebe dir …«), und schon war ich wieder draußen. So ging das also, eine Minute drin, alle Sünden weg – ein super Gefühl, wie freitags nach der Badewanne. Keine lästigen Fragen, ein paar Gebete, und sauber war die Seele. Und dann natürlich die Vorsätze: immer schön artig sein, keine Widerworte geben, andächtig beten, nicht »unmäßig« sein beim Essen und Trinken (verdammt, wo fing das an, bei zwei Stücken Kuchen oder erst bei drei?), fleißig die Hausaufgaben machen – am besten wahrscheinlich die Schnauze halten und funktionieren.

So richtig in Schwung kam die katholische Schuldmaschine, als ich zwölf, dreizehn war. Da ergriff nämlich eine Sünde von mir Besitz, die im Beichtspiegel als »die Sünde der Selbstbefleckung« geführt wurde. Keiner hatte es mir gesagt, nirgendwo hatte ich etwas gelesen, deshalb war ich vom Tatbestand meines ersten Samenergusses höchst überrascht. Aber neben einer gewissen Irritation war diese Überraschung durchaus eine angenehme: Ich habe dabei Lust gespürt.

Eins war mir aber sofort klar: Das würde der Mutter Kirche nicht gefallen! Wie da ein Junge an sich herumfummelt, wie es anfängt, höchst angenehm zu jucken, und wie dann eine Portion schleimiger Flüssigkeit aus dem aufgerichteten Geschlechtsteil schießt: Dieses ungeheuerliche, atemberaubende Szenario, das dämmerte mir schon nach den ersten Malen, war dazu geeignet, mich auf direktem Wege in die ewige Verdammnis zu führen. Als ich dann im Beichtspiegel die Stelle mit der ›Selbstbefleckung‹ fand, hatte ich es schwarz auf weiß: Mein reibendes Tun unter der Bettdecke war sündhaft! Später erfuhr ich dann durch diskrete Gespräche auf dem Schulhof, dass die Selbstbefriedigung schwerwiegende gesundheitliche Folgen haben konnte: von der Beschädigung des Rückenmarks bis zur vollkommenen Verblödung.

Ich neigte dazu, diese Warnungen für übertrieben zu halten, aber ein Verstoß gegen das Keuschheitsgebot war die Fummelei allemal, und das bedeutete: Ich musste die Sünde der Selbstbefleckung beichten. Es war mir so peinlich! Aber als guter Katholik durfte ich diese kapitale Sünde nicht verschweigen. »Ich bin unkeusch gewesen«, stammelte ich beim ersten Mal durch das Sprechgitter im Beichtstuhl. »Was hast du denn gemacht?« fragte der Kaplan nach.

»Ich habe die Sünde der Selbstbefleckung begangen.«

»Wie oft hast du das getan?«

»Fünf oder sechs Mal.« Das war unverschämt gelogen, oder besser gesagt verschämt, denn ich wäre am liebsten vor Scham im Boden der Amanduskirche versunken.

»Bist du dabei allein gewesen?«

»Ja, war ich.«

»Mein lieber Junge, wenn es dir Spaß macht, und du tust ja niemandem damit ein Leid an, dann mach doch einfach weiter. Ist überhaupt nicht schlimm, gehört für Jungs in deinem Alter einfach dazu, wenn sie ihre Sexualität entdecken. Und ganz im Vertrauen, ab und zu mach ich's mir auch, denn ich hab ja keine Frau.«

Tja, leider hätte kein Kaplan in ganz Deutschland sich damals getraut, so offen und wahrhaftig mit einem pubertierenden Jungen zu sprechen. Nein, es musste Triebunterdrückung gepredigt werden: »Dann nimm dir einmal ganz fest vor, diese und die anderen Sünden nicht wieder zu begehen.«

Und auf den kleinen Sünder wartete danach immer die gleiche Prozedur: der vergebliche Versuch, die dampfende Wollust zu unterdrücken, Schuldgefühle, Vergebung im Beichtstuhl, die guten Vorsätze, um dann doch wieder schwach zu werden. Ich war ein ernsthafter junger Katholik, der eifrig bemüht war, die Grundsätze und Verbote der Kirche zu beachten. Und gerade deshalb geriet ich in den 60er-Jahren in eine körperfeindliche Schuld- und Vergebungsspirale, deren neurotische Folgen später nur ganz schwer zu korrigieren waren.

Und nun saß der voluminöse Vikar Baykamp zusammengesackt vor mir und heulte sich ausgerechnet wegen seiner sexuellen Verirrungen aus. Ein Mitglied des göttlichen Bodenpersonals, das mir im Beichtstuhl als moralische Autorität gegenübertrat, weinte verzweifelt, weil auch er den Ruf des Körpers gehört hatte; weil er angesichts der netten Angela seine jahrzehntelang gebändigte Lendenkraft nicht mehr zügeln konnte und darum prompt auf dem in der katholischen Moral-Theologie nicht vorgesehenen Lotterbett landete. Aber kleinen Jungs das harmlose Wichsen verbieten wollen!

»Wie würdest du denn über einen Priester reden, der aus Liebe zu einer Frau sein Amt aufgibt und heiratet?« Der Vikar war jetzt aufgestanden und watschelte zwischen dem Kandinsky-Druck an der einen Wand und dem Regal mit den theologischen Büchern an der anderen Zimmerseite hin und her.

»Ich weiß nicht«, seufzte ich; ich war vollkommen überfordert.

Baykamp dämmerte es jetzt, dass ich als Ratgeber bei seinem Drahtseilakt zwischen Geilheit und keuschem Priestertum eine völlige Fehlbesetzung war. »Du musst es mir auch nicht sagen. Ich will es gar nicht von dir wissen«, sagte er, »aber eins weiß ich jetzt schon ganz genau: Wenn ich das mache, werden mich die Dattelner nicht mehr mit dem Arsch angucken.« Zu einem geistlichen Herrn mit spirituellem Zugang zum Leben hätte diese drastische Ausdrucksweise sicher nicht gepasst, aber der Vikar Baykamp hatte schon immer den spritzigen Sprit dem Spiritus Sanctus vorgezogen. Er war halt sehr diesseitig, nicht besonders vergeistigt, wahrscheinlich war das Einfallstor für die weltlichen Reize der flotten Angela auch deshalb so groß und einladend geraten.

»Ich würde dann ganz gerne nach Hause gehen. Meine Eltern warten schon mit dem Abendessen.« Die Situation wuchs mir jetzt über den Kopf, ich kriegte es aber noch geregelt, einen geordneten Rückzug anzutreten.

Der Priester unterbrach seine autistische Wanderung durch

das Wohnzimmer abrupt. »Du bist mir doch jetzt nicht böse, oder?«

»Nein, nein, wie sollte ich Ihnen böse sein. Sie haben ein Problem, und Sie haben es mir erzählt, dat dürfen Sie ruhig tun.«

»Aber du musst mir versprechen, dass du nix weitererzählst, hörst du! Auch nicht deinen Eltern.« Eine offene Drohung war das nicht, aber als dringende Bitte, die ich nicht abschlagen durfte, konnten diese Sätze schon durchgehen. »Nee, nee, ich sach überhaupt nix. Da würde ich nicht im Traum drauf kommen, sowat irgendeinem zu sagen!«

»Dann vergiss unser Gespräch einfach. Es tut mir jetzt auch schon leid, dass ich dich da reingezogen habe.«

Der Mann hatte gut reden! Wie sollte ich ihm jemals wieder unbefangen gegenübertreten? Zum Beispiel bei meinem verantwortungsvollen Dienst am Altar? Darauf kam er jetzt auch noch zu sprechen, während ich plötzlich von der Angst erfüllt war, dass er mich zum Abschied dankbar umarmen würde. Das könnte ich nicht ertragen.

»Wann hast du denn das nächste Mal Dienst?«

»Am Sonntag im Hochamt.«

»Ich glaub, das macht der Dechant selber, ich hab die Schicht am Samstagabend, da muss die Sportschau wieder dran glauben.« Vikar Baykamp mit seinen geröteten Augen konnte jetzt schon wieder grinsen. Mir war überhaupt nicht nach Lachen. Mit stiller Freude registrierte ich allerdings, dass wir uns am Sonntag nicht gleich als zelebrierender Priester und Messdiener wiedersehen würden.

Meine Einsätze als Ministrant wurden jeden Donnerstag im Schaukasten vor der Eingangspforte der Amandus-Kirche ausgehängt. Der Kaplan machte den Plan, und ich rannte – wahrscheinlich als Erster – neugierig zur Kirche. Es war wie im Fußball, wenn der Trainer die Aufstellung für das nächste Meisterschaftsspiel bekanntgibt, mit dem Unterschied, dass wir in der langen Messdiener-Kluft antraten und uns – als Spitzenmannschaft am Altar! – viel zu lahm bewegten. Meine absolute Lieblingsmesse war das sonntägliche Hochamt, weil es da so richtig schön feierlich abging, manchmal sogar mit Gesang vom Kirchenchor, der wunderbare Messen von Mozart und Beethoven im Repertoire hatte. Ich genoss es, von Orgelklang und Weihrauch-Duft umwabert zu werden. In Sachen Feierlichkeit und weihevoller Stimmung waren der Vatikan und seine universal agierenden Event-Manager schon immer Weltklasse. Wenn ich Glück hatte, durfte ich selber das Weihrauch-Fass schwingen und die Gläubigen einnebeln. Einmal war sogar einer umgekippt unter dem Eindruck der orientalisch anmutenden Schwaden, die einem Ravi-Shankar-Sitar-Konzert alle Ehre gemacht hätten. Der Mann mit der Kreislaufschwäche war der Uhrmacher Szidat, er stürzte auf den Steinboden und holte sich eine stark blutende Kopfwunde. Wir Weihrauch-Hooligans hatten nicht die Spur von Mitleid, der Mann war einfach ein unsägliches Weichei, eben ein schlaffer Uhren-Fummler, fast so zimperlich wie ein Mädchen.

Die schwierigsten Klippen des Messdiener-Jobs, die ausgerechnet von unserem polternden Vikar, dem Sex-Monster Baykamp, überkritisch beäugt wurden, waren einige komplizierte Choreografien, so zum Beispiel der Transport des schweren Messbuches, das auf einem hölzernen Gestell ruhte, von der linken zur rechten Altarseite und umgekehrt. Da ging es zu wie beim ZDF-Ballett, da wurde nicht einfach unkoordiniert hin- und hergestolpert, nein, die Ministranten glänzten mit einem hohen Maß an Körperbeherrschung, kunstvoll-elegantes Niederknien wechselte sich mit würdigem Schreiten ab, Sidesteps, Verbeugungen, zwei Schritte vor, drei zurück, blindes Vertrauen in die Laufwege der anderen, Nurejew hätte seine Freude an uns Jungs gehabt, wenn auch wahrscheinlich aus ganz anderen Gründen.

Auch auf dem Verbalsektor waren Höchstleistungen gefordert, zum Beispiel bei dem die heilige Messe einleitenden Stufengebet. Es handelte sich dabei um ein rund drei Minuten langes lateinisches Gebet, das im Wechsel mit dem Priester leise, also für die Gemeinde (Gott sei Dank!) nicht wahrnehmbar, gesprochen wurde. Wir knieten links und rechts vom stehenden Priester, und los ging es mit der – für westfälische Sprachwerkzeuge sowieso – Zungenbrecher-Sentenz: »Ad deum, qui laetificat juventutem meam.« Auf Deutsch: »Zu Gott, der meine Jugend erfreut.« Die Widmung des ganzen liturgischen Spektakels sozusagen. Wenn du das ohne Holperer und Versprecher abgesondert hattest, war das Eis gebrochen. Amamus linguam latinam! – Wir lieben die lateinische Sprache! Der längste Messdiener-Part beim Stufengebet war das ›Confiteor‹. Bei diesem Gebet mussten wir den Kopf senken, eine Geste der Demut, gleichzeitig aber auch eine Einladung, in dieser Sequenz zu mogeln, nämlich die lateinischen Formeln nach unten wegzunuscheln. Es soll tatsächlich jugendliche Diener des Herrn gegeben haben – sicherlich aber nicht im ehrlich-redlichen Datteln –, die dieses wundervolle Gebet mit einem üblen Zähltrick besudelt haben. Der funktionierte ganz einfach: Die ersten Worte »Confiteor deo omnipotentem …« wurden laut und vernehmlich rausgeschmettert; danach galt es, die Stimme ins Murmelnde versickern zu lassen und leise bis zehn zu zählen; der Mittelteil, in dem wir uns in einer Geste der Selbstbezichtigung mit der rechten Faust an die Brust zu schlagen und auszurufen hatten »Mea culpa, mea culpa, mea maxima culpa!« (»Durch meine Schuld, durch meine Schuld, durch meine übergroße Schuld!«), kam wie der Anfang inbrünstig-laut; danach wieder – murmel, murmel – »Eins, zwei, drei … … zehn« und zum Finale Grande ein donnerndes »Deo gratias!« = »Gott sei Dank!«

Mundus vult decipiatur – die Welt will betrogen werden; noch nicht einmal die heilige katholische und apostolische Kirche ist vor ekligen Betrugsversuchen sicher, sogar von kleinen Messdienern, auf die der Papst eigentlich stolz sein könnte.

Dass der Stellvertreter des Herrn auf Erden und seine klerikalen Spitzenmanager aber nach dem zweiten vatikanischen Konzil die lateinische Sprache peu à peu aus den Kirchen verbannt haben, erfüllt mich noch heute mit Verbitterung. Gab es eigentlich eine bessere Möglichkeit, dem ungebildeten Volk die intellektuelle Überlegenheit des Klerus und, jawohl, der Messdiener zu beweisen? Warum musste in einem barbarischen Akt der Gleichmacherei der Unterschied zwischen liturgischen Fachkräften und Ignoranten verwischt werden? Darum begrüße ich an dieser Stelle cum magna laetitia die verdienstvollen Bestrebungen im Vatikan, eine Renaissance des Lateinischen zu befördern. Dominus vobiscum!

Nach dem Hochamt mit lateinischen Gebeten und Gesängen ging es sehr deutsch weiter: beim Frühschoppen nämlich, in der Gaststätte Zumbrink. Für mich war das jedes Mal eine schöne Gelegenheit, meinen geliebten Patenonkel August wiederzutreffen, denn wir wohnten ja nicht mehr in der Stielfabrik-Kommune an der Hafenstraße, wir hatten uns auf stolze 56 Quadratmeter (sogar mit Badezimmer!) verbessert. Schon als Zehnjähriger war ich Dauergast bei der sonntäglichen Gottesdienstverlängerung an der Zumbrinkschen Theke, wenn sich die Männer mittels Pils und Korn Appetit auf den Sonntagsbraten holten. Selbst der Küster von St. Amandus schaute zwischendurch vorbei, wenn in der Kirche gerade nichts zu tun war, und nahm einen tiefen Schluck. Diese Stunde zwischen elf und zwölf bei Zumbrink mit Malzbier und Sinalco – ein paar Jahre später verließ ich die Kneipe auch schon mal in angeheitertem Zustand – war für mich der Inbegriff gutbürgerlicher Gemütlichkeit, ja sogar Geborgenheit. Egon, der rotgesichtige Wirt, war ein Virtuose am Zapfhahn, in den Wandvitrinen blinkten die Schützenpokale, und an den Tischen, gediegenes Mobiliar aus dunklem Holz, saß das geballte männliche Dattelner Kleinbürgertum, besorgte sich die sonntägliche Primärdröhnung und paffte vor sich hin – besonders beliebt: die gute Handelsgold-Zigarre für dreißig Pfennige.

Da laberte keiner über Schärhoulder Wällju und die angesagtesten Cocktails wie heute die ätzenden gegelten Yuppies und Neureichen mit ihren Fünfzehn-Euro-Zigarren, es war das bescheidene, kulturell Lichtjahre entfernte Behaglichkeits-Ritual frühschoppender Malermeister und Postbeamter. Inhaltlich war der Umtrunk bei Zumbrink nach dem Hochamt nicht besonders anspruchsvoll, das weite politische Feld zum Beispiel überließen die Herren lieber Werner Höfers ›Internationalem Frühschoppen‹, der um zwölf im ersten Programm begann. In der Kneipe im Schatten der Pfarrkirche St. Amandus ging es lediglich um den neuesten Klatsch aus Datteln und um die Fußballer der Germania, höhere inhaltliche Ansprüche wurden nicht gestellt und deshalb auch nicht befriedigt.

Für mich wurden der Kneipenaufenthalt und die wegen der Schwerhörigkeit komplizierte Kommunikation mit Onkel August auch noch materiell belohnt: Wenn ich auf die Uhr zeigte und damit meinen baldigen Abgang andeutete, zückte der Onkel die Brieftasche und steckte mir mit Verschwörermiene unter dem Tisch ein Geldgeschenk zu, das sich im Laufe der Jahre kontinuierlich im Wert steigerte. Am Ende gab es einen schönen blauen Zehnmarkschein.

Meine Eltern hielten die Kombination Kirche-Kneipe nicht für besonders geglückt. Besonders mein Vater, der ein Hardcore-Katholik war, regte sich über die Männer auf, die den Leib Christi mit Dortmunder Bier wegspülten. »Das gehört sich nicht«, sagte er, »die sollen am heiligen Sonntag besser nach Hause gehen.«

›Das gehört sich nicht‹ war *das* moralische Werturteil schlechthin: Es gehörte sich nicht, am Karfreitag Radio zu hören; es gehörte sich nicht, die Haare lang wachsen zu lassen; es gehörte sich nicht, schlecht über die Lehrer zu reden. Das ganze Leben war zugepflastert mit Dingen, die sich für den braven

Sohn des Briefträgers Willi Breuckmann einfach nicht gehörten. Und Kritik an der Kirche war ohnehin nicht zugelassen, mein Vater war ein ganz treuer Gefolgsmann des Papstes und seiner betenden und helfenden Hände. Papas Spezialität war die Verehrung der Jungfrau Maria. Ich kann es mir bis heute nicht genau erklären, wie diese enge Beziehung zu Maria entstanden ist, sexuelle Motive möchte ich dabei aber gänzlich ausschließen. Er hatte sich einfach die Mutter Gottes als seine besondere Ansprechpartnerin ausgesucht. Wahrscheinlich saß sie da oben im Himmel und sagte ab und an zu ihrem Sohn: »Hör dir dat mal an, Jesus, der Willi iss schon wieder mit den Maria-Gebeten zugange. Ich kapier überhaupt nich, wat der an mir für einen Narren gefressen hat.« Und wenn Jesus dann lächelte und sagte: »Iss eben ein echten Maria-Fan, der Willi«, dann setzte seine Mutter noch einen drauf: »Und an den Schwachsinn mit der Jungfrauen-Geburt glaubt der auch noch, iss doch nich zu fassen, dat muss ich unbedingt mal den Schreiner erzählen.« Immer, wenn in der Kirche die Marienlieder drankamen, »Maria zu lieben ist allzeit mein Sinn« zum Beispiel, sang mein Vater mit der größten Inbrunst aller im Gotteshaus versammelten Gläubigen. Mich regte sein Gesangsstil maßlos auf, denn Papa Breuckmann sang wegen der großen Hingabe, mit der er jede Note zelebrierte, einfach viel zu langsam und hinkte ständig einen halben Takt hinterher. Aber einer Fachberatung durch seinen höchst musikalischen Sohn war mein Vater leider nicht zugänglich.

Weit aufgeschlossener war er, als ich mit sieben oder acht Jahren erklärte: »Ich will Kaplan werden, Papa!«

»Hast du dir das auch gut überlegt? Das ist kein Beruf, sondern eine Berufung, und du musst ganz fest im Glauben sein, wenn du das machen willst.« Trotz der leichten Zweifel platzte Papa fast vor Stolz.

»Ich weiß, dass ich nah beim lieben Gott bin«, antwortete ich, »das merke ich doch jedes Mal nach der Kommunion. Warte ab, du wirst mich noch auf der Kanzel sehen.« Der Wunsch,

Priester zu werden, war für mich kein unverbindlicher Plan, sondern eine ständig erneuerte Selbstverpflichtung, fast schon eine Art Schwur, den ich jedes Mal nach dem Verzehr der Hostie leidenschaftlich erneuerte. Es war üblich, nach der Kommunion in der Kirchenbank zu knien, die Hände vor das Gesicht zu schlagen, aus Gründen der Konzentration und der inneren Einkehr, und dem Herrn Jesus dafür zu danken, dass er sich am Kreuz für die Menschheit geopfert hatte. Bei dieser Gelegenheit beteuerte ich monatelang und immer wieder: »Lieber Gott, ich weiß nicht, wie oft ich es dir schon gesagt habe, aber mein Entschluss steht wirklich fest: Ich werde dir als Priester dienen!« Dabei hatte ich die Phantasie einer immer dicker und stabiler werdenden Mauer, die bei jeder meiner Beteuerungen weiter wuchs. Mein Lebensweg war vorgezeichnet, ich malte mir schon aus, wie es bei der Bischofsweihe im Dom zu Münster zugehen würde. Und Papa erzählte es allen, die es hören wollten – und denjenigen, denen es am Arsch vorbeiging, erzählte er es auch: »Der Manfred wird Kaplan, der wird sein Leben dem lieben Gott und der Kirche weihen.«

Mein Berufswunsch war auch der Grund dafür, dass ich aufs Gymnasium durfte. Bei den Breuckmanns, alles Handwerker, Arbeiter, kleine Angestellte und Beamte, war die gymnasiale Bildung bis dato nicht vorgesehen. Denn aufs Gymnasium gingen ›die da oben‹, die Kinder von Ärzten, Geschäftsleuten und Lehrern, und mit ›denen da oben‹ hatten wir nichts zu tun. Die Volksschule, mit acht Klassen Basisversorgung, reichte vollkommen, das höchste der Bildungs-Gefühle waren die Realschule oder die Handelsschule. Eine Lehre zu machen war der Normalfall (»Lehrjahre sind keine Herrenjahre!«), Abiturienten hatten sowieso nur Rosinen im Kopf und fühlten sich als ›was Besseres‹. Der Platz der Breuckmänner in der Gesellschaft lag im gesicherten Mittelfeld, wir waren so eine Art VfL Wolfsburg: strebsam, aber langweilig.

Aber wenn der Junge Priester werden wollte, wurden die

1957: Die Karriere ist nicht mehr aufzuhalten!

Karten natürlich neu gemischt: sofort anmelden für die Aufnahmeprüfung, nix wie ab aufs Gymnasium, Rosinen hin, die da oben her.

O ja, es gab damals für die Höhere Schule eine dreitägige Aufnahmeprüfung, also auch am Städtischen Gymnasium für Jungen und Mädchen in Datteln, mit allerlei schriftlichen Arbeiten: ein Aufsatz, ein Diktat und eine Mathe-Arbeit. Da musstest du schon richtig zeigen, dass du in der Volksschule aufgepasst hattest. Luschen wurden gnadenlos aussortiert, wer mir und mich verwechselte und beim Bruchrechnen eine Bruchlandung hinlegte, durfte weiter in der Schule des gemeinen Volkes darben. Einen harten Test für Wissen und Nervenkostüm hatte ich da zu bestehen, und es war ein unglaublicher Ansporn für mich, als mein Vater sich am Abend des ersten Prüfungstages zu der motivierenden Bemerkung hinreißen ließ: »Das schaffst du sowieso nicht.« Krieg und Gefangenschaft hatten ihn in einen notorischen Miesmacher verwandelt. Noch nicht einmal die Rücksicht auf seinen zehnjährigen Sohn konnte ihn bremsen, und wenn ich seine Bemerkung heute nachlese, habe ich immer noch das Gefühl von Peitschenhieben.

Aber der göttliche Meister Eder hat mich aus westfälischem Eichenholz geschnitzt. Solche Burschen sind ganz schwer kaputtzukriegen. Trotz meiner Minderwertigkeitskomplexe habe ich stets wie der Stier in der Arena den Kopf gesenkt und bin auf die Probleme losmarschiert, und darum konnte die üble Bemerkung meines Vaters auch nicht verhindern, dass ich die Aufnahmeprüfung schaffte: Ich wurde Sextaner am Dattelner Gymnasium, in der Klasse von Fräulein Reuffer, die einen alten braunen Käfer fuhr, dessen Nummer auf 109 endete. Ist das Gedächtnis nicht ein gar wundersames Gebilde, dass es sich solche abseitigen Details einprägt?

Sexta, Quinta, Quarta – im dritten Jahr geschah es, dass ich die Freuden der Beschäftigung mit dem eigenen Körper schätzen lernte. Und Mädchen, die ich nur als nervige, kichernde Wesen wahrgenommen hatte, die sich perverserweise nicht für Fußball interessierten, wurden Hauptdarstellerinnen in den geilen Kinostreifen, die in meinem Kopf aufgeführt wurden. Ja, ich konnte mir sogar vorstellen, das Kino im Kopf zur hand-, mund- und schwanzfesten Realität werden zu lassen. Aber da gab es einen Punkt, der einen schwierigen Denkprozess in Gang setzte. »Papa«, fragte ich meinen Erzeuger, der gerade frisch gekochten Brombeersaft mittels Schöpfkelle und Trichter aus dem großen Einkochkessel in Flaschen abfüllte, »gibt es eigentlich verheiratete Priester?«

»Nee, die gibt's nich.« Er guckte mich an, als hätte ich gerade gesagt, Brombeersaft sei eine verbotene Rauschdroge.

»Aber wenn doch jetzt einer heiraten will, weil er eine Frau sehr liebt, warum darf er dann nicht trotzdem Priester werden?«

Die Stimme meines Vaters wurde nun eine Spur ungeduldig – das einfühlsame Beantworten von Kinderfragen war seine Stärke nicht. »Weil im Leben von dem Priester kein Platz für eine Frau iss. Weil er nur für den lieben Gott da sein will, dat geht dann nich mehr mit einer Frau.«

»Aber wie iss dat dann mit den Evangelischen? Die sind doch auch verheiratet, da sind doch bestimmt auch gute Priester dabei.«

»Mit den Evangelischen haben wir überhaupt nix zu tun«, erwiderte er unwirsch. »Dat iss nich der richtige Glaube, unser Glaube iss der katholische Glaube, und da wird nun mal nich geheiratet, wenn einer Priester werden will.«

Ich schwieg und wandte mich wieder den Heftchen mit den Rabattmarken zu. Die durfte ich einkleben und pro vollgeklebtem Heft eine Mark fünfzig kassieren. Die Sache mit dem lebenslangen Verzicht auf Mädchen in jeglicher Form, zu Lande, zu Wasser und in der Luft, beschäftigte mich aber weiter und wuchs sich allmählich zu einem unerträglichen Gedanken aus. Ich hatte schon vor einiger Zeit damit aufgehört, nach der Kommunion die üblichen heiligen Schwüre in Sachen Priesterberuf abzusondern, und eines Tages war es dann so weit. »Papa«, meine Stimme war gar nicht so voluminös wie sonst, »ich hab mir da was überlegt.«

»Ja, dann erzähl es mir doch einfach.«

»Wenn es total verboten iss zu heiraten, dann, das hab ich mir jetzt mal überlegt, dann will ich vielleicht, ääh, doch nich Priester werden.«

Dieses irre Wetterleuchten in Papas Augen! Hatte ich gerade vorgeschlagen, meine vollschlanke Mutter mittels eines vergifteten Eisbechers ins Jenseits zu schicken? »Dat glaub ich nich, wat du da gerade gesagt hast!« brüllte er.

»Aber, aber, ich mein doch nur, man kann sich doch auch mal was anders überlegen.«

»Ich habe dich aufs Gymnasium geschickt, weil du Kaplan

werden willst, und drei Jahre später kommst du an und sachs, dat hab ich alles nich so gemeint. Bist du bekloppt?«

Nein, ich war ganz und gar nicht bekloppt, ich war nur ein Junge in der Pubertät, der mit dem unmenschlichen Anspruch der katholischen Kirche an ihre Priester nicht klarkam, ihr Leben lang auf Sexualität zu verzichten. Und der deswegen seine ursprünglichen beruflichen Absichten korrigierte, wie junge Menschen das eben des Öfteren tun.

Papa deutete meine Offenbarung, obwohl er von der Juristerei keine Ahnung hatte, inhaltlich als ›Wegfall der Geschäftsgrundlage‹: Warum sollte ich jetzt noch weiter auf die ›Oberschule‹ gehen, wenn die Sache mit dem Kaplan sich erledigt hatte? Es gab doch keinen vernünftigen Grund mehr, mit den Kindern der ›Bessergestellten‹ die Schulbank zu teilen. Mein Vater war fassungslos und schüttete Kübel voller beleidigter Vorwürfe über mich aus! Meiner Mutter, die nicht so fundamental-katholisch dachte wie ihr Mann, hatte ich es zu verdanken, dass die Schulkarriere nicht abrupt mit einem elterlichen Machtwort beendet wurde. Das wäre ja auch wirklich zu schade gewesen, denn ich war zwar nicht das letzte Universalgenie in einer Reihe mit Leibniz und Michelangelo, aber immerhin doch ein guter Schüler, der die Reifeprüfung locker bestehen würde. So hatte ich also den dritten Berufswunsch beerdigt, nach Vermessungs-Ingenieur (wegen der schönen rot-weißen Vermessungsstangen) und Kassierer auf der Kirmes-Raupenbahn. Und alles nur, weil ich befürchtete, meinen Trieb, das schlimme Untier, nicht unter Kontrolle kriegen zu können, und weil ich mir die katholische Maxime meines Vaters »Man muss sich auch mal abtöten können« nicht zu eigen machen wollte.

Zwei Jahre später sprach ich wieder mit Papa über Sexualität, Liebe und das unstillbare Verlangen nach einer Frau. Ich kam gerade zurück von meiner merkwürdigen Begegnung mit Vikar Baykamp, im Fernsehen lief ›Vergissmeinnicht‹, die unvergessliche Postleitzahlen-Show, und ich konnte den Mund nicht halten – eine Eigenschaft, die in ihrer Intensität über die Jahre nicht nachgelassen hat und die im Beruf des Radioreporters förderlich, sonst aber eher lästig ist.

»Ich könnte euch jetzt was erzählen, dat würdet ihr mir nicht glauben«, begann ich unangenehm prahlerisch auf meine Eltern einzureden. Mama und Papa saßen auf dem dunkelgrünen Sofa, über ihnen das Ölgemälde mit dem idyllischen Alpen-Bergsee, der Almhütte und den beiden doof glotzenden Kühen. Sie starrten auf Peter Frankenfeld, der gerade den Spatz von Paris, Mireille Matthieu, ankündigte; die Mi-rei-le und Marianne Koch aus dem ›Was bin ich?‹-Rateteam von Robert Lembke waren die absoluten Lieblinge meines Vaters. Besonders wegen der kleinen Frau Doktor Marianne hätte Papa, da bin ich ganz sicher, Haus und Hof verlassen. Dummerweise hat es sich nie ergeben, dass Frau Koch mal in Datteln vorbeischaute.

»Lass uns jetzt in Ruhe, du siehst doch, dat wir Vergissmeinnicht gucken«, knurrte Papa. »Und Else, mach doch mal dat Fenster zu, der Arnold iss wieder am Krach machen.«

Und tatsächlich, Arnold Busemann, der Sohn der Vermieter, hatte wieder Übungsstunde mit den Jungs aus seiner Band. Sie erzeugten elektrisch verstärkte Musik im Wintergarten schräg unter unserer Wohnung im ersten Stock. Als das Gitarren- und Schlagzeug-Gewitter zum ersten Mal nach oben drang, wollten wir gar nicht glauben, zu welch unverschämter Lärmattacke diese Burschen unter Billigung der Busemann-Eltern in der Lage waren. Gesungen wurde nicht, die Herren Musiker beschränkten sich auf die Wiedergabe sämtlicher Shadows-Hits wie zum Beispiel des unvergesslichen ›Apache‹, das tatsächlich lautmalerisch so klang wie Indianer auf dem Kriegspfad. The Shadows – kleiner Hinweis für alle Leser unter sechzig – waren eine englische Band mit adretten Sakkos und kurzen Haaren, die in den 60er-Jahren große Erfolge mit melodischem Gitarren-Pop feierten. Sie neigten auch dazu, den christlich-missionarischen Sänger Cliff Richard (›Rote Lippen soll man küssen‹) zu begleiten. Mama hatte gerade das Fenster geschlossen, da geriet ich musikalisch vom Regen in die Traufe, denn der französische Spatz mit dem Pagenkopf begann zu tschilpen: »... und ähwisch fliesst die SSähne, und ähwisch gipps Lamuhr ...«

Ich flüchtete in mein schmales Zimmer mit Bett, Nachttisch, Schrank, ständig brummendem Kühlschrank und Klavier und konnte mich nur mühsam bremsen, mit einem kleinen Klavierkonzert die Kakophonie zur Vollendung zu bringen. Zwischendurch ging mir noch einmal durch den Kopf, dass ich dem Vikar in die Hand versprochen hatten, nichts weiterzuerzählen. Aber ich redete mir ein, dass die Eltern von diesem Schwur ausgenommen sind, denen darf jedes Kind alles sagen. Und außerdem: Die Offenbarungen des Priesters hatten mich in tiefste Verwirrung gestürzt, ich brauchte einen Ansprechpartner, ich konnte das alles mit meinen fünfzehn Jahren nicht verarbeiten. Als Peter Frankenfeld samt dem Briefträger Spahrbier und der herzigen Mireille den Bildschirm geräumt hatten und der knarzend-geifernde Gerhard Löwenthal das anti-kommunistische Wort ergriff, war meine Stunde gekommen. Während Löwenthal ›Hilferufe von drüben‹ zum Vortrage brachte, bat ich meine Erziehungsberechtigten um seelischen Beistand in der delikaten Angelegenheit Baykamp. »Und dann hat er mir noch gesagt, er würde wahrscheinlich aus dem Priesteramt ausscheiden und die Angela heiraten. Iss dat nich alles total unglaublich?«

»Et iss wirklich unglaublich, wat du mir da erzählst«, brauste mein Vater auf, »ich glaube dir kein einziges Wort.«

Ich war vollkommen geplättet. »Aber Papa, dat musst du mir glauben, ich komm doch gerade aus seiner Wohnung, er hat extra noch gemeint, ich soll es nicht weitersagen.«

»Dat iss vollkommen unvorstellbar. Der Vikar Baykamp, dat iss ein untadeliger Mann der Kirche, der macht nich solche Schweinereien. Augenblicklich hörst du auf, uns sowat unter die Nase zu reiben!«

Und Mama kam mit der üblichen Bemerkung um die Ecke: »Wie oft hab ich dir schon gesagt, du sollst Papa nich so aufregen, der hat et doch am Herzen, Junge!«

Das konnte und wollte ich nicht begreifen: Sie glaubten mir einfach nicht, weil sie mir nicht glauben wollten. Zum ersten Mal begegnete mir in aller Brutalität das Phänomen der katholisch-bigotten Realitäts-Verleugnung. Der Vikar und die gut gebaute Gemeinde-Aktivistin Angela beim Vögeln im zölibatären Priesterbett, das durfte nicht sein, und deshalb war mein Bericht frei erfunden! Ein Priester hatte rein und unfehlbar zu sein, dieses Dogma schlug allemal die Seelennot des eigenen Kindes. Mit Tränen der Verletzung und der Ausweglosigkeit verließ ich das Wohnzimmer, im Fernsehen sprach immer noch der Löwenthal.

Wenige Wochen später war Baykamp samt Angela urplötzlich aus der Gemeinde St. Amandus verschwunden. Offiziell verlautete darüber kein Sterbenswörtchen, was natürlich das Gerüchtekarussell so richtig schön in Schwung brachte. Mein fast schon triumphierender zweiter Versuch, mit meinen Eltern über Baykamp zu sprechen, war wieder erfolglos. Dieses Mal gab es überhaupt keinen Kommentar dazu, nur der Hinweis: »Wir haben keine Lust, mit dir dadrüber zu reden. Da wird so viel gelabert, dat hat doch sowieso alles keinen Sinn.«

Irgendeiner hat mir viel später erzählt, Peter Baykamp sei mittlerweile Versicherungsvertreter, habe Angela tatsächlich geheiratet und mit ihr zwei Kinder gezeugt. Wo ist da der Regen, wo die Traufe? Hätte er nicht vielleicht besser Vikar mit einem kleinen Geheimnis bleiben sollen?

Vordergründig ging zwischen der Kirche und mir auch nach dem Baykamp-Skandal alles im gleichen Stil weiter. Ich blieb Messdiener, wurde sogar Lektor, das heißt, ich hatte die Aufgabe, von der Kanzel die Lesung vorzutragen, im Regelfall Passagen aus den Briefen der Apostel an die diversen Gemeinden

(»Paulus schrieb an die Korinther, wer nicht mitkommt, der bleibt hinter«). Und dann stand ich kurz davor, Laienprediger zu werden. Wieder so eine von den modischen Neuerungen, die die naturgegebene Distanz zwischen Klerus und gemeinem Volk verwischen sollten. Kaplan Hälker, der am Gymnasium mein Religionslehrer war, machte den Vorschlag: »Du bist doch schon immer gut im Vortrag gewesen, wäre das nicht eine glänzende Idee, den Glauben in einer Predigt an die Gemeinde weiterzugeben?« Ich horchte in mich hinein, fühlte mich im ersten Augenblick geschmeichelt, um dann aber doch auf Distanz zu gehen.

»Da können wir drüber reden, Herr Kaplan, aber lassen Sie mich erstmal mit dem Studium anfangen.«

Jura sollte es sein, ab Herbst 1969 in Bochum. Ich nahm mir im nahegelegenen Witten-Heven ein Zimmer, weil ich noch kein Auto hatte, um, wie viele Bochumer Studenten, täglich im Ruhrgebiet hin- und herzupendeln. Das war der erste große Schritt weg aus meiner Heimatstadt Datteln. Am Wochenende kehrte ich zwar regelmäßig zurück, aber meine glanzvolle Karriere als Messdiener beendete ich, schon aus Altersgründen.

1971 wechselte ich dann ins zweihundert Kilometer entfernte Marburg an der Lahn, in eine ›richtige‹ Universitätsstadt. Die Besuche zu Hause wurden seltener, und in meinem Verhältnis zur Kirche gab es eine leise, aber dennoch revolutionäre Veränderung.

Ich habe nie einen demonstrativen Bruch mit meiner katholischen Kindheit und Jugend vollzogen. Aber als ich in Marburg gelandet war, fiel der praktizierte Katholizismus von mir ab wie eine alte Schlangenhaut. Kein einziges Mal bin ich in Marburg in eine Kirche gegangen, ich habe auch keinen Anschluss an die katholische Hochschulgemeinde gesucht, und das Erstaunliche dabei war: Ich habe in keiner Sekunde irgend etwas vermisst.

Heute weiß ich, warum es genau so kommen musste. Meine katholische Existenz war fixiert auf die Menschen, mit denen ich es in der Dattelner Gemeinde zu tun hatte, auf die Priester, auf die Messdiener-Kumpels, auf die anderen Gemeindemitglieder. Ich war eingebunden in das strenge katholisch-kleinbürgerliche Milieu meiner Heimatstadt. Alternativen gab es nicht, ich habe aber auch keine gesucht, denn ich war ja nicht kreuzunglücklich als kleiner Erz-Katholik Manni. Aber: Um die katholischen Inhalte ging es erst in zweiter Linie, die waren einfach selbstverständlich und mussten sich nie in harten Diskussionen mit Andersdenkenden bewähren. Und gerade deshalb war es sehr schnell um meine enge Bindung an Mutter Kirche geschehen, als ich mich fast nur noch im kirchenfernen studentischen Biotop von Marburg bewegte, unter vielen neuen Freunden, die allesamt links tickten und mit der Kirche nichts am Hut hatten.

Der Papst und sein hierarchisch gegliedertes Personal haben allerdings auch nichts dafür getan, in mir den Wunsch nach einer neuen Nähe zur katholischen Kirche zu wecken. Allein die skandalösen Botschaften zur Empfängnisverhütung und zur Homosexualität schüren in mir eine aggressive Distanz, und wenn Bischöfe die Abtreibung mit dem Holocaust vergleichen, spüre ich nur noch Verachtung.

Heute gibt es keine Berührungspunkte mehr mit der Kirche. Irgendwann, als ich die Angst überwunden hatte, meine Eltern könnten es erfahren und daran kaputtgehen, bin ich auch ausgetreten. Trotzdem weiß ich, dass die Erfahrungen und Erlebnisse der ersten achtzehn Jahre meines Lebens nicht einfach ausradiert werden können. Das Geflecht von Schuld und Vergebung, die Selbsteinschätzung als sündiger Mensch, das schlechte Gewissen – all das haben sie prima hingekriegt, und du kannst es auch nicht einfach totschlagen und aus deiner Seele rausschmeißen. Manchmal gerate ich noch in die katholische Liturgie, bei Beerdigungen und Hochzeiten, oder wenn bei einer Kirchenbesichtigung gerade die heilige Messe läuft. Dann rührt etwas an mein Herz, und ich werde ganz sentimental. Das Gefühl verfliegt jedoch schnell wieder.

Aber um wirklich ganz sicherzugehen, dass nicht doch die ewige Verdammnis auf den abtrünnigen Manni wartet, werde ich vielleicht sicherheitshalber auf dem Totenbett, wenn mir noch genügend Zeit bleibt, einen Priester rufen und wieder eintreten. Denn unter musikalischer Begleitung der Original Egerländer in der Hölle zu schmoren, das habe selbst ich nicht verdient!

Get your Kicks – the Beat goes on

Ich gab alles. Ich schrie es raus, ich stampfte mit den Füßen auf, ich warf die Arme in die Luft, mein Bauch wabbelte, die schuppigen Haare schleuderten nach rechts und dann wieder nach links, der Schweiß ergoss sich in Sturzbächen auf mein braunes Schlangenhemd, und die ausgeleierte dunkelgrüne Cordhose umschlabberte meinen Luxuskörper.

»Everybody needs somebody, everybody loves somebody!«, brüllte ich ins Mikrofon. «I need you, you, you, I need you, you, you!« Jetzt stach ich mit dem Zeigefinger in die Luft, nacheinander in sechs verschiedene Richtungen, auf sechs verschiedene Mädchen, die ich nach der Show hinter der Bühne flachlegen würde, eine nach der anderen, die schönsten und schärfsten Mädchen der aufregenden Stadt Datteln im östlichen Ruhrgebiet.

Auch die Jungs um mich herum waren bereits in der Rock 'n Roll-Ekstase angekommen: Der dicke Werner mit der Bassgitarre zupfte wie von Sinnen, Namensvetter Manfred hämmerte auf seiner Gitarre immer dieselben Riffs herunter, die er von der anarchischen Stones-EP ›Got Live If You Want It‹ geklaut hatte, und Wolfi am Schlagzeug war bereit, seine Schießbude kurz und klein zu schlagen. Unser Gesamtkunstwerk war eine höllische Mischung aus Leidenschaft und Lärm, die Bühnenshow war Sex pur, und wir hätten uns keine Sekunde gewundert, wenn immer wieder Sanitäter in den Saal gestürzt wären, um sich um die ohnmächtigen Groupies zu kümmern.

Nachdem ich den anwesenden Girls ungefähr zum zehnten Mal versichert hatte, dass ich sie bräuchte, begann Manfred mit seinem atemberaubenden fünfminütigen Solo, und ich führte die aggressive Nummer vor, die ich mir bei den Who und anderen Gruppen abgeguckt hatte: Ich riss das Mikrofon aus dem Ständer, ließ es am Kabel über meinem Kopf kreisen und griff mir mit der anderen Hand den Mikrofonständer. Mit dem ging ich zum Schein auf meinen Gitarristen los, der flüchtete ein paar Meter nach links, ich sprintete wieder in die Mitte, knallte das Metallteil mit einer schwungvollen Armbewegung auf den Boden und versetzte ihm noch einen gewaltigen Tritt, sodass es, schepper, schepper, über die Bühne schlidderte.

Es ging also richtig rund im Mai 1967, wir boten dem Publikum 'ne Menge, und dafür, dass wir eine zusammengewürfelte Band waren und die Nummer kein einziges Mal geprobt hatten, rockten wir gar nicht so schlecht. Ich muss allerdings zugeben, dass unser Auftritt einen winzigen konzeptionellen Fehler aufwies: Wir spielten nämlich leider nicht im Madison Square Garden vor zehntausend durchgeknallten Rock-Fans; unsere Bühne stand im Kolpinghaus in Datteln, und das Publikum bestand aus zweihundert musikalisch höchst unterschiedlich sozialisierten Zuschauern, die in ihrer überwältigenden Mehrzahl einem solch orgiastisch-akustischen Spektakel noch nie beigewohnt hatten. Es saßen da unten Abiturientinnen im ›kleinen Schwarzen‹, Abiturienten in dunklen Anzügen, die Eltern derselben, gleichfalls festlich gewandet, und das komplette Lehrerkollegium des Dattelner Gymnasiums, inklusive des Direktors Dr. Werner und des für die musikalische Untermalung zuständigen Musiklehrers Dr. Schneider. Denn es handelte sich, wie der intelligente Leser aus der bisherigen Schilderung problemfrei geschlussfolgert hat, um die weihevolle Abiturfeier des Reifejahrgangs 1967. Der Schulchor hatte gesungen (»Wer nur den lieben langen Tag ...«), drei niedliche Sextanerinnen hatte auf ihren Blockflöten ein fiepsiges Intermezzo geblasen,

Reden über die Reife und den zu erwartenden steinigen Lebensweg waren gehalten worden, und dann hatte Dr. Schneider die Bühne betreten, ein Mann, der immer so breitbeinig auf seinem Stuhl saß, dass wir ihm ›Eiseneier‹ attestierten.

»Liebe Festversammlung«, krächzte er mit seinem versoffenen Organ, »wir an unserer Schule erbringen tagtäglich den Beweis dafür, dass wir uns Neuerungen nicht verschließen. Das gilt selbstverständlich auch für die Musik. Und darum« – an der Stelle knuffte ich meine Mitmusiker hinter der Bühne aufmunternd in die Seite – »haben wir heute eine musikalische Überraschung vorbereitet. Es spielen für euch und für Sie:« – er holte tief Luft, lief rot an und hob die Stimme heftig – »die Lazy Beat Mackers!!«

Und dann ließen sie uns auf die Festversammlung los. Auf viele, an der Spitze den Schulleiter, wirkte unsere Brachialversion von ›Everybody Needs Somebody‹ wie der Beginn der Anarchie, wie ein umstürzlerischer Akt, eine Attacke auf alle bislang gültigen Werte. Sonst war es immer so nett und ordentlich zugegangen bei den Abiturfeiern, und nun tobte ein zerstörerischer Hexensabbat. Oper, Operette, Klavierkonzert: immer gerne; vielleicht hier und da eine Prise Swing, in heiterer Laune einige Takte Freddy Quinn oder Caterina Valente, auch schmissige Marschmusik war an Schützenfesttagen nicht zu verachten. Aber den Krach der anglo-amerikanischen Langhaarigen, den brauchten wir nicht in Deutschland, auf unserer schönen Abiturfeier schon gar nicht! Als wir mit einem gewaltigen Crescendo aller möglichen Quellen der Lauterzeugung endeten, als urplötzlich Stille einkehrte, die ungewohnte Klangmischung aber noch lange in den rock-unerfahrenen Ohren nachhallte, kam nur ganz vereinzelt Applaus auf. Dr. Werner allerdings, der silberhaarige Schulchef, gab das Rumpelstilzchen: Seine stampfende Tirade animierte mich später zu Vergleichen mit Ian Anderson, dem Flötenteufel von Jethro Tull.

»Verlassen Sie sofort den Saal, meine Herren!«, schrie der

Oberstudiendirektor, »Sie sind hier nicht mehr erwünscht! Ich verbitte mir einen solchen Krach!«

Und glauben Sie mal nicht, dass ein einziger ans Mikrofon gegangen wäre und gesagt hätte: »Hör mal, Alter, was führst du dich hier so auf? Das war doch ’ne klasse Nummer, die wir da gerade gehört haben, da kannst du doch den ganzen Blockflöten-Schrott an die Wand klatschen!« O nein, die Welt der alten Autoritäten war vielleicht in Berkeley oder in Berlin ins Trudeln geraten, aber doch nicht im Kolpinghaus zu Datteln! Werner, Wolfi, Manfred und Manni trollten sich in leicht geduckter Haltung von der Bühne, es war uns nicht ganz wohl in unserer Haut, wir hatten das Gefühl, diesen Ort der Besinnung entweiht zu haben, obwohl: Spaß gemacht hatte uns die Sache schon. Aber ein geborener Regelverletzer oder gar Revoluzzer war keiner von uns, und so leiteten wir den gehorsamen Rückzug ein, angefeuert von einem Direktor, der sich noch immer nicht beruhigen wollte – vor allem, weil ich den Eklat mitinszeniert hatte, einer der wenigen wirklich vorbildlichen und zu hundert Prozent angepassten Schüler! Der Musiklehrer Doktor Schneider mit den Eiseneiern, der als musikalischer Programmgestalter die Verantwortung auf seinen fetten Schultern trug, wurde an diesem Vormittag übrigens nicht mehr gesichtet. Er war, als sich das Desaster anbahnte, von seinem wurmstichigen Kolpinghaus-Stuhl aufgestanden und hatte unter Protest das Weite gesucht. Vielleicht hatte er gedacht, wir würden englische Volkslieder mit Klampfenbegleitung oder nette Gospel-Songs vom lieben Jesulein ins Publikum hauchen.

Wir vier Beatmusiker jedenfalls zogen uns in unsere Lieblingskneipe am Dattelner Neumarkt zurück und hielten Kriegsrat.

»Ob da wohl noch was hinterherkommt?«, fragte Wolfi in die Runde.

»Quatsch, da kommt überhaupt nix hinterher.« Werner, der gerade ein blaues Päckchen Ültjes-Kerne killte, schien sich seiner Sache sehr sicher zu sein. »Wat iss denn passiert? Wir haben ein bisschen Krach gemacht und der Direx hat sich aufgeregt. Der regt sich auch wieder ab. Außerdem hatten wir die Erlaubnis von Schneider.«

Das leuchtete ein. Wir beschlossen, die übliche Runde am Flipper zu spielen, ein äußerst belastbarer Flipper übrigens, den du wegtragen konntest, und es kam immer noch nicht das Tilt-Zeichen. Im Flippern war ich richtig gut, schnelle Reaktionen, immer zum richtigen Zeitpunkt mit den kurzen Schusshebeln die silberne Kugel treffen, phasenweise galt ich als Flipper-King der Neumarkt-Kneipe, ich habe mir so manches kühle Pils erflippert.

»Ich hätte da so eine Idee«, sagte ich und versenkte, unterstützt durch einen heftigen Hüftschwung, die Kugel im 100-Extrapunkte-Loch. »Wie wär's denn, wenn wir tatsächlich eine Beatband aufmachen? Dat war doch heute ein Auftritt, auf den wir aufbauen können.«

Die anderen guckten mich begeistert an, jedenfalls meinte ich solche Blicke meiner Kumpels aus den Augenwinkeln zu registrieren, denn ich musste mich gerade darauf konzentrieren, die störrische Freikugel mit einem Doppelkick (vom linken Hebel abprallen lassen und dann mit dem rechten nach oben jagen) aus der Gefahrenzone zu befördern. »Einen Namen hätten wir jedenfalls schon, The Lazy Beat Mackers gefällt mir gar nicht schlecht.«

Instrumente waren da, sogar eine Anlage war vorhanden, denn Wolfi hatte den unschätzbaren Vorteil, ein Spross der Elektro-Fachgeschäft-Dynastie Wulfmann zu sein. Das bedeutete in unseren Augen Asche ohne Ende, und tatsächlich bekam dieses Bild spätestens nach Wolfis Abitur noch schärfere Konturen, denn da hielten es seine Eltern für angebracht, ihrem aufstrebenden Sohnimann einen Opel GT zu schenken. Zum Abitur! Ich hab, glaub ich, ein Nagelpflege-Etui gekriegt.

Der Plan, eine Band zu gründen, ein paar Nummer-Eins-

Hits einzuspielen, sich jeden Abend mit Drogen und Alkohol vollzupumpen, die Mädels per Fingerschnipsen aufs Hotelzimmer zu ordern, das dann nach dem wilden Sex in seine Einzelteile zerlegt würde, stieß tatsächlich auf ungetrübte Zustimmung. Spätestens in fünf Jahren hätten wir ausgesorgt, wir würden die erste deutsche Beatgruppe, die der legendäre Ed Sullivan in seiner noch legendäreren Fernsehshow zu präsentieren gezwungen sein würde – weil wir ansonsten nämlich in die Perry-Como-Show gegangen wären. Yeah!

Und mit der gigantischen Menge an Kohle stünde, wie bei den Stones, der Kauf eines Chateaus in Frankreich an, aus Prestigegründen mit angeschlossenem Weinberg – wirklich nur aus Prestigegründen, denn die Getränkefrage beantworteten wir ebenso eindeutig wie einseitig mit Dortmunder Pils. »Wir spielen aber kein einziges Stück von den Beach Boys«, forderte Manfred, »und von den Bee Gees erst recht nix!«

Da waren wir inhaltlich komplett auf einer Linie, denn was die Bee Gees an australischen Schafhirten-Schnulzen anzubieten hatten, erzeugte in uns lediglich den Wunsch, auf die Platten zu pinkeln. Bestenfalls als Anmach-Musik in der Disko war dieses indiskutable Määh-määh-Gejaule zu gebrauchen. Und die Beach Boys? Frisch gewaschene Schönlinge in Hawaii-Hemdchen, die mit ihren hellen Stimmchen einen Sound wie rosa Zuckerwatte erzeugten. Nee, geh mich doch wech mit die Beach-Boys!

Da gab es unter uns Jugendlichen in den 60ern richtige Fraktionen, allen voran natürlich die großen Bataillone der Beatles- und der Stones-Fans; besonders bei den Mädchen tummelten sich dann auch noch verachtenswerte Grüppchen, die die Bee Gees oder die Beach Boys ›süüüüüß‹ fanden. Einen Jungen, der zugegeben hätte, die Bee Gees ganz oben auf der Liste zu führen, habe ich nie getroffen. Da stimmten wir zukünftigen Chart-Stürmer überein: Süße Musik war nicht unser Ding, wir kamen vom Rhythm 'n Blues, wir vertraten die ganz harte Linie: Stones, Led Zeppelin, Steppenwolf – kurzum alle, bei denen voll die Post abging.

»Wo sollen wir denn üben?«, brachte der praktisch veranlagte Werner das Gespräch wieder auf den harten Boden der Realität einer Band in der Gründungsphase. Alle guckten sie Manfred an. »Du komms doch vom Bauernhof. Da habt ihr doch viel Platz, oder? Irgendein Schuppen mit Strom wird sich doch wohl finden«, sagte ich.

Mit einer generösen Handbewegung wischte Manfred, der Sohn des Schweinebauern Ehring, auf einen Streich drei Pilsgläser vom Tisch.

»Du Tollpatsch, wenn du so Gitarre spielst, können wir es gleich sein lassen«, meckerte Werner.

»Meine schöne Hose!«, jammerte Wolfi. Die schwarze Hose hatte einen gewaltigen Schlag, Silberkettchen in Höhe der Waden, und oben sah sie jetzt aus wie vollgepisst.

»Dürfen wir deine spontane Aktion als Zustimmung werten?«, fragte ich mit dem listigsten Grinsen, das mir zur Verfügung stand.

»Ich wüsste nicht, was dagegen spricht.« Manfred verteilte viele saugkräftige Bierdeckel auf dem überschwemmten Biertisch. »Wir müssen nur aufpassen, dat die Schweine einen Sicherheitsabstand haben. Bei ›Whole Lotta Love‹ kriegen die bestimmt 'nen Herzinfarkt.« Unter viel Hihihi und Hahaha verabredeten wir uns für den folgenden Freitagabend bei Ehrings zum Einüben der ersten Hits, am Anfang sollte es aber erst mal nachgespieltes Material der einstweilen noch berühmteren Bands sein.

Es war uns klar, dass wir die ersten Stufen auf dem Weg zum Ruhm nicht in der Royal Albert Hall, sondern in Datteln zu erklimmen haben würden, womöglich im Kolpinghaus, der Stätte unseres skandalösen Auftritts bei der Abi-Feier. Denn: Beat-Bands gab es damals wie Sand am Meer, allein in Datteln schon zwei, die Mods und die Hippie Shakers. Jedes Dorf hatte seine Band, mit manchmal beachtlicher Anhängerschar, die bei den Auftritten die Säle füllte. Und überall gabs Beat-Festivals, richtige Wettbewerbe mit Jury und Preisen. Sich von der öden Masse abzuheben und Aufsehen zu erregen würde ein ganz harter Streifen werden. Aber in meinen Tagträumen stand ich schon auf den großen Bühnen dieser Welt und brachte meine Fans in einen Zustand ausrastender Verzückung, ganz wie mein großes Vorbild Mick Jagger.

Für Pop-Musik hatte ich mich schon immer interessiert, aber in der Hochphase des Rock 'n Roll mit Little Richard, Chuck Berry und Buddy Holly war ich noch zu klein. Zwischendrin gabs die Ära der eingeschlafenen Füße mit Paul Anka, Bobby Darin, Pat Boone und wie die anderen tuntigen Schmalzlocken noch hießen. Da waren die Beatles doch ein sensationell frisches Lüftchen – endlich mal wieder Platten, bei denen du das Radio nach der Anmoderation von ›Heinrich Pumpernickel‹ alias Chris Howland lauter drehtest (nach wenigen Takten und einer entsprechenden Kurz-Intervention der Eltern aber auch schnell wieder leiser). Meine allererste Single – und weil es die erste war, drehte sie sich pro Tag zehn bis fünfzehn Mal auf meinem billigen Plattenspieler – war von den Beatles und hieß ›Long Tall Sally‹ – eine sehr laute Rock 'n-Roll-Weise, von Little Richard komponiert, die mich total anmachte.

Beatles-Musik erschien damals unter dem grasgrünen Odeon-Label, und die Beatles waren in ihrer frühen Zeit tatsächlich die jaulenden Yeah-Yeah-Pilzköpfe, deren Songs wilde Lebenslust markierten, die Aufforderung, schreiend im Park herumzuhüpfen und Mädels anzuquatschen. Mit anderen Worten: Auch harmlose, verschüchterte Jungs wie ich wurden animiert, Dinge zu tun, die sie sich bislang nicht zu tun getraut hatten. Ehrlich gesagt bin ich nicht in den Park gerannt, und beim Anquatschen von Mädels wurde ich auch nicht durch die Beatles-Musik zum Weltmeister, aber allein das bloße Gefühl von Freiheit und Zügellosigkeit hat mir eine Menge gegeben. Die Viererbande aus Liverpool entwickelte sich nach den furiosen Krachern wie ›She Loves You‹, ›I Wanna Hold Your Hand‹ und ›Twist And Shout‹ allmählich zur kunstvoll-perfekten Studio-Band, die ihre Werke nicht mehr auf der Bühne vorspielen konnte. Okay, ›Sergeant Pepper‹ war ein ganz tolles Album mit beeindruckenden Arrangements und einer sehr dichten Atmosphäre, aber an welcher Stelle wird denn da noch die Rock-Sau oder der Rhythm 'n Blues-Eber raus gelassen? Ich habe es für höchst verdächtig gehalten, dass unser Musiklehrer, der Herr Doktor Schneider mit der breitbeinigen Sitzhaltung, eines Tages die hohe musikalische Qualität der Beatles lobte. Und später haben sie dann auch noch diesen Orden von der Königin angenommen.

Das hätte den Rolling Stones nicht passieren können. Ihre Musik ließ sich auch nicht als Aufforderung interpretieren, wie ein Känguru durch den Park zu hüpfen; bei Mick und Keith ging es eher darum, es den Weibern auf die raue Art zu besorgen, allen Unterdrückern wie Lehrern oder Eltern was auf die Nuss zu geben oder mit der Axt die schöne neue Polstergarnitur zu zerkleinern. Diese bösen Rocker wurden meine neue Lieblingsgruppe, nachdem ich sie anfangs noch, lieb und harmlos, wie ich war, als ›Krachmacher‹ geschmäht hatte. Ich schäme mich noch heute für diesen Ausdruck und möchte ihn, auch wenn es schon mehr als vierzig Jahre her ist, mit dem Ausdruck tief empfundenen Bedauerns zurücknehmen.

Meine erste LP war von den Stones und hieß ›The Rolling Stones No. 1‹. Sie stand im Schaufenster der Musikalienhandlung Michels auf der Castroper Straße, dem Kurfürstendamm Datteln: viele schöne Einzelhandelsgeschäfte, ein Textilhaus, ein Installationsgeschäft, eine Eisdiele, eine Kneipe und das berühmte Kaufhaus Danielsmeier, sozusagen das KaDeWe meiner Heimatstadt. Auf dem Weg zur Schule kam ich jedes Mal bei Michels vorbei. Dort hätte ich auch eine Mundharmonika oder einen Geigenbogen kaufen können, aber es musste nun mal die

Stones-LP sein; auf dem nicht sehr einfallsreichen Cover waren Mick, Keith, Brian, Bill und Charlie abgebildet, mit ernsten, leicht aggressiven Gesichtern und wilden, langen Haaren.

Heute wirken die Haare gar nicht mehr soo lang, aber in den 60er-Jahren waren sie eine üble Provokation aller anständigen Bürger. Was gab es für ein Theater, als ich mir zwei Jahre später die Haare schulterlang wachsen ließ! Mama erzählte bei solchen Gelegenheiten immer gerne von Fritzchen Böger; der war nämlich der Sohn des Konditors, in dessen Geschäft in Bad Driburg in Ostwestfalen sie vor dem Krieg Schwarzwälder Kirsch verkauft (und Papa kennengelernt) hatte. Dieser Typ hatte, so Mutters Erzählungen, ständig einen Kamm dabei und pflegte mit diesem überflüssigen Werkzeug permanent seine unglaublich ordentlichen Haare. Ich habe noch nie einen Menschen verabscheut, den ich überhaupt nicht kannte, aber bei Fritzchen Böger war das anders. Er sollte sich seinen Kamm in den Arsch schieben, Haar-Faschist, widerlicher!

Die Musik der langhaarigen Stones interessierte mich sehr, seitdem ich ›Not Fade Away‹ und ›Poison Ivy‹ beim englischen Soldatensender BFBS im Radio gehört hatte. Da wehte eine animalische Wildheit rüber, die in dieser Form bei den Beatles nicht angesagt war. Auf Sender wie BFBS, CAE (Canadian Army Europe) from Wöörrl in Germany – die Kanadier waren unter anderem im westfälischen Werl stationiert – und Radio Luxemburg, besonders das holländische und englische Programm, warst du in Nordrhein-Westfalen angewiesen, wenn du musikalisch die neuesten heißen Scheiben hören wolltest. Der WDR geilte sich damals noch an Big-Band-Swing und gehobenem deutschen Schlager-Liedgut auf. Ich kann mich noch gut erinnern, wie ein bezahlter Agent der deutschen Schallplatten-Industrie namens »Schlager-Joe« beim Erscheinen von ›Satisfaction‹ zu bemerken geruhte, er wisse auch nicht so genau, was diese Ansammlung von Geräuschen mit qualitativ hochwertiger Unterhaltungsmusik zu tun habe. Geschenkt, geschenkt. Die nicht zu bändigenden, peitschenden Wellen des Rock sind über Radio-Ignoranten dieses Kalibers brüllend hinweggerollt, und mit was? Mit Recht, liebe Freunde der leichten Muse!

Ich, dem das Cover von ›The Rolling Stones No. 1‹ im Jahre 1964 schon wochenlang »Kauf mich, Manni!« zugeraunt hatte, betrat den ältlichen Verkaufsraum der Musikalienhandlung Michels und wurde dort bereits vom Michels-Sohn, dem langen Ede, erwartet. »Und, was kann ich für dich tun?«

»Ich würde gerne die neue Stones-LP kaufen.«

»Da machse nix falsch, die ist wirklich klasse. Willze ma reinhören?«

»Ja, wenn dat geht?« Na klar ging es. Bei Michels herrschte noch die wunderbare Sitte, die Schallplattenkundschaft – und es strömten ja nicht gerade Massen in das Geschäft – mit einem ausgiebigen Höreindruck des Klangproduktes zu verwöhnen.

»Also, denn mal rein ins Vergnügen«, strahlte Ede und spielte das erste Stück auf der Platte an, die stetig swingend-hämmernde Version von ›Route 66‹. Danach der hektisch-rockende Schrei nach Liebe ›I Just Wanna Make Love To You‹, dann ›Mona‹, ›Little By Little‹, ›I'm A King Bee‹ (ja, der Blues!), Chuck Berrys ›Carol‹ und all die anderen. Es war eine Offenbarung, ich fühlte mich wie einer der Heiligen Drei Könige kurz nach der Ankunft an der Krippe im Stall, der Stern hatte mich an die Castroper Straße geführt, zu meinen musikalischen Heilsbringern. Um die neunzehn Mark für diese LP zusammenzukriegen, hätte ich auch einem Blinden die Geldbörse gestohlen, wie es der Stones-Manager Andrew Loog Oldham auf dem Cover von ›The Rolling Stones No. 2‹ vorschlägt. Aber als Nachhilfe-Lehrer in Englisch und Mathe war ich ständig gut bei Kasse, die Liquidität für die Platte war da und wanderte in die Michelsche Registrierkasse aus dem Dreissigjährigen Krieg.

›Long Tall Sally‹ von den Beatles, meine erste Single, und ›The Rolling Stones No. 1‹, meine erste LP: Ich bin heute noch froh, dass ich für solche Meilensteine meiner musikalischen Entwicklung nicht zu grenzdebilen Synthetik-Produkten wie den Bay City Rollers oder zu schwuchtelig grinsenden Weicheiern wie den Back Street Boys greifen musste. Die Gnade der frühen Geburt hat mich davon verschont, so etwas wie Cho-reo-graphie für eine wichtige Zutat der Rockmusik halten zu müssen.

Meine armen Eltern hatten in den nächsten Wochen schwer zu leiden: Immer und immer wieder wurde die Nadel meines Plattenspielers durch die Rille der Stones-LP gejagt. Meine Mutter sprach kein Wort Englisch, aber sie hätte nachher bestimmt längere Passagen aus den Songs mitsingen können. Was hätten Mama und Papa darum gegeben, wenn beispielsweise Peter Alexander aus dem Lautsprecher getrieft und geschmeichelt hätte: »Barbara, du Mädchen vom Büro-ho-ho-ho-ho, du lächelst mich nur an und ich bin froh-ho-ho-ho-ho.« Aber nein, es schrie sie dieser ungewaschene Engländer mit den Hafflinger-Lippen an: »O Carol, don't let me steel your heart away, I'm gonna learn to dance, if it takes me all night and day!«

Manchmal, wenn ich es in Sachen Abspielzeit und Lautstärke übertrieb, gab es richtig Zoff, und mein Vater versuchte wieder einmal erfolglos, mich mittels einer Hetzjagd rund um den Wohnzimmertisch einzufangen und zu verprügeln.

Nun aber nahte der Freitag, der später in den Biografien als erster Probentag der Lazy Beat Mackers breit abgehandelt werden würde. »Bring mir noch 'ne Currywurst mit Pommes mit«, hatte Werner gebeten, und dieser Wunsch war mir nicht nur Befehl, nein, er hätte auch eine Anordnung meiner eigenen inneren Stimme sein können. Denn neben der Schokoladen- und Kuchensucht litt ich noch an einer starken Abhängigkeit von Produkten aus dem Gourmet-Pommes-Tempel von Curry-Franz. Curry-Franz, Mitte vierzig, der mit seinen dunklen, öligen Haaren sehr italienisch aussah, hatte als Bergmann unter Tage geschuftet und sich dabei seine Lunge versaut. Er startete auf der Dattelner Hohen Straße (in etwa zu vergleichen mit der Düsseldorfer Königsallee) eine zweite, weit glanzvollere Karriere im Fast-Food-Bereich. Und was die allerwenigsten wissen: Curry-Franz erfand 1962 in Datteln die Currywurst! Nicht irgendein Berliner Hinterhof-Bräter, der zudem noch fälschlicherweise eine Art Brühwurst als Grundprodukt einsetzte, nein, es war dieser Dattelner Held der Kochkunst, der selbstverständlich eine krosse, würzige Bratwurst als Ausgangspunkt seiner, sagen wir mal, Art Culinaire von Hand (!) zerschnitt und auf einem geschmackvollen blau-weißen Teller mit holländischen Windmühlenmotiven drapierte. Was alles in der Soße war, habe ich nie rausgekriegt, Curry-Franz hat das Wissen über die Ingredienzien mit ins Grab genommen. Er tat mir gegenüber aber immer heilige Schwüre, dass die rot-braune, tomatig-zwiebelig-fleischige Pampe einem uralten Familienrezept seiner Familie mütterlicherseits aus Erkenschwick entsprungen sei – was die Sache leicht abwertet, denn wir alle wissen: Mit Ausnahme von Sönke Wortmann und einigen anderen Spielern der Spielvereinigung hat es in Erkenschwick noch nie aufregende Menschen oder Dinge gegeben. Jedenfalls war die Currywurst von Curry-Franz (und im übrigen auch die gold-gelben knusprigen Pommes) für die Geschmacksnerven der Dattelner Bevölkerung kulinarische Poesie; Curry-Franz, der Rainer Maria Rilke an der Fritteuse, kann nur in einem Atemzug mit den ganz Großen wie Bocuse oder Haeberlin genannt werden.

An einem der Stehtische im schmalen Verzehrbereich der Currywurst-Wallfahrtsstätte vertilgte ich zur Feier des Tages eine doppelte Portion, dazu eine doppelte Pommes rot-weiß; an meiner Seite, ebenfalls mampfend, Wolfi und sein Vater, der sich bereiterklärt hatte, uns und die Anlage zum Schweinehof Ehring in der Bauernschaft Redde zu kutschieren. Curry-Franz war nicht persönlich anwesend, seine charmante Gattin mit den Sauerkraut-Haaren verpackte uns die bestellte Kalorienbombe für Manfred, und los ging das große Rock-Abenteuer.

Das Ambiente vor Ort war genauso, wie ich es mir vorgestellt hatte: ein baufälliger Schuppen, der nach Schwein stank, davor und darin ein matschiger Boden, den Manfred mit Brettern notdürftig begehbar gemacht hatte. In den Slums von Kalkutta hätte es kaum schlimmer aussehen können, aber immerhin: Wenn wir diese widrigen Startbedingungen später, vom Olymp herabblickend, in den zahllosen Fernseh-Interviews schildern würden, dann käme das bestimmt sehr authentisch und geradezu heldenhaft rüber.

Fragen Sie mich nicht nach der Marke der Anlage oder der Instrumente; das einzige, an das ich mich zu erinnern glaube, ist, dass Werner einen Fender-Bass spielte. Der sollte besonders fett klingen, so wie sich das für einen schmutzigen Rhytm 'n Blues-Bass gehörte. Ansonsten interessierte mich die technische Seite des Projektes nicht die Bohne. Was ich wollte, war möglichst hart und wollüstig ins Mikro zu röhren. Der Sound sollte auf die Gehörgänge der Fans wirken wie eine Mischung aus Erdbeben und Auspeitschen.

Im Wohnhaus der Familie Ehring, wo Manfred die mitgebrachte Currywurst und wir anderen noch ein Stück des von Mama Ehring gebackenen Apfelkuchens aßen (mit einem Hauch Zimt, himmlisch!), lief der Fernseher, und was wurde uns da treffenderweise präsentiert? Der Beat-Club, mit der doof-geilen Uschi Nerke und dem bärtigen, rumalbernden Engländer Dave Lee Travis als lustigem Moderatoren-Pärchen. Uschi trug so kurze Mini-Röcke, dass sich in allen Haushalten mit männlichen Betrachtern die Tische innerhalb kurzer Zeit leicht anhoben. Leider sprang ihr aber eine gewisse Unbedarftheit aus den Augen, sodass es immer reichlich Atzung für sämtliche frauenfeindlichen Vorurteile auf diesem Globus gab. Ihr Partner von der Insel fiel aber auch nicht durch besonders intelligente Späße auf; diese beiden ergänzten sich also auf das Vortrefflichste.

Im Beat-Club von Radio Bremen waren alle angesagten Gruppen dieser Zeit vereint, am Anfang spielten sie gar noch live, aber das legte sich schnell wieder, als der Produzent Mike Lekkebusch merkte, dass dem Publikum Voll-Playback genügte – Hauptsache, die Stars waren irgendwie in Aktion zu erleben. Sonny and Cher, sehr exzentrisch, sehr sexy, waren gerade vorbeigeflimmert, und Uschi bemühte sich, den Namen der folgenden Band korrekt auszusprechen. Heißa, welch lustige Versprecher ihrem Mund entfleuchten! Dave Lee, Beaky, Dosty, Rusty, Mick und Flick? Oder gar Dave Knee, Tweeky, Bicky, Mike und Tisch?

Manfreds kleine Schwester Inge jedenfalls lachte sich scheckig, sie war also offensichtlich gerade die richtige Zielgruppe für Uschi und ihren witzigen Partner. Der neue Titel von Dave Dee und seiner Combo hingegen sagte uns nicht so recht zu. ›Bend It‹ hieß das Werk und sollte wohl so etwas wie einen neuen Tanz darstellen, bei dem man sich im Rhythmus hoch- und runterbeugen musste. Na klasse, Kindergeburtstag! Aber nix für uns Hardcore-Rocker.

Wir verließen das Bauernhaus und begaben uns in den ungemütlichen Schweinestall, wo sich alsbald so etwas wie eine programmatische Diskussion entwickelte.

»Lass uns doch mit ›Everybody Needs Somebody‹ anfangen«, schlug ich vor, »das haben wir noch drauf, macht sich gut zum Warmspielen.« Sie nickten und waren einverstanden.

»Und dann, wat kommt dann? Was können wir überhaupt?« Manfred wirkte etwas ratlos, über unser Repertoire hatten wir im Detail noch gar nicht gesprochen. Aber alle warfen sie jetzt die in Frage kommenden Titel in die Runde. »All Day And All Of The Night.« »Poison Ivy.« »Tired Of Waiting For You.« »You Better Move On.« Es stellte sich heraus, dass ›Poison Ivy‹ – wir kannten nur die Version von den Stones – und ›Tired Of Waiting For You‹ – ein langsames Stück von den Kinks – Allgemeingut waren. Ich gab noch zu bedenken, dass ich wahrscheinlich Textprobleme kriegen würde, aber Wolfi sagte nur: »Dann musst du dir die Texte eben von den Platten abschreiben.«

Die Jungs stöpselten die Gitarren ein – das gewisse Grundbrummen kriegten wir nicht weg, aber es störte uns auch nicht besonders –, Wolfi wirbelte zum Einspielen ein paar Mal übers Schlagzeug, und dann kriegten die versammelten Schweine eine Lektion in moderner Unterhaltungsmusik, die sie mit nervösem Grunzen und wildem Hin- und Hergerenne zur Kenntnis nahmen. Bauer Ehring und sein veterinärischer Drogenkurier Dr. Kappisch hätten an diesem Tag eine wissenschaftliche Untersuchung starten können: Verbessert laute Beatmusik die Fleischqualität in der Schweinezucht? Angesichts des hohen Niveaus der dargebotenen Stücke hätte mich alles andere als ein enthusiastisches Ja überrascht. Uns genügte es jedoch zu Beginn unserer aufsehenerregenden Karriere vollkommen, dass der Landwirt das lautstarke Everybody-needs-somebody-Treiben kritiklos hinnahm; es gab viel Platz auf dem Hof Ehring, und die ungewohnten Klänge, die vom Schweine-Fütterungsplatz zum Geräteschuppen rüberwehten, wo Vater Ehring gerade einen liegengebliebenen Trecker reparierte, ließen den Bauern kalt. Es wurde eine Zwölf-Minuten-Version, jeder der drei Instrumentalisten nahm sich noch Zeit für ein ausgiebiges Solo, und am Ende waren wir nicht unzufrieden. Das galt auch für Manfreds ältere Schwester Grete. Die war schon zwanzig und studierte in Münster Germanistik. »Das fand ich sehr gut, wie du da gesungen hast«, sagte sie zu mir. Ich glaube, ich bin in diesem Augenblick nicht nur im Gesicht und an den Ohren, sondern am ganzen Körper rot geworden. »Meinst du wirklich?«, fragte ich misstrauisch zurück. »Oder willst du mich jetzt verarschen?« »Nee, ich will dich nicht die Spur verarschen, du singst echt gut.«

Sie wirkte irritiert, denn sie wollte mir ja nur ein ehrlich gemeintes Kompliment machen. Das war ja der Hammer! Da kam gleich nach dem ersten Stück ein Groupie um die Ecke! Vom Aussehen war sie mit ihren kurzen schwarzen Haaren und dem runden, etwas pummeligen Gesicht eher Durchschnitt.

Aber meine Performance am Mikrofon beeindruckte sie, das war das Wichtige.

Es kam so, wie es kommen musste: Die rückhaltlose Bewunderung meines künstlerischen Schaffens durch diese aufrichtige junge Frau zerstörte die Solidarität in der Gruppe. Die Einmischung von Frauen in wichtige Teilbereiche des männlichen Lebens wie Fußball, Autokauf, Skat und eben auch Abrocken in seinen vielfältigen Formen macht alles kaputt. Männer, die sich gerade noch einig waren über die Qualität eines Torwarts oder eines Sportwagens, werden urplötzlich zu erbitterten Rivalen, wenn ein Weibchen mit den Wimpern klimpert.

Im Falle der ersten Probe-Session der Lazy Beat Mackers fing es zehn Minuten nach Gretes Lobhudelei damit an, dass Wolfi meinen Gesangsstil beim zweiten Stück ›Poison Ivy‹ kritisierte. »Warum schreist du eigentlich immer so rum?«, moserte er. »Es reicht doch vollkommen, wenn du beim Refrain lauter wirst.«

»Wolfi hat Recht«, assistierte Werner, «du brüllst einfach zu viel durch die Gegend. Gib einfach weniger Gas.«

»Aber dat iss nun mal meine spezielle Note. Ich lass alles leidenschaftlich raus«, versuchte ich mich zu rechtfertigen, »dat wird dann automatisch lauter, dat reißt die Leute auch mehr mit, wenn sie merken, der Junge iss wie ein Vulkan!« Aber keiner wollte meinen sängerischen Ansatz, das Eruptive und das Glutvolle, akzeptieren; auch Manfred hackte auf mir rum: »Sei doch nicht so bockig, versuch doch einfach mal, den normalen Text mit etwas weniger Power rauszuhauen.«

Langsam wurde ich böse. »Ich verstehe überhaupt nicht, wat ihr gegen mich habt. Habt ihr Angst, dat ich zu dominant bin, dat ihr vielleicht untergeht bei dem wilden Gesang?« Jetzt waren die anderen beleidigt, weil ich ihre guten Ratschläge als Sorge interpretierte, untergebuttert zu werden. Zoff lag in der Luft im Schweineschuppen, ein paar Augenblicke war es ruhig, dann hörten wir das verheißungsvolle ›Plopp‹ eines Kronkorkens. Manfred versuchte, die Dissonanzen mit einer Runde Ritter-Bier zuzuschütten, aber warum zum Henker habe ich es mir an dieser Stelle nicht verkniffen, eine fiese Bemerkung über die Qualität des angebotenen Gerstensaftes (»Abends Ritter, morgens kaputt!«) zu machen?

»Du musst das nicht trinken«, ätzte Manfred, »Grete holt dir bestimmt gerne einen leckeren Apfelsaft.«

Es gibt eine bestimmte Art dröhnenden Gelächters, das nur darauf angelegt ist, zu verletzen; und genau dieses böse Lachen kam jetzt von meinen Beat-Kumpels.

Wir machten mit ›Poison Ivy‹ weiter, und es lief gar nicht schlecht. Trotzdem: Obwohl ich mich innerlich dagegen wehrte, lauerte ich ständig auf weitere kritische Bemerkungen über mein laut röhrendes Organ. Zu dem Thema kam aber nichts mehr rübergeflogen, in der nächsten Pause wurde es allerdings richtig übel, und zwar aus einer ganz anderen Richtung.

»Sei mir nicht böse«, meinte Wolfi fast lakonisch, »aber willst du bei unseren Auftritten auch so albern rumhampeln wie gerade?«

»Was meinst du damit?«

»Na ja, ich finde, dat sieht etwas komisch aus, wie soll ich sagen, et hat wat von einem Tanzbär.« Volltreffer! Und dann auch noch in Gegenwart meines Groupies Grete, die sich wieder zu uns gesellt hatte, und die jetzt lächelte!

Nein, sie lächelte ja gar nicht, ihr Gesicht war zu einer diabolischen Fratze mutiert, sie lachte sich kaputt über diesen unbeholfenen, kreischenden Tanzbär! Eine andere Interpretation der Veränderung ihrer Gesichtszüge war ganz und gar ausgeschlossen. Es war wieder passiert, sie alle hatten mich als das entlarvt, was ich eigentlich war: der dicke, unfähige Manni, der nichts kann, bei dem irgendwann alles schiefgeht, was er anpackt, auch wenn es vielleicht am Anfang vielversprechend aussieht. Um mich herum lachende Gesichter, alle wollten sich ausschütten; das war ja nun auch wirklich eine erregende Vorstellung: Manni, das Sexsymbol mit Doppelkinn und Segelohren, der Mick Jagger für die Bahnhofsmission, eine sensationelle Lachnummer für Jung und Alt. Ich geriet vollkommen außer Kontrolle, es gab keine innere Stimme, die mir sagte: Ruhig bleiben, ist doch alles nur ein kleines bisschen Spott von den Kollegen, lass dich doch durch ein paar bissige Bemerkungen nicht aus der Bahn werfen.

»Ich lasse mich von euch nicht fertigmachen«, brüllte ich durch den Schweinekoben, »ich hab dat doch überhaupt nich nötig, mich von euch Arschlöchern beleidigen zu lassen!« Ich musste jetzt ganz schnell weg, denn es fehlte nur wenig, und ich hätte den Jungs, und was noch viel schlimmer war, dem Mädchen Grete etwas vorgeheult, und das wäre ja wohl ein peinliches Kontrastprogramm zu dem großen Rock-Macho ›Howlin' Wolf Manni‹ gewesen! »Ihr blöden Schweine!«, schoss es noch würgend aus mir raus. Wie passend! »Ihr könnt euch einen anderen Sänger suchen, blast mich doch am Hobel!« Kurz vor dem Tränenausbruch schaffte ich den Weg zum Ausgang, beinahe wäre ich noch über eine dicke Sau gestolpert, die neugierig vor dem Eingang stand. Wenigstens das blieb mir erspart, der aufstrebende Rocksänger fiel bei seinem beleidigten Abgang nicht in die Scheiße. Meine Flucht erzeugte keinen neuen Heiterkeitsausbruch bei den Mitmusikern, jedenfalls keinen, den ich wahrgenommen hätte – nur Ratlosigkeit und vielleicht ein paar Vorwürfe wegen meiner Dünnhäutigkeit.

Das war das Ende meiner Blitz-Karriere als großer Gesangsstar in den Sechzigern. Wir jungen Talente trafen uns danach zwar tagtäglich in der Schule, aber zum Üben haben wir uns nicht mehr verabredet. Wir diskutierten nicht einmal darüber, wie es zu dem Eklat kommen konnte, oder wie das Desaster zu reparieren war. Und nach einem neuen Sänger haben sich die anderen auch nicht umgeguckt, das wäre konsequent gewesen, wenn sie mich für den Spitzenreiter in der Peinlichkeitshitparade gehalten hätten, aber ansonsten zum weiteren Aufbau der

Gruppe bereit gewesen wären. Das zarte Pflänzchen namens Lazy Beat Mackers: vom ersten Windhauch umgepustet, eingegangen und versunken in der Schweinescheiße eines Bauernhofes in der Dattelner Bauernschaft Redde. Nur eine Episode, keine Erfolgsstory, in unseren Gesprächen gemieden wie ein Tabu. Ein peinliches Missverständnis, für das man sich schämen musste? Nehmen wir es schlicht als Ausdruck jugendlicher Sprunghaftigkeit und nicht als schlimme Niederlage, wie ich es damals tat.

Dreiunddreißig Jahre später habe ich die vermeintliche Schlappe – beim Selbstbasteln von Niederlagen bin ich ganz groß! – ausgebügelt, indem ich nämlich in einem professionellen Tonstudio auf einem umgebauten Bauernhof (!) im Münsterland eine Rock-Single namens ›I'm Your Radio‹ aufgenommen habe. Das späte Werk wurde meines Wissens Nummer 27 in der Ukraine und kam in San Marino unter die Top 100, aber was waren diese Riesenerfolge gegen die sentimentale Erinnerung an ferne Jugendtage, als die Beatmusik noch frisch und die Gesichter noch straff und rosig waren?

Im Mai 1967 lief ich schluchzend die vier Kilometer vom Hof der Ehrings nach Hause zur Amandusstraße, enttäuscht, verletzt, aus der Ferne guckte mich der zwiebelige Turm der Amanduskirche an, und ich stellte mir allen Ernstes die Frage, ob ich nicht besser den Freuden der Welt entsagen und doch Kaplan werden sollte. Denn dafür war es ja immer noch nicht zu spät.

Aber je weiter mich meine Füße in die zivilisierten Gebiete Dattelns trugen, umso klarer wurden meine Gedanken. Der Zustand der verzweifelten Auflösung wich einem trotzigen, vorwärtsstrebenden Optimismus, langsam kam ich wieder in der Realität an. Jetzt reiß dich mal zusammen und flenn hier nicht so rum, herrschte ich mich selber an, du und katholischer Priester, das ist doch der helle Wahnsinn. Dat mit dem Zölibat, dat hältst du doch sowieso nicht durch. Du denkst doch den ganzen Tag an nix anderes als an nackte Weiber, wie soll dat denn werden, wenn du dein Leben dem Herrn Jesus widmest? Der Mann sieht das ziemlich verbissen, da bist du doch vom ersten Tag an unten durch! Als ich die Schwelle unseres gemütlichen Heims überschritt, hatte ich meine innere Stabilität wiedergewonnen, ich legte irgendwas von Sam, the Sham and the Pharaos auf und brüllte und tanzte durch die Wohnung, und niemand hinderte mich daran, denn meine Eltern weilten bei einem befreundeten Ehepaar zwecks gemeinsamen Anschauens einer neuen aufregenden Folge der brutalen Action-Krimiserie ›Der Kommissar‹ mit Erik Ode.

Die Musik der Stones, der Kinks und der Yardbirds, die beschwingten Melodien von Jimi Hendrix und Janis Joplin haben mein Leben weiter begleitet und beeinflusst. Ich habe es zwar nie geschafft, die spießigen Regeln und Konventionen ganz einfach über Bord zu werfen; aber diese Scheu vor dem Ausbruch aus der Bürgerlichkeit hat ja auch etwas Gutes, gibt sie mir doch Stetigkeit und Sicherheit. Auf ruhende Pole und festen Untergrund bin ich angewiesen, wie ich später oft und deutlich gemerkt habe: Immer wenn der Boden anfängt zu schwanken, schwankt auch meine Seele. Und dennoch: Wenn die Gitarren gequält werden, wenn der Bass wummert, wenn der knallige Beat des Schlagzeugs meine Eingeweide angreift, und wenn dann noch eine schmutzige Stimme die Textzeilen rausrotzt, dann meldet sich von tief innendrin eine zügellose Wildheit, die auch nach all den Jahren noch schreit: Ey, Manni, lass mich raus! Zeig's ihnen, mach es, wie d u es willst, leiste Widerstand, keine Kompromisse, lebe dein eigenes Leben, pass dich nicht an, sie sollen dich alle am Arsch lecken!

Manchmal gelingt es mir, eine Prise dieses Rock-Rebellentums in meinen angepassten Alltag rüberzuretten, und dann bin ich immer ganz stolz; der finale Befreiungsschlag wird mir aber wohl nicht mehr gelingen. Ernsthaft verzweifelt bin ich darüber allerdings nicht, denn ich bekäme es dann nicht nur mit grenzenloser Freiheit, sondern auch mit anarchischer Unsicherheit zu tun, vielleicht würde ich sogar als Penner in der Düsseldorfer Altstadt enden, und ich weiß nicht so genau, wie viele meiner Freunde mir dann was in den Hut werfen würden.

Eine kurze Phase gab es noch, im Juli 1970, da war ich der Rock- und Hippie-Freiheit ganz nahe. Zwei Semester Jura hatte ich schon studiert und bezeichnete mich gern ironisch als Biedenkopf-Schüler, weil ich nämlich beim großen, kleinen Kurt Biedenkopf an der Ruhr-Universität in Bochum meinen ›kleinen Schein‹ im Bürgerlichen Recht gemacht hatte. Im März musste ich mit dem Schock des frühen Todes meiner Mutter fertig werden, im Sommer startete ich meine Tournee Manni '70: Sie führte mich über Aachen ins französische Le Puy im Zentralmassiv und dann zurück nach Deutschland zu meiner Oma in Ostwestfalen.

In Aachen fand ein Open-Air-Festival statt, im Reiterstadion. Maßgebliche Teile der Reiterlichen Vereinigung waren angesichts des zu erwartenden Einfalls von Attila mitsamt seinen Hunnenhorden entsetzt, aber da durch die Mieteinnahme ein schöner Batzen Geld angeflogen kommen sollte, besiegte wie so oft im Leben das gesunde Erwerbsstreben die moralischen Bedenken.

Auch ich entschloss mich zur beschwerlichen Reise von Datteln in die Kaiserstadt. Die lokale und regionale Presse nahm davon keine Notiz – sehr wohl aber mein Vater, der meinte, mich vor den zerstörerischen Drogen-Exzessen warnen zu müssen, die in der Aachener Sörs auf mich warteten. Ich konnte ihn aber davon überzeugen, dass Hasch und LSD keinen Platz in meinem karriereorientierten Leben als angehende Jura-Konifere hatten. Weil ich ein ordentlicher junger Mann war, kam ich nicht mit einem Schlafsack und der ungewissen Aussicht auf einen möglicherweise von Aachener Kriminellen bedrohten Schlafplatz in irgendeinem Park. O nein, ich hatte mit Jan Keifer telefoniert; der kam auch aus Datteln, war noch viel ordentlicher als ich und studierte in Aachen irgend etwas Technisches. In seiner Studentenbude würde ich mein müdes, von der lauten Musik und von sonst nichts zugedröhntes Haupt zum Schlafe betten. Aber mit zum Festival gehen wollte Jan nicht. Er gehörte ganz klar zur Musical- und Operetten-Fraktion und würde später mal ein glühender Abba-Fan werden, auch die Karten für das Udo-Jürgens-Konzert bei der Tournee Udo '70 waren bestimmt schon gekauft.

»Komm doch einfach mit, ich spendier dir den Eintritt«, startete ich noch einen Versuch, als ich mir mittags den Schlüssel abholte. Er lächelte mich an, dieses verfluchte Wat-soll-ich-mir-diese-Brüllaffen-Gammler-Musik-anhören-Lächeln, ich wurde auf der Stelle aggressiv und hätte ihn, wäre ich nicht so unendlich friedfertig gewesen, umgehend schütteln und vors Schienbein treten können.

»Wir haben heute Abend Ingenieur-Studenten-Langweiler-Stammtisch«, sagte er (oder zumindest so was Ähnliches), »und außerdem: Du weißt doch, dat dat nicht meine Musik ist.«

Sie haben es bestimmt schon gemerkt: Ich bin tolerant auch gegenüber Mitbürgern mit einem anderen musikalischen Geschmack – außer bei Ernst Mosch, Abba, Johann Strauss, Klaus und Klaus und den Flippers –, darum sagte ich nichts mehr, griff mir den Schlüssel, kündigte ein wahrscheinlich spätes Erscheinen in seiner Hütte an und machte mich in meinem Parka (ohne Futter, es war Juli) auf ins Reiterstadion. Dort wurde mir erstmal grün vor Augen, denn die nordrhein-westfälische Polizei war mit mehreren Bataillonen erschienen und ließ es sich nicht nehmen, die Besucher des Festivals wie Schwerkriminelle zu behandeln. Filzen, beschlagnahmen, anschnauzen: Vor Love and Peace hatte die Staatsgewalt ihr komplettes repressives Programm gesetzt, damit ja keiner auf die Idee kommen konnte, die Gründung einer Hippie-Republik-Deutschland sei nur noch eine Frage von Stunden.

»Die spinnen doch, was glauben die, was hier abgeht!« Ich guckte zur Seite. Jawohl, ich war gemeint, ich war angesprochen worden, nicht irrtümlich, sondern in voller Absicht, und tatsächlich von einem weiblichen Wesen.

»Ich begreife et auch nich, wat die wollen.« Ich sprach diesen Satz einfach nur, um irgendwas von mir zu geben, ich hätte auch sagen können: »In unserem Dorf herrscht eine große Hungersnot.« Oder: »Germania Datteln iss der geilste Club der Welt.« Denn von einem Mädchen angesprochen zu werden und darauf angemessen, vielleicht sogar noch witzig, zu reagieren, hatte ich einfach nicht im Programm.

»Kannst du mal 'ne Sekunde meinen Rucksack halten, mir sind vor Schreck die Schuhe aufgegangen.« Kein Zweifel, da bahnte sich vielleicht ein Kontakt an, der länger als zwei Minuten dauern könnte. Ich musste jetzt nur am Ball bleiben, nicht verstummen wie ein Fisch auf dem Trockenen. So war es mir in der Vergangenheit schon ein paar Mal ergangen unter dem Druck, Konversation zu machen.

»Soll ich dir nicht lieber die Schuhe zumachen? Da bin ich richtig Fachmann drin, im Schuhe zubinden.« Aber hallo, was war ich doch für ein Scherzkeks!

»Nee, lass mal, mach ich lieber selber, halt mal.«

Ich ließ mir den Rucksack in die Arme drücken und ging gleich aufs Ganze, jedenfalls kam ich mir so vor. »Und, wo kommst du her?«

»Ich komm aus Brakel, falls du weißt, wo das ist.«

Da konnte ich aber jetzt die ultimativen Pluspunkte machen. »Na hör mal, Brakel ist praktisch meine zweite Heimat«, sagte ich mit einer Spur zuviel Triumph in der Stimme, »ich bin jedes Jahr auf dem Annentag.« Der Annentag ist die große Kirmes in Brakel im Kreis Höxter, auf die alle Brakeler unheimlich stolz sind, denn an den Kirmestagen ist Brakel sowas wie der Mittelpunkt des Universums.

»Das iss ja ein echtes Ding. Du bist ja praktisch ein richtiger

Weltenbummler!« Diese Ironie gefiel mir nicht so richtig, denn es keimte augenblicklich der Verdacht, sie wollte sich über mich lustig machen, und damit konnte ich nun gar nicht umgehen. Aber war dies nicht der erste Tag meiner sommerlichen Rundreise durch das Land der Freiheit und des Rock 'n Roll? Waren die Fesseln des kleinen, dicken Manni nicht schon gelockert? Hatte ich nicht die Ängste und Zwänge in Datteln zurückgelassen?

Es befiel mich auf der sonnigen Pferdewiese in Aachen jedenfalls nicht die beim Kontakt mit dem anderen Geschlecht sonst übliche Denk- und Sprechblockade, im Gegenteil: Es entspann sich ein munteres, witzig-charmantes Gespräch mit meiner Begleiterin. Sie hieß Doris, hatte kurze dunkelbraune Haare und eine etwas zu große Nase. Das störte mich aber überhaupt nicht, denn sie guckte mich aus ausdrucksstarken braunen Augen an, und ihr Lächeln erstmal! Dafür hätte sie auch Eintritt nehmen können, es warf mich einfach um. Doris arbeitete als Schaufenstergestalterin, sie erzählte mir, welch lustiger Schabernack mit den nackten Schaufensterpuppen in Brakel und anderswo veranstaltet wurde, zum Beispiel – wie originell! – sich auf den Rücken legen, männliche Puppe auf sich drauflegen und damit ›rumbären‹, wie Doris sich ausdrückte.

Einfallsreich oder nicht, es war jedenfalls die Stelle in meiner kurzen gemeinsamen Zeit mit Doris, an der ich meine erste Erektion bekam. Wir lagen inzwischen auf meinem Parka am Rande der Zehntausend in der Aachener Sörs, die holländischen harten Rocker von Golden Earring spielten, und ich drehte mich vorsichtig ein wenig zur Seite, denn das wäre ja nun wirklich peinlich gewesen, wenn Doris wahrgenommen hätte, dass nicht nur der Rock hart war an jenem Nachmittag. Welche niederschwelligen Angebote doch ausreichten, um mich aufzugeilen! Wie ein kleiner Junge, der sich nur den Dessous-Teil im Neckermann-Katalog angucken muss, um für die nächste halbe Stunde Spaß zu haben. Jetzt aber schnell inhaltlich weg von nackten Puppen und sexistischen Spielen!

»Und du kennst auch keinen hier?« schrie ich Doris ins Ohr. Golden Earring hauten jetzt ›Radar Love‹ raus, das klang zwar verdammt schön, aber auch verflucht laut, da war Kommunikation nur mit den Lippen ganz nah am Ohr des Partners möglich; dagegen hatte ich überhaupt nichts einzuwenden, denn es konnte ja die Vorstufe für noch größere Nähe sein.

»Nein!«, brüllte Doris zurück, und ihre Nase kitzelte mein Ohrläppchen. »Ich bin allein gekommen. Aber jetzt habe ich ja dich kennengelernt, das reicht doch vollkommen.«

Jetzt musst du sie küssen! Das ist genau der Augenblick, sie wartet wahrscheinlich schon drauf! Mach schon! Aber Doris war aufgesprungen, wie die anderen um uns herum, die übrigens schon die ganze Zeit rumknutschten. Bei den besonders mitreißenden Stellen blieb keiner sitzen, alle mussten tanzen, springen, mitsingen: Let's go, Radar Love! Es war keine Ansammlung von zehntausend Blumenkindern, so viele richtige Hippies gab's nicht mal in ganz Deutschland, aber eine blumige Angelegenheit war es schon: geblümte Batik-Shirts, Blümchenhosen, Blumen auf den Bikinis – wir hatten um die 30 Grad! – und Blumen in den Haaren. Die Männer trugen die Haare lang und häufig zottelig, keiner wäre auf die absurde Idee gekommen, sich einen dieser heute üblichen Nazi-Kurzhaarschnitte verpassen zu lassen. Selbstverständlich schwebte die obligatorische süßliche Rauchwolke über dem Festival, fliegende Händler boten Cannabis und Trips an, aber der Wahrheit die Ehre: Die Bierstände hatten auch gut zu tun, unter anderem auch deswegen, weil die liebe Doris und der liebe Manni sich im Laufe des Nachmittags peu à peu einen süßen kleinen Rausch ansüffelten.

In punkto Rockkonzert und Rauschmittel hatte ich ein paar Jahre später mein kuriosestes Erlebnis, als nämlich bei einem Grateful-Dead-Auftritt in der Essener Grugahalle ein Alkoholverbot ausgerufen wurde, während gleichzeitig die Leute kifften, dass die Althippie-Schwarte krachte. Beim Aachener Open

Air Festival im Juli 1970 wurde der gierigen Öffentlichkeit in Gestalt der Journalisten und Fotografen alles geboten, was zur Realität und zum Klischee von San Francisco, Flower Power und drogenseliger Rock-Musik passte. Sex gehörte selbstverständlich auch dazu, denn in der Phantasie der *Bild-* und *Quick*-Konsumenten vögelten diese Rock-Fans Tag und Nacht, von vorne, von hinten, von der Seite, im Stehen, Sitzen, Liegen, und zwar mit jedem oder jeder, die näher als einen Meter rankam und Augenkontakt suchte. Also mussten sexy Fotos her, an denen sich die schweigende Mehrheit der Anständigen im Lande empört aufgeilen konnte, und notfalls durfte bei der Beschaffung der Bilder auch nachgeholfen werden. So gab es mitten in der bekifften Menge ein hübsches, geschäftstüchtiges Bikini-Mädchen, das für die Fotografen ihr Oberteil fallen ließ und die Brüste in die Aachener Sonne reckte. Aber nur, wenn die investigativen Foto-Journalisten einen bescheidenen Obolus in Höhe von zehn deutschen Mark abdrückten. Heute würde ich es ›Auslagen-Erstattung‹ nennen und zur Tagesordnung übergehen, aber damals prangerte ich die Zurschaustellung mit heftigen Worten an und zog Vergleiche mit der Prostitution, und meine Begleiterin Doris schloss sich an: »Die verkauft sich, die Alte, das ist doch total unwürdig, die kann doch morgen früh nicht mehr in den Spiegel gucken. Sollse doch gleich auf'n Strich gehen!«

»Und morgen können sie es wieder in der Zeitung zeigen«, pflichtete ich ihr bei, »wie hemmungslos und verkommen diese Hippies im bürgerlichen Aachen gehaust haben.« Wahrscheinlich würde sogar eine Welle von Geschlechtskrankheiten über die Stufen des Aachener Doms schwappen, die Kaiserstadt kurz vor dem moralischen Kollaps!

Gott sei Dank wurde die sittliche Entrüstung hinweggefegt vom lustigen Ray Dorsett mit seiner Spaß-Combo Mungo Jerry. Da kam Stimmung auf wie beim Orden wider den tierischen Ernst, ›In The Summertime‹, das Humba Täterä des Festivals, keiner rümpfte die Nase angesichts des vermeintlichen Niveau-Abfalls, jeder stampfte und grölte mit, und der Mungo namens Jerry hatte noch eine ganze Reihe anderer Klopper aus seinem Skiffle-Rock-Programm zu bieten, es war wie ein tiefes, fröhliches Durchatmen vor der großen Metall-Explosion, für die die Jungs von Deep Purple zuständig waren.

Wenn Sie einen Zehner verwetten müssten, worauf würden sie setzen: Habe ich Doris noch geküsst inmitten von Love, Peace und Understanding, sind unsere Lippen noch in einer wollüstigen Mischung aus Zärtlichkeit und Begierde miteinander verschmolzen? Setzen Sie nur, ich biete ein Quote von Fünf zu Eins für Ja, für das wahrscheinlichere Nein gibt es nur Drei zu Eins!

Zuerst aber forschte ich vorsichtig, wie lange ich ihre prickelnde Gesellschaft noch genießen durfte. »Und wo pennst du heute Nacht?«, fragte ich, und das war schon gar keine mutige Frage mehr, denn wir waren nach zwei gemeinsamen Stunden schon recht vertraut miteinander. »Zu Hause in Brakel schlafe ich, wie sich dat für ein züchtiges junges Mädel gehört.«

»Und wie soll das gehen, wie kommst du wieder nach Hause? Die Nummer geht doch hier locker bis elf, zwölf Uhr.«

»Das werd ich nicht mehr erleben, um zehn nach zehn fährt noch ein Zug bis Bielefeld, und mein Papa ist so nett und holt mich da ab.«

Schlechte Perspektiven. Jetzt schnell einen sensationellen Alternativ-Vorschlag machen! »Dat iss aber schade. Du könntest auch hier in Aachen schlafen. Ich penne bei einem Kumpel, da iss bestimmt auch Platz für zwei.«

»Nee lass mal, ich habe das jetzt alles verabredet, das ist mir zu umständlich, und außerdem wollte ich mich morgen mit meiner Freundin treffen.« Hallo Manni! Schluss mit den heißen Sex-Phantasien, kein Keuchen und Stöhnen in Jan Kiefers Studentenbude, die unendliche Umarmung, sie findet nicht statt. Weil Doris sich mit ihrer Freundin treffen will, und weil sie einen sooo netten Papa hat, der sie mitten in der lauschigen Sommernacht am Bielefelder Bahnhof abholt. Scheiße!

»Kann ich verstehen«, log ich schmutzig, »wenn alles schon eingetütet ist. War ja nur ein Vorschlag.« Ich drückte meine Camel im heiligen Reiter-Rasen aus, steckte zur Abwechslung eins von diesen Räucherstäbchen an und hatte augenblicklich das duftige Gefühl, mitten im Ashram von Maharishi Yogi oder meinetwegen auch bei einer Probe des Sitar-Orchesters von Ravi Shankar zu sitzen. Ich weiß allerdings nicht so genau, ob Good Old Ravi mit dem nächsten Act, für den gerade die Gerätschaften aufgebaut wurden, hundertprozentig einverstanden gewesen wäre. Etwas wenig meditativ und entschieden zu unsanft, die unmittelbar bevorstehenden Geräusche von Deep Purple, Ravi hätte wahrscheinlich eine Flucht in den Ashram seines alten Kumpels Maharishi einem weiteren Verweilen im Aachener Reiterstadion vorgezogen.

Es war jetzt 19 Uhr, ich hatte noch schätzungsweise zweieinhalb Stunden Zeit, um der lieben Doris mit dem herzerwärmenden Lächeln näherzukommen. Ich begann, inneren Druck aufzubauen, es ging mir wie der Bundesligamannschaft, die kurz vor dem Abstieg steht und am letzten Spieltag unbedingt gewinnen muss; leider heißt es aber zehn Minuten vor Schluss nur 1:1, die Versuchung steigt, die Brechstange rauszuholen, wo doch mit filigranem, schnellem Kombinationsspiel viel mehr zu holen wäre. Das Siegtor, es liegt in der von Spannung geschwängerten Luft, aber wird es auch fallen? Ich holte noch schnell zwei Bier, während der Soundcheck meiner damaligen Rock-Favoriten Deep Purple – ich konnte mich gar nicht satt hören an ›Deep Purple In Rock‹ – in den letzten Zügen lag.

Weiber besoffen machen, damit sie mir zu Willen sein würden? Nichts lag mir ferner als das, aber ich will nicht ausschließen, dass diese perverse Männer-Phantasie irgendwo im hintersten Winkel meines Dattelner Jungmann-Hirns rumorte und mein spendables Handeln beeinflusste. »Prost«, wir hauten die

Flaschen – ich fürchte, es befand sich Kölsch darin – aneinander, »auf Richie Blackmore und seine harten Jungs.«

»Ich find sie auch richtig klasse«, meinte Doris, »am besten gefällt mir der Typ an der Orgel. Wie heißt der noch mal?«

»Jon Lord«, schloss ich ihre Bildungslücke, »aber hoffentlich kriegst du noch alles von denen mit, auch den Schluss, wenn sie die Anlage kaputthauen und anstecken.«

»Dat iss doch alles reine Show. Die stellen da einen alten Verstärker hin und lassen sich 'ne Gitarre aus'm Sperrmüll geben.« Da musste ich ihr zustimmen, das hatte ich auch schon gelesen, aber der Gedanke an ausgelebte Aggressionen auf der Bühne faszinierte mich trotzdem, zumal ja keiner dabei zu Schaden kam.

Um Punkt acht Uhr betrat Deep Purple die Bühne und legte mit ›Speed King‹ los: erst eine Minute Gitarren-Keyboard-Schlagzeug-Kakophonie, danach eine sanft schwingende Orgel-Passage wie in der Kirche, sodann der raue, mitreißende Gesangseinstieg von Ian Gillian – ich war total aus dem Häuschen und sprang durch die Gegend wie Rumpelstilzchen, dem sie die Eier abgeklemmt haben. Und Doris tat es mir nach, wobei bei ihr zugegebenermaßen das Rumpelstilzchen-Bild nicht passte, aber sie rockte ebenso wild und schweißüberströmt ab. Ob wir beide ein ästhetisches Bild abgegeben haben? Für meinen Teil der Tanzeinlage möchte ich das sehr bezweifeln, aber war das nicht scheißegal?

Wir beide lebten in diesen Minuten in der Musik von Deep Purple, wir vergaßen alles um uns herum, wir waren eins mit diesen langhaarigen Hardrockern aus dem Vereinigten Königreich. Und als ›Speed King‹ mit einem letzten virtuosen Aufbäumen aller beteiligten Instrumente zur Landung ansetzte, da endete unser Veitstanz; nach Luft schnappend standen wir uns gegenüber, lächelten einander an, und dann – Achtung, Zocker, die Fünf-zu-Eins-Quote gelangt zur Auszahlung! – küssten wir uns, nicht zart und tastend, sondern wild und fast schon brutal, und wir wollten überhaupt nicht mehr aufhören damit, und wir pressten und rieben unsere Körper aneinander, flüsterten und schrieen – es war schon wieder so laut, ›The Flight Of The Rat‹! – Wörter und Sätze, die unsere gegenseitige Wertschätzung ausdrücken sollten, Zungen leckten, Zähne gerieten sich in die Quere, untere Körperregionen signalisierten, dass Leben in ihnen steckte, und dann kamen wir ins Stolpern und sanken gemeinsam auf den wunderschönen Parka mit den Einschusslöchern aus Vietnam, wo wir uns die nächsten Minuten (Stunden, Tage?) nur noch streichelten und uns nicht mehr küssen wollten. Um uns herum Gehüpfe und Getanze, auf der Bühne die komplette Deep-Purple-In-Rock-LP, ein glasklarer Sound wie im Studio, und wir als zärtliche Insel inmitten der wüsten Rock-Orgie.

Als sie mit ›Child In Time‹ anfingen (hu-hu-hu-hu-hu-huuu, a-a-a-a-a-aaaah!), sagte Doris: »Ich muss mal eben aufs Klo, ich pinkel mir sonst in die Hose.« Sie griff sich ihren Rucksack, und ich dachte mir nichts dabei, denn Frauen gehen ja nicht einfach so aufs Klo, die Schmink-Utensilien müssen schon mit, auch wenn's schon dunkel ist und Deep Purple auf der Bühne kurz vor dem Höhepunkt stehen.

›Child In Time‹ kann schon mal zwanzig Minuten dauern, das übersteigt die Länge einer – auch weiblichen – Klositzung um ein Vielfaches, aber es gab bestimmt eine lange Schlange. Das redete ich mir auch noch ein, als das Stück schon zu Ende war und Deep Purple tatsächlich in einem scheinbaren Ausbruch von Gewalt einen Verstärker abfackelten. Bei der Zugabe, ich glaube, es war ›River Deep, Mountain High‹, fiel mir die Autosuggestion schon sehr schwer, und als die Band endgültig die Bühne verließ, musste ich der brutalen Realität notgedrungen ins Auge blicken: Doris hatte sich einfach aus dem Staub gemacht, sie war ohne Abschied gegangen, hatte mir weder ihren vollen Namen noch ihre Adresse hinterlassen.

Ich saß wie ein steinerner Buddha auf der Wiese, der

Schmerz war körperlich spürbar, in jedem Winkel, aber ich weinte nicht. Das wunderte mich zuerst, aber dann begriff ich, warum: Ich hatte etwas sehr Schönes, Rauschhaftes erlebt, das plötzliche Ende tat weh, aber es überwog die süße Erinnerung an das Mädchen aus Brakel, Doris mit den Rehaugen. Sie hatte mir die Hoffnung zurückgegeben, dass es vielleicht doch noch etwas werden könnte mit Manni und den Mädchen.

Am nächsten Morgen, beim Frühstück mit meinem Schulkameraden und aufstrebenden Ingenieurstudenten Jan Kiefer, startete ich den erfolglosen Versuch, dem unrettbaren Spießer die ekstatischen Freuden des Rock-Festivals näherzubringen. Genauso hätte ich auch Dieter Thomas Heck die Vorzüge der Musik von Steppenwolf erläutern können. Wir hatten uns einfach nichts zu sagen, deshalb suchte ich ohne weitere Verabredungen und sonstige Versprechungen das Weite.

Die staatlichen Bahngesellschaften in Deutschland, der Schweiz und Frankreich halfen mir großzügig, das gesuchte Weite auch zu erreichen: Es lag im Südosten Frankreichs, nannte sich Le Puy und war ein hübscher Ort in bergiger Umgebung. Dort nahm ich an einem Programm des Deutsch-Französischen Jugendaustausches unter der Überschrift ›Wir lernen Frankreich kennen – Connaissance de la France‹ teil. An eine Szene auf der Hinfahrt erinnere ich mich noch sehr deutlich: Die Flower-Power-Hippie-Stimmung von Aachen steckte noch in mir, und um dieses gehobene Lebensgefühl auch nach außen auszudrücken, lag ich mehr als ich saß in einem Zugabteil der Schweizer Bundesbahn, die nackten Füße auf das gegenüberliegende Polster gebettet, das Transistorradio mit lauter Musik auf dem Klappbrettchen am Fenster.

Als der korrekt frisierte und in eine adrette Schweizer Uniform gehüllte Zugschaffner das Abteil betrat, zeigten seine Gesichtszüge augenblicklich Zeichen von Abscheu. Er deutete auf das Radio und meine Füße, es fehlte nur noch, dass er sich die

1970: Toujours l'amour – die charmante José aus Fronkreisch.

Nase zugehalten hätte, und sagte bemüht sachlich: »En Suisse c'est defendu!«

Schon auf dem Baseler Bahnhof war mir vor Augen geführt worden, welch ordentliches Land die Schweiz war: Dort gab es nämlich, aus einem Automaten zu ziehen, Abdeckhüllen für die Klobrillen; der mittelbare Kontakt zwischen Schweizer und internationalen Ärschen konnte so perfekt unterbunden werden. Klar, dass in einem solchen Land Rumlümmeln und Krachmachen in Zügen strengstens verboten waren, ›defendu‹ eben. Wortlos nahm ich die Füße runter und drückte den Radio-Ausknopf. Sollten sie doch auf ihre Art glücklich werden, die Heidis und Alphornbläser, ich war in jenen Tagen fast aggressionsfrei und dachte noch nicht einmal an Boykott-Maßnahmen wie etwa den künftigen Verzicht auf Schweizer Schokolade. Gott bewahre!

In Frankreich verbrachte ich wunderschöne heiße Tage im Kreise von zwei Dutzend deutschen und französischen Jugendlichen, unsere Transistorradios sendeten die hemmungslos lauten Signale der Rock-Revolution, wir warfen die Konventionen in die tiefen Schluchten des Zentralmassivs, und wenn ich mir nicht anlässlich eines Kaninchen-Essens auf einem Bauernhof eine grausige Scheißerei eingehandelt hätte, wäre es ein Ferienabenteuer ganz ohne Makel gewesen. Und ob Sie es glauben oder nicht, liebe kritische Leser, schon wieder küsste ich ein Mädchen, ihr Name war José, und ich beförderte mit dieser kleinen Turtelei die deutsch-französische Freundschaft, welches mir ein echtes Herzensanliegen war. Es hat mich noch nicht einmal gestört, dass José partout nicht vögeln wollte, und als sie mich fragte, ob ich sie liebte (›Tu m'aimes?‹), sagte ich einfach ›Oui‹ und küsste sie schon wieder.

Die Leichtigkeit von Love and Peace trug mich durch den ganzen Sommer 1970. Als es zwei Wochen später an der Wohnungstür meiner Oma im ostwestfälischen Dörfchen Reelsen klingelte, stand draußen das 19-jährige Enkelkind Manni mit einem riesigen französischen Strohhut und zwei roten Schleifchen an den nackten dicken Zehen, den Oberkörper notdürftig verhüllt mit einem zu kurzen Peace-T-Shirt. Oma nahm mein Outfit mit dem Ausdruck gemäßigter Verwunderung hin, die Geschichte und die Geschichten ihrer Familie hatten ihr einen dicken Panzer verpasst, sie war durch Strohhüte und Schleifchen nicht zu beeindrucken und verzichtete auf die üblichen »Wie siehst du denn aus!«-Tiraden. So endete mein ganz persönliches Woodstock in der Geborgenheit des großelterlichen Hauses und nicht etwa beim bekifften Gruppensex in einer Kommune. Aber immerhin: Ich hatte kräftig dran geschnuppert, an diesem wunderschönen Gefühl von Freiheit und Unantastbarkeit. Und auch heute gibt es sie noch, die Tage, an denen ich ein gutes Stück Rock 'n Roll in den CD-Schacht schiebe und einfach mitbrülle; dann überkommt mich ein fast überhebliches Gefühl der Unschlagbarkeit, als gäbe es keine Regeln mehr, keine Gesetze und Verordnungen, alle lieben einander, keiner quatscht dich dumm an, und die Party will und will nicht enden. Get your Kicks – the Beat goes on!

Der Mauerfall von Datteln

Revolutionen haben ihre Schauplätze. Was wäre zum Beispiel die Erstürmung der Bastille ohne die Bastille? Und die roten Garden hätten 1917 ziemlich dumm aus der Wäsche geguckt, wenn sie zum Sturm auf das Winterpalais angesetzt hätten, aber weit und breit kein Winterpalais in Sicht gewesen wäre.

Die Revolution in Datteln hatte ihren Ausgangspunkt im Kolpinghaus, dort, wo sich die katholischen Handwerker Dattelns unter der schwarz-gelben Kolpingfahne zu ihren geselligen Abenden trafen. Wo aber auch bedeutende kulturelle Veranstaltungen das gesellschaftliche Leben meiner Heimatstadt befeuerten: Die Pfarrspielschar St. Amandus brillierte dort mit einer vielbeachteten Aufführung von ›Tratsch im Treppenhaus‹, Millöckers ›Bettelstudent‹ schaute in Gestalt eines Operetten-Tournee-Theaters vorbei, und meine Mutter wusste von einem Auftritt des 50er-Jahre-Schlagerbarden René Carol (nicht René Kollo, um Himmels willen!) zu berichten, der sturzbetrunken seinen Hammerhit ›Rote Rosen, rote Lippen, roter Wein‹ von der Bühne lallte. Am 17. Juni 1968 aber kamen Christopher und Michael, und es hätte nicht viel gefehlt, und mein geliebtes Datteln wäre anschließend in die Hände kommunistischer Arbeiter- und Soldatenräte gefallen.

Der 17. Juni, liebe junge Leser, wurde in der Bundesrepublik Deutschland vor dem Fall der Berliner Mauer als ›Tag der Deutschen Einheit‹ begangen; denn am 17. Juni 1953 hatten die Arbeitermassen in der DDR erfolglos versucht, das SED-Regime zu stürzen. (Die Stichworte ›Berliner Mauer‹, ›DDR‹ und ›SED‹ findet ihr auch im Lexikon eurer Eltern. Ein ›Lexikon‹ ist ein Buch, in dem Wissenswertes in alphabetischer Reihenfolge beschrieben wird. Es geht aber auch mit google.)

Die Schüler des Neusprachlichen Gymnasiums für Jungen und Mädchen in Datteln wurden jedes Jahr am 17. Juni im Musiksaal der Schule – eine richtige Aula gab es nicht – zusammengetrieben und mit einer öden Rede zugemüllt, in der ein Vertreter des ›Kuratoriums Unteilbares Deutschland‹ die Einheit unseres Vaterlandes beschwor und das Bild eines wiedervereinigten Deutschland am Firmament erscheinen ließ, an das er selbstredend nicht eine Sekunde lang selber glaubte.

Wir lümmelten uns während der meist einstündigen Zwangsbeschallung – es gab auch noch Feierliches vom Schulchor oder von begabten Dattelner Geigenspielern oder Pianisten! – auf den harten Stühlen herum, spielten heimlich ›Schiffe versenken‹ oder ›Käsekästchen‹ oder beobachteten versonnen das Liebesspiel der Eichhörnchen draußen im Park. Gegen Mittag durften wir uns dann endlich den Tätigkeiten widmen, mit denen 95 Prozent der Deutschen den Tag der Deutschen Einheit begingen: eine Fahrradtour (in die Wälder der Haard zum Beispiel, am Lenker eine Tasche mit Mamas Kartoffelsalat und saftigen Koteletts), oder, wenn es schon warm genug war, ein Badeausflug zum Kanal. Es gab wenige unter uns, die diesen sommerlichen Gedenktag ohne einen mittelschweren Rausch hinter sich brachten.

Im Jahre 1968 aber kam alles ganz anders. Es war den Dattelnern nicht entgangen, dass sowohl in den großen Städten als auch in den kleinen Uni-Reservaten wie Tübingen, Heidelberg oder Marburg der Student tobte. Der Vietnam-Krieg, die Debatte über die Notstandsgesetze, die Erschießung des Studenten Benno Ohnesorg bei einer Demonstration gegen den Schah-Besuch: Die Atmosphäre in Deutschland war aufgeheizt. Vergeblich hofften die studentischen Wortführer auf eine breite Solidarisierung der Arbeiter im Kampf gegen faschistische Relikte und autoritäre Strukturen; das gelang nur in Frankreich während der Pariser Mai-Unruhen 1968. Die deutschen Arbeiter verschwendeten ihren revolutionären Elan in dem fieberhaften Bemühen, möglichst schnell das Geld für den neuen Opel Rekord und den Farbfernseher zusammenzukriegen.

Am Karfreitag 1968 schoss der von der anti-studentischen Hetzkampagne der *Bild*-Zeitung inspirierte Josef Bachmann auf Rudi Dutschke, den intellektuellen Kopf der Rebellion.

Ich war damals schon hoch politisiert, hatte die komplette Debatte über die Notstandsgesetze im Fernsehen verfolgt, besaß eine klare Meinung zum völkerrechtswidrigen Krieg der Amis in Vietnam und verschlang jede Woche den *Spiegel,* damals noch links und liberal, und Zeitschriften wie *konkret*. Die wurde von Ulrike Meinhofs Ex-Ehemann Klaus-Rainer Röhl herausgegeben, der ein linker Partylöwe war und Porsche fuhr. Heute schreibt er stramm rechts; zum Neo-Nazi wie Horst Mahler wird er es aber wohl nicht bringen; seine aktuellen Auto-Vorlieben sind mir nicht bekannt.

Als ich vom Anschlag auf Dutschke erfuhr, bekam ich fast einen Tobsuchtsanfall. »Jetzt haben sie es geschafft!«, schrie ich heulend durch die Wohnung. »Das waren die Schweine von *Bild*, die sind schuldig, die müssen zur Verantwortung gezogen werden.«

Meine Mutter war vollkommen verstört, mit der Politik hatte sie es nicht so, sie wollte und konnte mit mir keine Diskussion führen und beschränkte sich darauf, beruhigend auf mich einzureden. »Das ist ja alles ganz schlimm«, sagte sie, »so weit darf es nicht kommen, dass sich die Menschen wegen der Politik die Köppe einhauen. Lass du mal lieber die Finger davon weg.«

Die letzte Bemerkung war nun überhaupt nicht geeignet, Öl auf meine anti-autoritären Wogen zu gießen. »Ja, ja, die Finger weglassen«, jaulte ich auf, »damit habt ihr Erfahrung! Immer schön weggucken, immer mit dem Kopf nicken und nicht aufmucken, das war 'ne prima Sache für die Nazis. Da konnten sie die Juden umbringen und den Krieg anzetteln, und keiner wollte es hinterher gewesen sein!«

Ein übler Tag, dieser Karfreitag 1968, ohnehin als Feiertag düster und bedrückend, zu essen gabs bestenfalls Pellkartoffeln mit Hering, Musik hören und in die Kneipe gehen war verboten, und dann auch noch der Schuss auf den Roten Rudi mit den feurigen Augen.

In dieser 68er-Szenerie der Gewalt, des Aufbegehrens und der allgemeinen Attacke auf Autoritäten aller Art entstand in der Schulleitung der Gedanke, den 17. Juni einmal anders zu begehen. Auf eine Rede sollte nicht verzichtet werden, aber die musikalische Untermalung würde in diesem Jahr unkonventionell ausfallen: Protestsänger mussten her, junge Menschen mit Klampfen, die keine deutschen Wanderlieder oder christliches Sangesgut im Repertoire hatten. Protestlieder gegen die herrschenden Zustände waren jetzt angesagt, eine wunderbare Möglichkeit für die Schulleitung, Toleranz und Modernität zu beweisen, und die aufbegehrenden Damen und Herren Schüler würden es auch aufregend und anregend finden. Es war so, als wenn die Kakerlaken zum Internationalen Kampftag der Kakerlaken in demonstrativer Liberalität den Kammerjäger eingeladen hätten. Und so standen nach den einführenden Worten unseres Schuldirektors, und nachdem der dicke, muffige braune Bühnenvorhang im Kolpinghaus zur Seite gezogen worden war, zwei schmächtige Jünglinge mit langen blonden Haaren auf der Bühne, die »Peace« in die Mikrofone hauchten und dann erst noch mal ein Minütchen lang ihre Gitarren stimmten: Christopher Sommerkorn und Michael de la Fontaine aus Frankfurt.

»Dat wird ja wohl wat werden«, flüsterte ich meinem Nebenmann Dirk Söhnchen ins Ohr. Unter seinem Nachnamen, der ein schreiendes Kontrastprogramm zu seiner kompakten Gestalt war, musste Dirk manchmal leiden, ich schätzte ihn als zuverlässigen, geradlinigen Kumpel. ›Dat wird ja wohl wat werden‹ drückt im Ruhrgebiet das absolute Gegenteil von freudiger Erwartung aus, tiefstes Misstrauen gegenüber unbekannten Erfahrungen, ich hätte auch sagen können: »Dat ham wir hier noch nie so gemacht.«

Aber als die beiden hessischen Protestsänger loslegten, eroberten sie die Herzen der Dattelner Schuljugend im anti-autoritären Sturm, zumindest die Herzen der links angefixten Schüler; denn was diese Jungs da oben von sich gaben, in gereimten Liedtexten und als Kommentare und Ansagen zwischendurch, das war genau das, was viele von uns in jener Zeit tief bewegte: »Amis raus aus Vietnam – Unter den Talaren Muff von tausend Jahren – Lasst euch nicht manipulieren – Hinterfragt die Autoritäten – Kampf den Monopolen! – Solidarität mit dem anti-imperialistischen Kampf der Länder in der Dritten Welt!« Es fielen schon bei den ersten drei Liedern alle Stichworte, die den Herrschenden in unserem schulischen Unterdrückungsapparat so richtig Freude bereiten mussten. Vorne, wo das Kollegium saß, wurde eifrig getuschelt, Entsetzen und Empörung sahen wir auf den Lehrergesichtern, der Herr Direktor hatte schon wieder seine berühmte rote Birne, die kriegte er immer, wenn das Adrenalin durch seine Adern jagte. Dirk und ich sahen uns grinsend an, wir spürten ein erhebendes Gefühl der Überlegenheit. Wir beide gehörten nämlich, das hatten wir in langen Gesprächen herausgefunden, zum politisch bewussten Teil der Schulbelegschaft, wir ragten heraus aus der Masse der nichts ahnenden, geschweige denn begreifenden Bürgerkinder, wir waren die intellektuelle Speerspitze der anti-autoritären Bewegung am Dattelner Gymnasium, auch wenn das bislang keiner außer uns mitbekommen hatte.

»Und was machen sie jetzt?«, fragte ich mich und Dirk, »Lassen sie die beiden auf der Bühne? Das ist doch für diese reaktionäre Bande eine absolute Provokation.«

»Wenn sie schlau sind«, meinte Dirk, »machen sie überhaupt nix. Die beste Methode in dem Fall ist doch: Augen zu und durch. In zwei Stunden sind die beiden wieder weg, und Datteln schläft weiter.«

»Aber sie sind nicht schlau! Sie sind sauer. Sie kriegen Sachen um die Ohren gehauen, die werden sie nicht hinnehmen. Pass auf, hier gibt's noch Riesen-Theater!« Ich konnte ja nicht ahnen, welches wunderbare, aufregende, riesen-revolutionäre Theaterstück an diesem 17. Juni in Datteln noch aufgeführt werden sollte! Aber zunächst einmal endete der erste Auftritt von Christopher und Michael. Sie hatten nichts ausgelassen, führende Politiker und die freiheitlich-demokratische Grundordnung beleidigt, die Beziehungen zu unserem großen transatlantischen Partner auf eine ernsthafte Belastungsprobe gestellt, ja sogar lobende Worte für den ersten Staat der Arbeiter und Bauern auf deutschem Boden gefunden! Die Reaktionen im Kolpinghaus nach sechs aufwühlenden und an diesem Ort noch nie gesungenen Liedern waren dreigeteilt: Das versammelte Kollegium verschränkte in stummem Protest die Arme vor der Brust, stand kurz vor dem Verlassen des Saals und grübelte, welche subversive Kraft ihnen diese kommunistische Suppe eingebrockt hatte.

Die allermeisten Schüler, vor allem die jüngeren, waren schon erstaunt, welche merkwürdigen Begriffe und Gedankengänge an ihre Ohren wehten; da sie aber Hanni und Nanni näher standen als Marx, Engels und Ho Chi Minh, beließen sie es bei kurzen, ruckartigen Momenten der Aufmerksamkeit und begaben sich dann wieder zurück in die dösende Lethargie einer aufgezwungenen Feierstunde.

Und dann gab's auf den mit rotem Brokat bezogenen Stühlen im Dattelner Kolpinghaus noch die junge Garde des Proletariats, die dreißig bis vierzig potenziellen APO-Aktivisten. Wir kannten das rebellische Geschehen bislang nur aus den Medien, und nun waren wir mittendrin im anti-autoritären Kampf, zwei aufrührerische junge Gitarrenmänner ließen uns erstmalig hautnah den revolutionären Elan spüren.

»Ist das nicht ein sensationelles Gefühl?«, rief Dirk, als die progressiven Kräfte im Kolpinghaus die Darbietungen der Protestsänger mit donnerndem Applaus honorierten.

»Es ist der helle Wahnsinn! Und das in Datteln!«, schrie ich zurück. »Aber wie geht das weiter? Hört das gleich auf? Da muss doch irgendwas passieren, das darf doch nicht einfach vorbeirauschen!«

»Aber was soll denn passieren in diesem verschnarchten Kaff? Mit einem rechten sozialdemokratischen Bürgermeister, der in Bayern in der CSU wäre?«

Ja, unser Bürgermeister Horst Niggemeier, ein populärer Tänzer auf sämtlichen Hochzeiten, Beerdigungen, Vereinsjubiläen und achtzigsten Geburtstagen, wie es sich für den Mann an der Spitze einer 40 000-Einwohner-Gemeinde gehörte. Im ständigen Wettlauf mit dem großen Führer Enver Hodscha, der es in jeder Ausgabe des Zentralorgans der albanischen KP auf mindestens sechs fotografische Abbildungen brachte. Unser Zentralorgan, die *Dattelner Morgenpost*, schaffte nur an besonderen Tagen diese Schlagzahl, etwa wenn es wieder einmal galt, das größte Dattelner Volksfest, das Kanalfestival, zu zelebrieren; aber zwei bis drei Fotos unseres dynamischen Horst, Gott hab ihn selig, waren immer drin.

Die Dattelner haben ihn zwar nicht unbedingt geliebt, aber doch sehr respektiert, hatte er doch zum Beispiel, als der Bergbau sich aus Datteln verabschiedete, das Zinkwerk in die Kanalstadt geholt. Politisch war es mit ihm allerdings verheerend: Ein Juso- und Linkenfresser wie aus dem erzkonservativen Lehrbuch, regelmäßiger Kolumnist in der *Welt am Sonntag*, wo sich die Feinde der Sozialdemokratie und der Gewerkschaften ein Stelldichein gaben. In vollkommener Verkennung meiner politischen Position rief er mich Anfang der 80er eines Tages an und fragte, ob ich Lust hätte, den ›Dattelner Appell‹ zu unterzeichnen; dieses Pamphlet war als Gegenstück zum ›Krefelder Appell‹ gedacht, hinter dem sich ein breites linkes Bündnis gegen das Wettrüsten mit atomaren Waffen geschart hatte. Niggemeier war der ›Krefelder Appell‹ zu amerikafeindlich und – sowieso – ›kommunistisch unterwandert‹, Horst war auch gegen Atombomben, aber eigentlich nur gegen russische. Stolz erzählte er mir, der ›Dattelner Appell‹ sei unter anderem schon vom Passauer Oberbürgermeister unterschrieben worden. Ich lehnte dankend ab. Vom ›Dattelner Appell‹, ohne Zweifel eines der meistbeachteten Positionspapiere in der Geschichte der Bundesrepublik, habe ich nie wieder etwas gehört.

Aber was war schon von der Sozialdemokratie im Ruhrgebiet zu erwarten? Eine SPD der Sommerfeste und Jubilarehrungen: gemäßigt und mittelmäßig, spießig und konservativ, unbeweglich und verfilzt, jeder christliche Arbeitnehmer in der CDU war dagegen ein linker Revoluzzer. In diesem vor Angst und Gewohnheit starren gesellschaftlichen Klima des niedergehenden Kohle- und Stahlreviers hatte die 68er-Bewegung keine Chance. Kein Wunder, dass der Auftritt der beiden Protestsänger Christopher und Michael im Kolpinghaus von der versammelten Lehrerschaft und später auch von 99 Prozent der Dattelner Öffentlichkeit als eine alle denkbaren Grenzen sprengende Provokation empfunden wurde.

Nach der ersten Liedersequenz war Gesangspause, die Reaktionen im schulischen Publikum schwankten zwischen eisigem Schweigen, empörtem Raunen, zwei bis drei Buhrufen und donnerndem Applaus aus dem sozialistischen Block. Besonders unser Direktor muss sich gefühlt haben wie das Folteropfer, wenn die Peiniger die glühenden Eisen für eine Weile an die Seite stellen und bei einer Zigarette Erholung von der schweren Arbeit des Folterns suchen.

Jetzt kam das, was immer kam am 17. Juni: die Rede eines drittklassigen Funktionärs vom ›Oratorium Unheilbares Deutschland‹: Brüder und Schwestern – Mauer und Stacheldraht – Freiheit und Demokratie – Fluchtversuch und Bautzen – Volksaufstand und russische Panzer – Meinungsfreiheit und freie Wahlen – es wird der Tag kommen …, und so weiter und so weiter.

»Weckst du mich, wenn ich einschlafe?«, fragte Dirk leise.

»Dat wird nicht nötig sein, Genosse Dirk«, entgegnete ich, «wenn ich das von den Kollegen Druckern angefertigte Programm richtig gelesen habe, kommen gleich noch mal die beiden Sänger. Ich nehme an, dat wird dich wieder in eine aufrechte Position befördern.«

»Könnte schon sein. Aber ich sag es dir noch mal, die werden ihren Auftritt nicht voll durchziehen. Der Herr Direktor ist jetzt schon wie der Ätna, dat wird eine Eruption geben, dat die Funken bis nach Waltrop fliegen.«

Und richtig: Der Vulkanausbruch fand statt, und zwar an der Stelle, an der es richtig platt und grell wurde. Christopher und Michael starteten ihre zweite Runde nach der patriotischen Rede des Kuratoriums-Typen mit einem Lied über die Lehrer – besser gesagt ein Lied gegen die Lehrer, in dem wir Schüler aufgefordert wurden, uns nicht niedermachen zu lassen und sämtliche autoritären Auswüchse zu bekämpfen. Und nach dem Refrain, dessen Text ich vergessen habe, folgte die Stelle des Anstoßes: »Parademarsch, Parademarsch, der Lehrer hat ein Loch im Arsch!« sprachen die beiden mehr als sie sangen und lächelten dabei eine Spur zu unschuldig. Bis auf die, die sich ganz furchtbar erschreckten und gar nicht wussten, wie sie reagieren sollten, lachten sich alle scheckig. Anatomisch war die Liedzeile ja korrekt, aber sie war außerdem, wie wir alle wussten, Ausdruck einer nicht sehr schmeichelhaften Einstellung zum Lehrerberuf und zu den real existierenden und im Saal anwesenden Vertretern dieses Standes.

Einer der untenrum Beschriebenen, unser schon wieder dunkelrot angelaufener Direx, machte unmittelbar nach der ersten Lehrerbeschimpfung das Rumpelstilzchen. »Das ist unerhört!«, krakeelte es aus seinem Schulleiter-Mund. »Sie sind hier nicht mehr erwünscht, meine Herren! Verlassen Sie sofort den Saal, sonst mache ich von meinem Hausrecht Gebrauch!«

»Halt die Schnauze, du randalierender autoritärer Scheißer!« Trotz der Musik von der Bühne, trotz des protestierenden Direktors hatten alle diesen unglaublichen Satz gehört – eine Beschimpfung aus Schülermund, die nur den sofortigen Verweis von der Schule zur Folge haben konnte. Aber es gab keinen Verweis. Der, von dem die in Datteln noch nie gehörte Beleidigung stammte, konnte nicht identifiziert werden, und in dem ganzen Tumult unternahm auch niemand den Versuch, den Verbal-Verbrecher aus der Schülerschar herauszugreifen. Aber alle wussten: Das konnte nur Scharmeyer gewesen sein, Pit Scharmeyer, der als Berufswunsch immer ironisch ›Rebellenführer‹ oder ›Gegenpapst‹ angab. Pit war von uns allen politisch am härtesten drauf, er hatte sämtliche APO-Sprüche im Programm, machte die Lehrer im Geschichts- und Deutsch-Unterricht rhetorisch nieder und war schon des Öfteren am Wochenende nach Berlin getrampt, um dort am außerparlamentarischen Widerstand teilzunehmen. Pit habe ich Anfang der 70er in Marburg getroffen, wo er als Aktivist einer der trotzkistisch-maoistisch-leninistisch-stalinistischen Sektierer-Gruppen – ich glaube, es war der KBW, der Kommunistische Bund Westdeutschlands – auf der Mensabrücke stand und Flugblätter verteilte. Nach dem Zerfall des SDS, der führenden linken studentischen Organisation in den 60ern, gab's massenhaft solche zersplitterten Klein-Organisationen, die einander, wie es sich für richtige Linke gehört, ideologisch bis auf's Messer bekämpften. Weil es mit der Revolution doch nicht so richtig hinhaute, wurde Pit schlussendlich Lehrer, wahrscheinlich ist er mittlerweile in der burnout-bedingten Frühpensionierung gelandet.

Am 17. Juni 1968 im Dattelner Kolpinghaus hatte er bei seinem revolutionären Zwischenruf vorsichtshalber den Kopf gesenkt; nur die unmittelbar um ihn herum Sitzenden hätten ihn mit Sicherheit identifizieren können, allerdings hat ihn niemand denunziert, was mich angesichts der vielen Schleimer und Kriecher im Saal doch sehr erstaunte. Vielleicht war es aber schlicht die Angst vor den körperlichen Folgen einer solchen miesen Petzerei; denn Pits äußere Erscheinung war die eines proletarischen Kleiderschranks, und einen feigen Verräter hätte er ohne längere Ankündigung vermöbelt.

Auf der Bühne ließen sich die linken Frankfurter Sängerknaben durch die erboste Intervention unseres Schulleiters nicht beeindrucken, sie sangen und agitierten einfach weiter.

»Ob er jetzt die Bullen holt?«, erörterte ich mit dem Kollegen Dirk Söhnchen die Lage.

»Dat will ich sehen. Wie ein Rudel Dorfpolizisten mit ihren schicken Mützen die beiden Jungs an ihren langen Haaren von der Bühne schleift. Da zahl ich auch extra Eintritt für, für dat Schauspiel!«

»Ich glaub's ja nicht. Die Pauker verlassen wahrscheinlich unter Protest den Saal, und das war's dann.«

»Da hasse Recht, genauso wird es kommen. Die haben doch auch Angst, sich lächerlich zu machen.« Und tatsächlich: Als der Herr Direktor feststellte, dass die linke Landplage keine Anstalten machte, sich vom Acker zu machen, stand er auf, im Abstand von zwei Sekunden tat der Rest des Kollegiums es ihm nach, und hinaus ging's im Gänsemarsch. Ein kleiner Teil der opportunistischen Schülerbrut tapperte den geliebten Pädagogen hinterher.

Da wussten wir noch nicht, dass der wirklich interessante Teil der Veranstaltung noch auf uns wartete. Christopher und Michael verwöhnten uns noch mit zwei, drei fortschrittlichen Liedern und verabschiedeten sich dann von den aufgewühlten Datteler Jugendlichen. »Wir haben gespürt«, hob Michael an, »dass in dieser Stadt jede Menge kritisches Potenzial nur darauf wartet, abgerufen zu werden. Ihr wollt und werdet die autoritären Fesseln abstreifen, Christopher und Michael wünschen euch dabei viel Mut zur Veränderung!«

In den abebbenden Applaus hinein machte Christopher noch einen Vorschlag: »Als wir heute in Datteln ankamen, haben wir das Mauerdenkmal auf dem Marktplatz gesehen.« Das Kuratorium Unteilbares Deutschland hatte zum steten Gedenken an Mauer und Stacheldraht ein Stück ›echte‹ Mauer auf dem Dattelner Neumarkt errichtet, in unmittelbarer Nähe des Busbahnhofes, vier Meter breit, circa zwei Meter hoch, grober Mörtelstein, schlichter Putz und tatsächlich Stacheldraht obendrauf, wahrscheinlich, um die Flucht der Bergarbeiter aus dem Südwesten der Stadt in den wohlhabenden Teil rund um die Hohe Straße zu verhindern. An der Berliner Schandmauer im Herzen Dattelns war noch eine Tafel angebracht, auf der »Einigkeit und Recht und Freiheit« stand, sowie die Kilometerzahl, die die Kanalstadt Datteln von unserer wahren und wirklichen und dereinst wieder offiziellen Hauptstadt Berlin trennte.

»Dieses Denkmal ist ein Schandfleck für eure Stadt!«, rief Christopher. »Damit wollen revanchistische Kräfte das Rad der Geschichte zurückdrehen und den ersten sozialistischen Staat auf deutschem Boden verleumden. Die sogenannte Mauer war eine bittere Notwendigkeit, um das Ausbluten der Deutschen Demokratischen Republik zu verhindern.«

Selbstverständlich war es Pit, der angefangen hatte zu klatschen. Wir anderen fielen nur zögernd ein. Was wollte Christopher? Warum geilte er sich an der Mauer auf, die eigentlich keinen in Datteln störte?

»Wer ein Groß-Deutschland will, der will den historischen Sieg des Sozialismus verhindern! Der Schutzwall in Berlin schützt den Sozialismus! Wir sollten uns jetzt alle aufmachen zum Dattelner Marktplatz, dieses reaktionäre Mauer-Denkmal muss noch heute fallen. Der 17. Juni, der Tag, an dem die Konterrevolution eine herbe Niederlage erlitten hat, ist genau der richtige Anlass dafür. Die Dattelner Mauer muss weg!«

In Berichten über Volksverführer und Demagogen wird erzählt, nach aufrüttelnden Reden habe ein Taumel die Menge erfasst, keiner habe sich dagegen wehren können, vom Sog der Massen mitgerissen zu werden. Mit der suggestiven Kraft der großen Umwälzungen konnte die überschaubare Schülerzahl im Dattelner Kolpinghaus nicht mithalten, aber so ein ganz kleines bisschen roch es schon nach Aufbruch und Umsturz. Es sollte etwas passieren! Kein Gelaber mehr, Aktion jetzt!

»Da gibt's kein Vertun, wir machen mit!« Dirk war aufgesprungen, ein nie gesehenes Feuer loderte in seinen Augen, wilde Begeisterung sprang mich an und packte mich, langes Nachdenken war jetzt nicht mehr angesagt.

Was wollten wir da tun? Die Mauer auf dem Neumarkt platt machen? Warum eigentlich? Durfte man das überhaupt? Gab's dafür nicht Knast oder Verbannung nach Erkenschwick? Das waren eigentlich maßgeschneiderte Fragen für den folgsamen Sohn des Briefträgers Willi Breuckmann, aber wir hatten keine Zeit mehr zu verlieren. Die Revolution fragt und fackelt nicht lange, sie bricht einfach aus! Und ich durfte dabei sein! Es stellte sich heraus, dass ungefähr dreißig Mitschüler (darunter nur zwei Mädchen, es war noch viel emanzipatorische Arbeit in Datteln zu leisten) von demselben Fieber erfasst waren wie wir. Keiner saß mehr, alle rannten sie wild hin und her wie die Abwehr von Tasmania 1900, und plötzlich entstand ein Sprechchor.

Vordergründig betrachtet kommen Sprechchöre aus dem akustischen Nichts. Erst leise, dann machtvoll füllen sie Hallen, Stadien und Marktplätze. In Wirklichkeit ist so ein Sprechchor kein Naturereignis, das über die Massen herfällt; es gibt immer einen oder mehrere kreative Rudelführer, die als Initiatoren von Parolen und Sprechchören akzeptiert werden, aber – das ist ein komplizierter Prozess – nur so lange, wie sie auch die Bewusstseins- und Stimmungslage der Menschenmenge treffen. Ist das nicht der Fall, schwillt der Sprechchor erst gar nicht an, oder er verebbt schnell wieder. Unser Rudelführer, wer hätte etwas anderes erwartet, war Pit Scharmeyer, und er brüllte durch den Saal: »Die Mauer muss weg! Die Mauer muss weg!« Wir stimmten enthusiastisch ein und drängten alle gleichzeitig Richtung Ausgang.

Einundzwanzig Jahre später musste ich wieder an unsere Aktion am 17. Juni 1968 und an die im Stakkato gebrüllte Parole denken. 1989 ging es nicht mehr um ein Mauer-Mahnmal in einer kleinen Ruhrgebietsstadt und um ein paar Schüler, die an den Gitterstäben der Konvention rüttelten und Grenzen überschritten. Ein ganzes Volk stand auf, die wirkliche, die aberwitzige Mauer quer durch Berlin war gemeint, es wehte der Wind der Geschichte, und das hässliche Bauwerk geriet ins Wanken und kam zu Fall. Und die Menschen in der DDR skandierten dieselben vier Wörter wie wir damals bei unserer spätpubertären Revolte in der Kanalstadt Datteln. Das Leben hat manchmal schon lustige Pointen in der Vorratskammer.

Neben der gleichen Parole gab's noch eine Parallele: Auch die Mauer in Datteln fiel tatsächlich! Sie war noch am selben Abend ein Beton-Trümmerfeld, dessen Überreste am nächsten Tag vom städtischen Bauamt ins stadt-historische Vergessen transportiert wurden. Ich persönlich hätte einen kleinen Mauer-Trümmerberg im Heimatmuseum für angemessen gehalten, vielleicht noch eine schlichte Erinnerungstafel davor mit den Worten: ›Auch Manni, der große Sohn unserer Stadt, war an diesem sinnlosen Zerstörungswerk beteiligt.‹

Die Dattelner Mauer wurde nie wieder aufgebaut, sie war einfach platt und weg. Dafür sorgte eine aufgeheizte Gruppe von fest entschlossenen Schülern, die, angeführt von zwei linken Frankfurter Spargeltarzans, zum Neumarkt marschierte. Dort jedoch stießen sich Theorie und Praxis hart im Raum, denn: Die revolutionäre Idee war gut, sie war mitreißend, berauschend und bewusstseinserweiternd, die praktische Umsetzung stand aber auf einem ganz anderen Blatt. Denn die Dattelner Mauer bestand nicht aus Pappmaché, sie war als stabiles Monument gegen die Unmenschlichkeit gedacht, und ihre Erbauer hatten ein längeres Anhalten der Unmenschlichkeit einkalkuliert. Wie zertrümmere ich eine Mauer? Junge Menschen, die eher dem geistigen Tun verpflichtet waren und sich vor jeder körperlichen Arbeit drückten, gerieten an dieser Stelle in eine gewisse Ratlosigkeit.

»Wir brauchen Werkzeug!«, rief Pit, während sich auf dem Neumarkt die ersten schaulustigen Dattelner versammelten. »Hat einer Werkzeug? Kann einer was besorgen?«

»Aber war für ein Werkzeug?«, fragte ich und bedauerte, dass in unserer Stadt das Bündnis zwischen der Intelligenz und der Arbeiterklasse noch nicht geschmiedet war. »Wir ham bloß einen Hammer und 'ne kleine Säge, ich hab nix für so 'ne stabile Mauer.«

»Aber das gibt's doch net«, meinte Michael, der Protestsänger, »an sonner Kleinischkeit kann des doch net scheidern!« Es schien aber so, als sollte es genau an dieser Kleinigkeit scheitern. Bis sich ein mir allzu bekanntes Organ aus dem Hintergrund meldete.

»Wenn ich den Herrschaften vielleicht behilflich sein dürfte?«, meckerte die unangenehm helle Stimme. »Ich könnte euch mit einer Spitzhacke und einem Vorschlaghammer aushelfen.« Nein! Um des gütigen Himmels willen, er war es wirklich, Willi Sielmann, der NPD-Schankwirt vom Neumarkt, einer der acht bekennenden Dattelner Ewig-Gestrigen, blau-rote Nase, vom Suff gezeichnetes Gesicht, ständig eine Rothhändle im Mundwinkel. »Ich find dat eine tolle Idee, die Mauer da wegzumachen. Ich ärgere mich schon die ganze Zeit über dat Ding, es versperrt mir nämlich den Blick auf den Busbahnhof.« Tatsächlich verhinderte die Schandmauer, dass Willi durch die tauben Fenster seiner stinkigen Kneipe, die wir linken Schüler wie die Beulenpest mieden, neugierige Blicke auf die ankommenden Busse und ihre Fahrgäste werfen konnte.

Ging es plötzlich nicht mehr darum, ein dickes Ausrufezeichen in die dünne Kladde mit der Geschichte der Dattelner Klassenkämpfe zu setzen? Sollten wir die Vollstrecker für die banalen Spanner-Bedürfnisse eines versoffenen faschistischen Kneipiers sein? Eines verachtenswerten Subjektes, das sich wahrscheinlich nachts vor dem Einschlafen Sex mit Eva Braun ausmalte und sich dabei einen runterholte? Die pragmatische Lösung dieses schwierigen ideologischen Konfliktes kam aus Frankfurt. Während Pit, der anti-autoritäre Kleiderschrank, schon damit begann, eine drohende Körperhaltung gegen Willi Sielmann einzunehmen, sagte Michael in die aggressiv unterfütterte Stille und Ratlosigkeit hinein:

»Nun macht eusch doch net verrückt. Dä Mann iss sischälisch ein Feind allä fortschrittlischen Kräfte, abbä er hat Werkzeusch. Des iss im Augenblich wischtigä als alles andere.« Sein breites Hessisch ging uns Revier-Burschen mäschtisch auf den Zeigä; und sein Vorschlag stank uns auch gewaltig, denn im Gegensatz zu Michael trafen wir ständig auf Sielmanns widerliche Ansichten und seinen schmierigen Charakter. Aber hatten wir eine Alternative? Und war es nicht ein Durchblicker, der da zu uns sprach? Ein kluger strategischer Kopf aus einem der Zentren des studentischen Protestes? Der mit seinem Partner Christopher den Anstoß zu der genialen Aktion auf dem Neumarkt gegeben hatte? Konnten wir diesem charismatischen Anführer nicht bedenkenlos folgen? Heiligte nicht tatsächlich in zugespitzten Situationen der fortschrittliche Zweck die zweifelhaften Mittel?

»Okay, Michael«, sagte Pit, »ich krieg zwar fast dat Kotzen, aber ich geh jetzt mit Willi in seine braune Bude und hol mir die Spitzhacke und den Hammer.« An dieser Stelle brachen sämtliche potenziellen Mauerschleifer in einen wilden Jubel aus. Es ging voran! Die Dattelner Schandmauer war dem Untergang geweiht.

Es waren jetzt bestimmt schon mehr als hundert Neugierige

zusammengeströmt. Dabei passten auf den Neumarkt, die Plaza Mayor, den Grande Place, den Roten Platz Dattelns bestimmt 3 000 Leute. So viele hat der Marktplatz aber nie gesehen – der Ort, wo sich die wichtigsten Dattelner Straßen treffen, die Castroper und die Hohe Straße, wo es mittwochs und samstags den großen Wochenmarkt gab, wo zweimal im Jahr die Kirmesbuden und -karussells aufgebaut wurden, wo Maikundgebungen stattfanden, und wo ich zum ersten Mal einen richtigen Spitzenpolitiker live gesehen hatte, nämlich Willy Brandt. Im Wahlkampf 1961, ich war zehn, kam der Regierende Bürgermeister von Berlin und Kanzlerkandidat der SPD tatsächlich nach Datteln. Ich stand zehn Meter von der Bühne entfernt und war beeindruckt von Brandts Reibeisen-Stimme, von seinem tief gefurchten, markanten Gesicht und von seiner Bräune. Er kommt wohl gerade aus dem Urlaub, dachte ich mir; an irgendwelche Inhalte seiner Rede kann ich mich nicht mehr erinnern.

In meiner Kinderzeit gehörten auch die Maikundgebungen zum festen Programm. Während Mama zu Hause das Mittagessen zubereitete und aufpasste, dass die Maikäfer nicht aus der Zigarrenkiste flüchteten, marschierte ich an der Hand meines Vaters zur Kundgebung. Papa war Mitglied der Postgewerkschaft, über die Teilnahme an der gewerkschaftlichen Maiveranstaltung wurde überhaupt nicht diskutiert, die Gewerkschafter gingen einfach hin, das Wort ›Gewerkschaft‹ war noch kein Schimpfwort, die Interessenvertretung der Arbeitnehmer war noch nicht in den finalen Würgegriff der Arbeitgeber, Konservativen und Neo-Liberalen geraten.

Bei den Maikundgebungen in den 50er-Jahren sah ich auch zum ersten Mal leibhaftige Kommunisten, die ihr Unwesen ja sonst nur in der Zone und in der Soffjetunion trieben. Zwei, drei Männer demonstrierten mit Papptafeln, auf denen sie Freiheit für inhaftierte Gesinnungsgenossen forderten. »Papa, warum sollen die Freiheit kriegen, was ist mit denen?«, fragte der kleine Manni unschuldig. »Weil sie im Gefängnis sitzen; das sind Kommunisten, die wollen unseren Staat kaputtmachen«, belehrte mich mein Vater, und diese Antwort reichte mir vollkommen. Kommunisten waren böse Menschen, die gehörten einfach ins Gefängnis, selbst die harmlos-friedlichen Demonstranten fand ich unheimlich und irgendwie bedrohlich.

Demonstrieren und Transparente zeigen war sowieso sehr exotisch, so etwas kam einfach nicht vor in der Dattelner Welt der Anständigen und Ordentlichen. Ein paar Jahre später, Anfang der 60er, sah ich sogar eine Demonstration mit Sitzstreik in meinem geliebten Datteln! Ostermarschierer zogen mit roten Fahnen und Transparenten gegen die atomare Aufrüstung durch die Kanalstadt, und wenige Meter vom Haus meiner Tante Lisbeth entfernt ließen sie sich für ein paar Minuten auf dem Straßenpflaster nieder. Das empfanden die Dattelner Bürger als aufrührerisch, das gehörte sich einfach nicht, und vom Bürger(!)steig aus hagelte es Beschimpfungen für die »von Pankow gesteuerten« Demonstranten. Ich habe mir aber sehr genau die Worte der Frau unseres Grundschulrektors Karthaus gemerkt. Die stand auch am Wegesrand und legte sich mit den Schimpfern an:

»Ich habe Hochachtung davor, wie diese Menschen zu ihrer Meinung stehen«, sagte sie, »es ist bestimmt nicht so leicht, als Minderheit auf die Straße zu gehen und zu protestieren. Ich könnte das nicht.«

Ich bin mir nicht sicher, ob die liebe Frau Karthaus ähnlich hochachtungsvoll auf die Mauer-Tieferlegung im Juni 1968 reagiert hat. Die trat in ihre heiße Phase, als Pit Scharmeyer mit dem von unserem Ober-Nazi ausgeliehenen Werkzeug den Platz betrat. »Komm Ömmes, nimm du den Hammer, du hast die meisten Muckis«, sagte Pit, und ich sah, wie er tief durchatmete. Als Randfigur in Berlin bei einer Demo mitlaufen oder selber zum Hauptdarsteller in einem revolutionären Spektakel werden, das waren zwei ganz unterschiedliche Baustellen, aber

Pit zog die Sache durch. Und Ömmes auch, ein bulliger Typ mit dem Gemüt eines Rehpinschers, der aber ein Fanatiker der sozialen Gerechtigkeit war, und der, wenn es darauf ankam, massive Körperkraft zur Verfügung stellen konnte.

»Freunde und Genossen, es geht los!« brüllte Pit. »Ich will eure moralische Unterstützung!« Ömmes und Pit gingen auf die Schandmauer los, und die versammelte Gemeinde der Unterstützer skandierte »Die Mauer muss weg!« Zehn Mal, zwanzig Mal schrien wir unsere anfeuernde Parole, während die Hacke hackte und der Hammer hämmerte, und als der erste Stein aus der Mauer brach, jubelten alle wie nach dem entscheidenden Elfmetertor in der neunzigsten Minute. Ich hatte sogar den Eindruck, dass sich viele schaulustige Dattelner mit den fortschrittlichen Schülern des städtischen Gymnasiums für Jungen und Mädchen solidarisierten, einige machten sogar Erinnerungsfotos von diesem aufregenden Ereignis. (Ein paar Tage später, als drei meiner Kumpels zur Kripo nach Recklinghausen vorgeladen wurden, erschloss sich mir, dass die vermeintlichen Hobby-Fotografen Beamte des 14. Kommissariats gewesen waren, die in diesem skandalösen Fall politisch motivierter Kriminalität ermittelten.)

Es war ein unwirkliches Bild: Zwei schweißüberströmte Jugendliche prügeln auf ein Stück Mauer ein! Wenn uns einer gesagt hätte »Hört mal zu, das ist alles nur ein Traum, gleich klingelt der Wecker, und ab geht's zur Schule«, wir hätten bestimmt dran geglaubt und uns noch einmal rumgedreht. Aber die irreale und durchgeknallte Szene fand wirklich statt, gespenstisch und filmreif.

Zur Realität gehörte allerdings auch, dass sich trotz brachialer Schläge das Bauwerk aus Stein und Zement weigerte, den letzten Seufzer zu tun. Ein paar Mörtel- und Putzbrocken flogen zwar durch die Gegend, der einzige Stein, der runtergefallen war, musste aber als Zufallsprodukt der Anstrengungen gewertet werden.

1968: Aventi popolo – die Revolution kann kommen.

»Jetzt müssten wir eigentlich einen Pressluftbohrer haben«, raunte ich Dirk zu.

»Ja, dann lauf doch schnell zu Danielsmeyer und sag ›Guten Tach, ich hätte gerne einen Pressluftbohrer, aber einen von den billigen‹«, kam die ironische Antwort.

Pit und Ömmes arbeiteten sich noch ein paar Minuten ab, und tatsächlich fielen ein paar größere Brocken runter, Pit beförderte auch per Spitzhacke den Stacheldraht auf den Boden, aber dann legten die erschöpften Mauer-Zerstörer eine Pause ein. Getränke wurden gereicht, und wir weigerten uns einfach zu registrieren, dass sie von dem geisteskranken und politisch fehlgesteuerten NPD-Wirt stammten.

Und dann hatte ausgerechnet Charly Schallück die entscheidende Idee, die das stockende Werk zur Vollendung führen sollte. Charly hieß mit richtigem Vornamen Karl-Maria. Wäre ich

Staatsanwalt gewesen, hätte ich seine Eltern wegen Kinderschändung angeklagt. Infolge der Lachsalven, die immer dann ertönten, wenn der komplette Vorname genannt wurde, muss Charly irgendwann einen mentalen Hau gekriegt haben. Er war jedenfalls ein höchst merkwürdiger Mensch mit einem debilen Dauer-Grinsen geworden, der manchmal vollkommen unmotiviert und unverständlich vor sich hinbrabbelte wie ein achtzigjähriger Opa. Trotzdem gehörte Charly Schallück bei der hilfreichen Einteilung der Welt in Schweine und Nicht-Schweine eindeutig in den Nicht-Schweine-Bereich, und da er außerdem die richtige politische Gesinnung hatte, lief er einfach mit und war immer dabei, wenn es galt, Spaß zu haben oder, wie in diesem Falle, die Welt zu verändern.

»Du, Pit«, sagte Charly so leise, dass ihn erstmal keiner wahrnahm, »du, ich hab da eine Idee, du.« Noch so eine schwer erträgliche Macke: das Sozialpädagogen-Du. Schon damals! Du, diese Musik ist unheimlich wichtig für mich, du, ich bin da jetzt in so einer abartigen Blues-Phase, aber diese negroide Zwölf-Takt-Ekstase törnt mich unheimlich an, du, echt, du. Würg!

Aber egal, es war Charly, und der war im Prinzip okay, und außerdem hatte er was in seinem Auto. »Ich hab da ein Stahlseil in meinem Auto. Das wäre bestimmt echt gut, um die Mauer platt zu machen, du.« Ein Stahlseil! Das war doch eine bezaubernde Perspektive: Stahlseil um die Mauer, an den Abschlepphaken, wuuumm, wuummm, rrrums, die Mauer fällt um!

»Wat machst du denn mit einem Stahlseil, Charly? Spannst du das bei euch im Nettebruch über die Straße und zockst die Asozialen ab?« Pit lachte ein sehr hässliches, sehr lautes und sehr verletzendes Lachen.

»Dat iss doch scheißegal, wofür er das Stahlseil braucht, Pit«, intervenierte ich, »Hauptsache, er hat eins, und es iss lang und stabil genug.«

Pit sah ein, dass jetzt nicht die Stunde war, den armen Charly niederzumachen, und hielt einfach mal die Schnauze, während Charly sein Auto holte – Gott sei Dank nicht irgendeine von diesen untermotorisierten Franzosenschleudern wie R4 oder Dööschewoo, sondern einen kräftigen Käfer mit brutalen 34 PS. Das Stahlseil war Gold wert, wir hätten es küssen können, aber wer küsst schon ein schwarz verschmiertes Bündel Stahlfäden? Es war bestimmt fünfzehn Meter lang, hatte einen beachtlichen Durchmesser und war im Nu um den rechten oberen Teil der Schandmauer geschlungen.

Unser ideologischer Kopf Pit ließ es sich nicht nehmen, das wahrhaft umstürzlerische Tau persönlich um den Abschlepphaken zu legen. Wer aber sollte nun das Werk durch kräftiges Durchtreten des Gaspedals vollenden? Das Leben hat immer wieder Überraschungen in der Hinterhand: Pit wollte sich schon wie selbstverständlich hinter das Steuer des orangefarbenen Käfers schwingen, als Charly für seine Begriffe fast schreiend laut Einspruch erhob: »Nee, lass mal, du, dat mach ich lieber selber. Ich kenn mich mit dem Auto am besten aus.« Es gab keinen Widerstand, Charly setzte sich rein und startete den Boliden.

»Wenn dat klappt«, raunte ich Dirk zu, »dann kommen wir bestimmt in die Tagesschau!« Dirk machte mich noch kurz auf das Fehlen jeglicher Fernsehkameras aufmerksam, da erzitterte die Luft über dem Neumarkt schon vom dunklen Aufheulen eines gequälten Käfers. Und alle, auch Christopher und Michael, brüllten mit weit aufgerissenen Augen irgendwas durch die Gegend, bis sich der Ruf ›Hau-Ruck‹ allgemein durchsetzte. Hau-Ruck! Wie kindlich-peinlich! Ging's hier um einen Wettbewerb im Sandsack-Stapeln? Sollte nicht vielmehr ein bundesweit sichtbares politisches Zeichen gegen Revanchismus und Imperialismus gesetzt werden? Hau-Ruck! Ich schämte mich und gab lediglich grölende, unverständliche Anfeuerungslaute von mir, vergleichbar mit dem unkontrollierten Geschrei, wenn der

Stürmer meines Vereins sich allein und raketenartig dem gegnerischen Strafraum nähert.

Charlys erster Versuch scheiterte noch an der Stabilität der Mauer, die Räder drehten qualmend durch. Er setzte den Käfer zurück, Pit schrie »Gib richtig Gas, Mann!«, und dann schoss der Wagen wieder von der Mauer weg, das Seil straffte sich blitzartig, ich dachte noch ›Jetzt reißt gleich der Abschlepphaken ab‹, der Haken hielt aber, das Seil auch – und dann brach mit lautem Pardauz ein knappes Drittel der Mauer ab und stürzte auf das Kopfsteinpflaster des Neumarktes.

»Jaaaa, jaaa!« schrieen und jauchzten wir alle durcheinander, hauten uns auf die Schultern und führten polynesische Freudentänze auf. »Die Mauer ist weg, die Mauer ist weg!« Es hätte nicht viel gefehlt, und ich hätte was verwechselt und laut ›Tooor‹ gebrüllt. So ganz war die Mauer natürlich noch nicht weg, aber wir wussten jetzt, wie es ging, ließen das Seil noch an zwei, drei anderen Stellen seine mitreißende Wirkung entfalten, halfen hier und da ein wenig mit dem faschistischen Werkzeug nach, und dann war das Mauerdenkmal des Kuratoriums Unteilbares Deutschland nur noch ein Torso, ein Trümmerhaufen. Und obendrauf tanzte der langhaarige, ungewaschene Mob, wie es die *Bild*-Zeitung formuliert hätte, und schrie plötzlich – natürlich war unser großer Leader Pit auf diese Idee gekommen – : »Ho-ho-ho-Chi-Minh, Ho-ho-ho-Chi-Minh!« Da hätte Onkel Ho sich bestimmt an seinem grünen Tee verschluckt, wenn er diese Bilder zu Gesicht bekommen hätte: Freudig erregte junge Menschen aus einer kleinen Bergbau-Stadt in Deutschland tanzen auf Gesteinsbrocken und rufen seinen Namen. »Warum machen die Langnasen das?« hätte Ho gefragt und irritiert an seinem Bart herumgezupft, und keiner aus dem Zentralkomitee oder aus der Kommission für revolutionäre Außenbeziehungen hätte ihm diese Frage umfassend und befriedigend beantworten können.

Trotz der Ratlosigkeit unter den führenden Genossen im sozialistischen Teil Vietnams skandierten wir aber weiter den Namen Ho-Chi-Minh und freuten uns ein Loch in den Bauch. Wir hatten es allen gezeigt! Wir waren nicht nur zu leerem Geschwätz in der Lage, sondern auch zu aufsehenerregenden Aktionen! Das sozialistische Deutschland, wo jeder seine Fähigkeiten entfalten könnte, und jeder nach seinen Bedürfnissen entlohnt würde, war nicht mehr aufzuhalten.

Das Echo in der lokalen und regionalen Presse war allerdings verheerend: Die Schreiberlinge im Sold des Großkapitals geißelten uns als pubertierende, randalierende linke Spinner, aber dass sogar der mächtige *Spiegel* eine Seite für den Mauerfall von Datteln freigehalten hatte, wenn auch im üblichen ironisch-zynischen Tonfall, machte uns mächtig stolz.

Um dem Weg zum Sozialismus in Datteln auch eine organisierte Plattform zu geben, wurde flugs ein kleiner Kampfverband namens SJD (= Sozialistische Jugend Dattelns) gegründet. Selbstverständlich witterten die paar versprengten Kommunisten in der Kanalstadt Morgenluft und waren sofort bei der Gründungsversammlung der SJD dabei, aber das störte uns, die linken, fortschrittlichen Schüler vom Dattelner Gymnasium, nicht. Problematischer war der sehr schnell nachlassende Elan in unseren Reihen: ein Flugblatt, eine winzige Demonstration gegen den Vietnamkrieg, und schon saßen nur noch fünf, sechs Aktivisten im Hinterzimmer von Wendorfs Gasthaus. Ein halbes Jahr später war die Sozialistische Jugend Dattelns mausetot, der auf rasche Veränderung drängende revolutionäre Flächenbrand hatte sich als zwar heftig aufloderndes, aber kurzlebiges Strohfeuer entpuppt.

Die meisten zogen sich in ihr unpolitisches Dattelner Schneckenhaus zurück, studierten Englisch und Biologie oder Betriebswirtschaft und gründeten eine Familie, einige – wie ich – ließen sich von der SPD Willy Brandts locken, manche versuchten sodann erfolglos, durch die Institutionen zu marschieren, um dann, fußkrank und desillusioniert, bei einem guten Rotwein auf dem heimatlichen Sofa zu enden.

Die Geschichte vom Fall der Dattelner Mauer kennen nur noch wenige, den Neumarkt haben sie inzwischen ziemlich zugebaut, der NPD-Wirt Willi Sielmann ist schon längst tot, schmort jetzt wahrscheinlich in der Hölle und darf dort, wenn er unverschämtes Glück hat, Eva Braun an die Wäsche gehen. In Willis Kneipe haben sich slawische Untermenschen niedergelassen und verkaufen Cevapcici und klebrigen Djuvetsch-Reis. In dem Appartment-Haus hinter Sielmanns Kneipe, das ebenfalls dem NPD-Wirt gehörte, wartete ein gutes halbes Jahr später ein ganz heißes Sex-Abenteuer auf mich – ganz unpolitisch, weder rechtsextrem noch linksradikal, aber trotzdem sehr, sehr aufregend. Wenn Sie sich jetzt entschließen, weiterzulesen, dürfen Sie hautnah dabei sein!

Die Triebfeder

O alttestamentarischer Onan, es gab ja nichts anderes als Feinripp in Weiß! Keine Boxershorts, keinen String-Tanga – männliche Unterwäsche war nichts anderes als der Schutz vor Kälte, vielleicht noch eine schamhafte Verpackung für etwas, das wir – zumindest im Gespräch mit Eltern, Verwandten, Lehrern oder gar mit Priestern – nicht näher benannten. Für ›das da unten‹ eben. Im Winter trugen wir alle die gleichen langen Unterhosen, und keinen störte die begrenzte Farbauswahl. Bunte Unterwäsche, vielleicht sogar noch knapp geschnitten, wäre als Beginn des moralischen Untergangs, als Neuauflage von Sodom und Gomorrha gewertet worden.

Eine einzige Farbabweichung im Ruhrrevier der 50er- und 60er-Jahre ist mir bekannt: Die Bergleute trugen graue Unterwäsche, aber auch nicht aus Freude an der anderen Farbgebung, sondern aus waschtechnischen Gründen; die Frauen kriegten weiße Wäsche, die vor Kohle oder beim Umgang mit Koks getragen worden war, nie wieder weiß. Also dann schon lieber gleich graue Unterhosen und -hemden.

Weiße Wäsche hat einen großen Nachteil: Alle denkbaren Verunreinigungen werden sofort und brutal sichtbar, besonders peinlich bei Körperausscheidungen und -säften, die näher zu beschreiben ich gerade keine Lust habe. Die weiße Unterhose, die ich an einem Novembertag im Jahr 1968 in Händen hielt, war mit einer Substanz besprenkelt, an die im Hause Breuckmann bei der Strafe der ewigen Verdammnis noch nicht einmal gedacht werden durfte: Es handelte sich um eine ordentliche, der Produktivität eines Siebzehnjährigen angemessene Portion Sperma. Sollten Sie jetzt fragen, wo hier das Problem lag, dann beweisen Sie damit lediglich die Gnade der späten Geburt. Alle, die nur ungefähr meinem Jahrgang entstammen, wissen, dass es tatsächlich ein Problem gab: Diese Hose durfte nicht einfach in der großen, aus Korb geflochtenen Wäschetruhe entsorgt werden, denn meine Mutter hätte den Anblick einer solchen mit Spermaflecken übersäten Unterhose aus dem Besitz ihres Sohnes vor Scham kaum überlebt.

Ich hatte raffinierte und überaus vorsichtige Techniken entwickelt, um die Spuren meines fast allabendlichen Tuns unter der Bettdecke nicht sichtbar werden zu lassen (zum Beispiel zuhalten und dann schnell zum Klo rennen) – und jetzt das! Ich stand kurz vor dem Abitur, und meine armen Eltern sollten unter keinen Umständen erfahren, dass ich kein fleißiger und sittsamer Junge, sondern in Wirklichkeit ein mieses Sexualschwein war. Und schuld daran war Karin Ludomeit, die üppige Aushilfskunstlehrerin am Dattelner Gymnasium. Karin vertrat seit einem halben Jahr den schwer erkrankten Willibert Strunk, der immer dann zu genialischer Hochform aufgelaufen war, wenn er mit seinem ostpreußischen Akzent das Œuvre seines Lieblingsmalers Kandinsky erklären konnte.

Karin – von Anfang an sprachen wir über sie als »die Karin«, nicht »die Ludomeit« oder irgendwas Spitznamiges – fiel im Dattelner Lehrerkollegium voll aus dem Rahmen. Zum einen war sie mit Anfang dreißig jünger als alle anderen, mit Ausnahme des frisch examinierten Deutschlehrers Paul Herbst, den wir deshalb sehr mochten, weil er die Schüler in möglichst viele Entscheidungen einband; zum anderen war sie das erste und einzige Hippie-Mädchen, das jemals an einer Dattelner Schule unterrichtete. Schon äußerlich war sie mit ihren Jeans, den gebatikten Blusen, den endlos langen schwarzen Haaren und dem knalligen Lippenstift für ihre biederen Kolleginnen – meist in dezentem Kostüm – eine einzige Provokation. Aber auch ihre Einstellung zum Unterricht und zum Leben allgemein war mit der üblichen Dattelner Mischung aus Ordnung, Fleiß und Disziplin nicht kompatibel.

»Hey, Leute«, sagte sie zum Beispiel, wenn sie mal wieder zu spät kam, »ich musste einfach die LP von Nina Simone noch zu Ende hören. Habt ihr Verständnis dafür?« Selbstverständlich hatten wir vollstes Verständnis, auch wenn der rothaarige Ulf, der später aus Eifersucht seine Freundin umbrachte, sich die dezent-rhetorische Frage nicht verkneifen konnte: »Nina Simone, iss dat nich die, die so singt, als wenn unsere Oma ›We shall overcome‹ jodelt?« Karin lächelte fein, fast einfältig, und schwärmte dann von der wunderbaren Blues-Stimme dieser wunderbar-einfachen, einfach wunderbaren schwarzen Frau, die ganz zu Unrecht nur von einer kleinen Kenner-Szene wahrgenommen und verehrt würde. Und dann sagte sie: »Heute dürft ihr zwei Stunden lang das malen, worauf ihr gerade Lust habt. Vielleicht stellt ihr euch eine schöne Musik vor und setzt die in Farben und Formen um.«

Ich stellte mir ›Let's Spend The Night Together‹ von den Stones vor und malte einen Mann und eine Frau beim Vögeln, oder besser formuliert, ich gab mir Mühe, etwas auf den Zeichenblock zu bringen, das wie zwei Menschen beim Liebesspiel aussah. Denn ich war beim gegenständlichen Zeichnen oder Malen eine absolute Null – ein von mir gemaltes Pferd sah aus wie eine dicke Fleischwurst mit Ohren, bei der Darstellung von Menschen habe ich die Ebene der Kopffüßler nie verlassen. Meine Stärke war von früher Kindheit an das Wort, und so beschrieb ich denn Karin mit originellen Worten mein in zehnminütiger harter Arbeit entstandenes Meisterwerk.

»Und dann haben sie die Platte von den Stones gehört, und ihnen wurde plötzlich ganz anders, und dann sind sie sich nähergekommen, ohne dass sie das eigentlich vorhatten.«

»Aha«, meinte Karin, »ist das aus deiner persönlichen Erfahrungswelt entstanden? Ist es dir bei der Musik auch schon mal so ergangen?« Ach du Scheiße! Ich wurde so dunkelrot, dass ich dachte, mir platzen gleich sämtliche Kopfgefäße. Mir fiel auch nichts mehr ein, kein verbaler Konter, keine lustige Bemerkung, nur ein verlegenes, meckerndes Lachen entschlüpfte meinem Mund. Aber die lieben Schulkameraden, auf deren Solidarität und Unterstützung ich mich eigentlich immer verlassen konnte, bogen sich vor Gelächter und trommelten auf die Tische.

»Frag sie doch mal, ob sie mit dir zusammen ›Let's Spend The Night Together‹ hören will. Dat wär doch bestimmt 'ne super Idee!«, schlug mein Kumpel Dirk halblaut vor, als ich, immer noch heiß im Gesicht, zu meinem Tisch zurückkehrte.

»Halt die Schnauze, du dumme Sau!« Ich fühlte mich gedemütigt, stand kurz vor einem Tränenausbruch, und meine Gedanken kreisten um den wunden Punkt in meinem spät-pubertierenden Leben: Es klappte noch nicht so mit den Frauen, wie ich mir das in meinen orgiastischen Wichs-Phantasien ausmalte. Meine ›persönliche Erfahrungswelt‹!

Schon die Startbedingungen waren denkbar mies, denn ich musste die verschlungenen Pfade in die Welt der Sexualität und der Beziehungen zwischen Männern und Frauen selber aufspüren, ohne dass mir irgend jemand dabei geholfen hätte. Zu Hause war der Körper eine Tabuzone, die Körperlichkeit zwischen mir und meinen Eltern flackerte auf Sparflamme. In den Arm nehmen, küssen? Spätestens nach der Einschulung ein Fremdwort. Ich kann mich noch an ein Foto erinnern, da bin ich vielleicht sechs oder sieben, sitze bei meiner Mutter auf dem Schoß und gebe ihr einen Kuss auf die Wange. Das war die absolute Ausnahme, aus einem heftigen Überschwang entstanden, ansonsten: Küssen verboten. Warum? Ich weiß es nicht, es war einfach ab einem gewissen Alter nicht mehr üblich. Meine Eltern küssten sich jeden Morgen um viertel vor sieben, wenn mein Vater in seiner Postuniform das Haus verließ, um der

1963: Papa Willi war Briefträger mit Leib und Seele.

Deutschen Bundespost seine Arbeitskraft als Briefzusteller zur Verfügung zu stellen. Es war kein inniger Kuss, häufig hatte er etwas Beiläufiges, ich beobachtete die Kuss-Zeremonie durch die halb geöffnete Tür meines Schlafzimmers und empfand jedes Mal eine Spur von Widerwillen. Die Eltern geben sich einen Abschiedskuss, und der halbflügge Sohn guckt zu und ekelt sich dabei. Schon traurig, oder?

Selbstverständlich war es auch vollkommen ausgeschlossen, dass ich meine Eltern nackt sah. Nur so konnte es auch zu einem absurden Vorfall kommen, bei dem ich plötzlich und unerwartet mit der Nacktheit meiner Mutter konfrontiert wurde. Ich war im zweiten Schuljahr. Bei meinem kurzen Schulweg reichte es, um viertel vor acht von zu Hause aufzubrechen. Ich griff mir die in Pergament eingewickelten Schulbrote, steckte die beiden Pulmoll-Hustenpastillen in den Mund (der Junge sollte sich ja nicht erkälten!), meine Mutter verschwand, angetan mit ihrem weinroten Bademantel, im Badezimmer und sagte schnell noch »Tschüs, pass gut auf!« zu mir. Da fiel mir ein, dass ich meinem Freund Paul einen Bleistift-Anspitzer von der Sparkasse mitbringen wollte, ich ging noch mal in mein Zimmer, und es vergingen zwei Minuten mit der Suche nach dem Teil. Als ich wieder durch den Flur Richtung Wohnungstür strebte, stieß ich beinahe mit Mama zusammen. Die hatte mittlerweile das Badezimmer verlassen und erfolglos versucht, mir aus dem Küchenfenster nachzugucken. Und – sie war splitterfasernackt! Riesige Brüste, ein mächtiger Bauch, sehr voluminöse Oberschenkel, Mama wog zwei Zentner, ich hatte eine dicke Mutter, und ich hatte sie noch nie ohne Kleidung betrachten dürfen.

Und die Reaktion der beiden an dieser harmlosen Szene Beteiligten? Das blanke Entsetzen! Mama schrie, als wenn ein Massai-Krieger sie mit einem vergifteten Speer bedrohen würde: »Nein, neiiiin, um Gottes willen!!« Auch ich jaulte auf, um sodann augenblicklich in entsetztes Weinen auszubrechen. Mama heulte ebenfalls und stürzte mit wippenden Giganto-Brüsten ins Schlafzimmer. Das mit den wippenden Brüsten vermute ich nur, denn ich hatte meine Augen angesichts des schockierenden Anblicks schon längst abgewendet, schlüpfte in Windeseile durch die Tür und war wenige Sekunden später vom ersten Stock die Treppe runter auf die Straße gerannt.

Über diesen Vorfall ist in der Familie Breuckmann nie wieder geredet worden. Alles, was auch nur von Ferne mit Sexualität, oder – formulieren wir es katholisch – mit Unkeuschheit zu tun hatte, wurde besonders von meinem Vater aggressiv abgeblockt. »Hör damit auf, dat sind alles Sauereien, ich habe damit nichts zu tun!«, bekam ich jedes Mal zu hören, auch noch in späteren Jahren, wenn ich in provokativer Absicht anfing, über Sex-Themen zu reden. Da wurde die Körperfeindlichkeit der heiligen Mutter Kirche in Vollendung praktiziert, die unteren Partien der menschlichen Wesen waren tabu, potenziell schmutzig und unkeusch, Sexualität war eine durch das Sakrament der Ehe legitimierte Schweinerei, um es mit dem großen Heinrich Böll auszudrücken.

Der einzige Hinweis, den ich von meiner Mutter für die Wahl der richtigen Frau bekam, war die Mahnung, sich doch bitteschön ein katholisches Mädchen auszusuchen. »Du weißt ja, dass Mischehen verboten sind«, sagte Mama, »und die gehen sowieso schief, weil Katholische und Evangelische einfach nicht zusammenpassen. Die können ja noch nicht mal sonntags zusammen in die Kirche gehen. Und wie soll dat mit der Kindererziehung laufen?«

Besonders skurril und widerlich wurde es, als Anfang der 60er-Jahre die ersten Gastarbeiter nach Deutschland kamen. In Datteln waren es Griechen, die für ihre riesige griechische Verwandtschaft und für das deutsche Bruttosozialprodukt auf der Zeche Emscher-Lippe malochen durften. »Halt dich von den Griechenjungs fern«, ermahnte mich Mama eines schönen Tages, »ich hab gehört, die haben alle Geschlechtskrankheiten.« Ich nickte wort- und verständnislos mit dem Kopf und fragte nicht weiter nach, denn ich konnte gar nicht richtig nachvollziehen, was meine Mutter meinte. Weder wusste ich, was Geschlechtskrankheiten sind, noch, wie sie übertragen werden. Irgendwie blieb bei mir hängen, dass ich die gefährlichen neuen Mitbürger besser nicht berühren sollte; da ich aber überhaupt keine ›Griechenjungs‹ kannte, verpuffte die Warnung vor den griechischen Geschlechtskrankheiten im Nirgendwo.

Im Alter von vierzehn, als ich schon kräftig dabei war, meinen Geschlechtstrieb auto-erotisch auszuleben, gingen bei meinen Eltern die Aufklärungslampen an. Typischerweise war es Mama, die mit stockenden Worten das kribbelige Thema ansprach: »Du hass ja schon gemerkt, dass es zwei verschieden Sorten Menschen gibt«, sagte sie, »und dat macht alles Sinn. Der liebe Gott hat es so gewollt, dat Jungen und Mädchen, Frauen und Männer existieren, und dat die beiden sich irgendwann zusammentun.« Jetzt kommt es, dachte ich bei mir, jetzt wird sie mir gleich was von Bienchen und Bestäubung erzählen. Es kam aber überhaupt nichts in der Art, die ›Aufklärung‹ bestand aus der feierlichen Überreichung eines Heftchens, dessen Titel und Verfasser ich mir gemerkt habe: *Wer sagt uns die Wahrheit?*, geschrieben von einem Jesuitenpater namens Alfonso Perreira. Der Name des großen Aufklärers klang verdammt so, als hätte er mal bei Benfica Lissabon oder Real Madrid gespielt, und das wäre vielleicht auch eher seine Bestimmung gewesen, denn Alfonso sagte mir überhaupt nicht die erhoffte Wahrheit. Er schwafelte nur dumm drumherum, es ging schon um die Liebe, aber immer dann, wenn es anatomisch ernst werden sollte, glitt der Pater doch ziemlich ins Allgemeine ab. »Wenn Vater und Mutter sich sehr lieb haben«, behauptete er zum Beispiel, »dann wächst bald unter dem Herzen der Mutter ein neues Leben heran.« Hallo Pater! Penis, Schwanz, Pimmel, Geschlechtsteil!! Möse, Vagina, Spalte, Pussi!! Noch nie gehört, Alfonso? Da hättste mal lieber besser aufgepasst, damals, als der Papst die legendäre Enzyklika »Vagina amata – Vögeln für den Frieden in der Welt!« vorgelegt hat. Aber immerhin hatte Perreira, der brutalstmögliche Aufklärer, noch einen ganz heißen Tipp auf Lager, was die ständige Wichserei anging: »Nachts, wenn die schlimmen Gedanken kommen«, legte er mir ans Herz, »nimm deinen Bruder Esel, den Körper, und begib dich auf den harten Erdboden. Warte eine Weile, bete zum Herrn, und die unkeuschen Gedanken sind bald wieder weg.«

Ich hab's, ehrlich gesagt, nie beherzigt, habe meinem Bruder Esel das schöne warme Kuschelbett gegönnt, und die bösen Ge-

1965: Als Frauentyp im Kurpark von Bad Driburg

danken an gutgebaute Mädchen und geile Reinsteckereien waren erst dann vorüber, wenn ich mir einen runtergeholt hatte. Und das war auch gut so – selbst wenn danach wieder eine frische Sünde für die alle vier Wochen anstehende Beichte in der Amanduskirche zu notieren war.

Dermaßen gründlich vorbereitet und umfassend aufgeklärt wurde ich auf den weiblichen Teil der Bevölkerung losgelassen. Das erste Exemplar der anderen Sorte Mensch hieß Hildegard und kam aus Bigge im wunderschönen Sauerland. Ich begegnete ihr – fünfzehn Jahre, mein Alter – im ostwestfälischen Bad Driburg, wo ich im heutigen Stadtteil Reelsen, früher ein selbständiges Dorf, als Kind regelmäßig die Ferien bei meiner Oma verbrachte.

Ich traf Hildegard im Kurpark. Schön war sie nicht, aber allein, und außerdem weit und breit, neben mir, das jüngste menschliche Wesen im Kreise der steinalten Kurgäste. Noch heute verbeuge ich mich in stummer Bewunderung vor mir selbst, weil ich es doch tatsächlich gewagt habe, sie einfach so, ohne irgendeinen naheliegenden Anlass, anzusprechen. Ich glaube, ich wählte die klassische, überaus originelle Anmache: »Na, wat machs du denn hier, bisse auch in Urlaub?«

Und tatsächlich, sie ging nicht stumm weiter, sondern blieb stehen. »Ja, ich bin hier mit meiner Tante, wir machen eine Woche Urlaub.«

»Und, wie findste dat hier?«

»Ich find's ziemlich langweilig, hier iss überhaupt nix los.« Und schon waren wir im schönsten Gespräch, es war überhaupt nicht so schlimm gewesen, wie ich es mir vorgestellt hatte. Einfach anquatschen, nett daherreden, Eindruck machen, etwas flirten, wie einfach das funktionierte!

Aber so ganz stressfrei lief es nicht ab, denn wer unbedingt Eindruck schinden will, auf dem lastet selber Druck, der folgt den Gesetzen des Leistungsprinzips, das in der leicht-luftigen Welt des Anbaggerns und Flirtens wie eine angezogene Handbremse wirkt. Meine Verkrampfungen lösten sich allerdings schnell, als ich merkte, dass Hildegard sich ehrlich für mich interessierte und keine Spur von Hochmut oder Herablassung zeigte; sie war zwar nicht schlicht, aber einfach gestrickt und dachte und redete geradeaus.

»Wollen wir 'ne Runde Minigolf spielen?«, fragte ich, und sie fand, das sei eine tolle Idee. Minigolf im Kurpark von Bad Driburg war meine Spezialität. Ich spielte jeden Tag meine einsamen Runden, der alte Mann an der Kasse war ein Duz-Kumpel von mir, und eine Zeitlang hielt ich sogar den Bahnrekord mit schier unglaublichen 26 Schlägen.

Gegen Hildegard verzichtete ich ganz bewusst darauf, mich als toller Mini-Golf-Hecht zu präsentieren, schlug einige Male absichtlich unpräzise, hielt sie aber als alter Profi trotzdem auf Distanz. Hildegard trug eine Brille – dabei hatte ich mir doch vorgenommen: nie eine Brillenschlange!, – und die war wahrscheinlich schuld daran, dass sie die unschuldigen Golfbälle kreuz und quer durch die Gegend ballerte, nur nicht in das dafür vorgesehene Loch. Aber sie nahm es locker, und als es an der schwierigsten Bahn, wo der Ball einen steilen Berg hinauf- und in das oben gelegene Loch hineingeschlagen werden musste, überhaupt nicht klappen wollte, warf sie sich mir in gespielter Verzweiflung in die Arme.

Hildegard ahnte nicht, was sie auslöste. Ich war vollkommen überrascht, stolz und stocksteif zugleich. Ein Mädchen lag in meinen Armen! Das hatte ich mir doch in meinen Tag- und Nachtträumen so sehnlich gewünscht. Nur steckten eben keinerlei fundamentale Absichten hinter diesem kleinen, netten Flirtspiel; es war einfach ein Ausdruck von guter Laune, von Überschwänglichkeit, vielleicht von einer sanft aufkeimenden Vertrautheit.

Für den jungen, unerfahrenen, auf das möglichst baldige Bestehen wilder sexueller Abenteuer erpichten Manni war es allerdings das Signal: Ich bin bereit, du kannst mich haben, du wilder Tiger! Sofort gab es kräftige Regungen in der Feinripp-Verpackung, aber zu weiteren Annäherungen war ich nicht in der Lage. Dabei hätte ich doch die Gunst der Stunde für einen Kuss nutzen können. Noch nie hatte ich ein Mädchen geküsst, die Gelegenheit war verdammt günstig, aber die innere Hürde, die Angst vor Zurückweisung erwies sich als noch zu groß bei Loch fünfzehn auf dem Driburger Mini-Golf-Platz.

Aber es sollte ja nicht mehr lange dauern bis zu meinem ersten Kuss, die unterste Treppenstufe ins Reich der erotischen Glückseligkeit war schon in Sichtweite, und sie schien jetzt nicht mehr unüberwindbar. Nach meinem triumphalen Sieg im Golfspiel, den ich aber mit vielen charmanten Worten kleinredete, schlug ich – taktisch genial! – einen Spaziergang durch die ausgedehnten Wälder hinter dem Driburger Kurpark vor. Umgeben von friedlich äsenden Rehlein und Hirschlein, angefeuert durch zärtlich murmelnde Wildbächlein wollte ich zum ultimativen Angriff übergehen. Als wir die letzten Gruppen geriatrischer Kurgast-Gruppen überholt hatten, und weit und breit keiner zu sehen war, der unser idyllisches Beisammensein stören konnte, legte ich einen Arm um ihre Schultern – und sie ließ es sich gefallen. Wir sprachen Belangloses, über die ausgedehnte Diskotheken-Szene in Bigge zum Beispiel, und ließen uns dann auf einer von der Driburger Sparkasse gestifteten Bank nieder. Es klingt absurd, aber selbst in dieser früh-amourösen Szene gab es einen deutlichen Hinweis auf meine spätere Radio-Karriere – ich moderierte den ersten erotischen Kuss meines Lebens tatsächlich an!

»Bei uns hat gerade der Tanzkurs begonnen«, plauderte ich vor mich hin.

»Was?«, wunderte sich Hildegard, denn wir hatten gerade beide flammende Plädoyers gegen alle Konventionen und bürgerlichen Ordnungsprinzipien gehalten. »Tanzkurs? Und das macht dir Spaß?« Da kam ich nur schwer wieder raus.

»Na ja, geht so, aber irgendwie gehört das in Datteln dazu. Da gehen alle hin, da wollte ich nicht der Außenseiter sein.«

»Und? Kannst du denn schon so richtig schön tanzen? Eins, zwei, drei, eins, zwei, drei – Wie-ge-schritt?«

»Ja, du hast ja Recht, das ist alles von gestern«, gab ich zu, »aber manchmal macht es auch Spaß.«

»Was tanzt ihr denn so?«

»Na, das Übliche. Rumba, Foxtrott, Walzer auch. Und dann gibt's da ja noch diesen Modetanz. Kennst du den?« Sie war ahnungslos.

»Was für einen Modetanz?«

»Davon hast du doch bestimmt schon mal gehört, das ist doch der Letkiss!« Der Letkiss stammte aus Skandinavien, war eine Art Polka, und der Clou war der Kuss, den sich die Paare am Ende einer Taktfolge gaben. (Selbstverständlich wurde der Kuss in der Dattelner Tanzschule weggelassen, angesichts einer solchen Ausschweifung hatte der Tanzlehrer Angst vor Elternprotesten.) Im Wald von Bad Driburg sollte es den Kiss allerdings geben, und zwar pur, ohne Let, ohne lästiges Rumgetanze; ich hatte den Begriff ›Letkiss‹ mit listenreicher Absicht ins

Rennen gebracht. Denn kaum hatte das Wort meine Sprechorgane verlassen, da näherte ich meinen Mund dem bebrillten Gesicht Hildegards, schaute sie sanft und schüchtern, aber trotzdem auffordernd an, und dann küssten wir uns.

Ich habe es nie erfahren, aber meine erste Kusspartnerin hatte wohl auch keine Erfahrung mit dieser bei Lichte betrachtet seltsamen Form zwischenmenschlicher Kommunikation. Am Anfang erwies sich ihre Brille als hinderlich, sie setzte sie schnell ab; dann gerieten wir auch noch mit den Zähnen aneinander, und über das unbeholfene Zungenspiel schweigen wir besser. In der Hitliste ›Große Küsse der Menschheitsgeschichte‹ wären wir ganz weit hinten gelandet – noch hinter den Kuss-Szenen aus den Jerry-Lewis-Filmen und dem Ohnsorg-Theater. Aber es war ein wirklicher, fühlbarer Kuss gewesen, ein weibliches Wesen hatte sich nicht gesträubt, sondern begeistert mitgemacht! Dieses Mal geriet meine Erektion so kräftig und endlos, dass es mir fast peinlich war. Ich tat aber nichts, um Hildegard an dieser starken körperlichen Veränderung teilhaben zu lassen. Vielleicht hat sie ja auch gar nicht gemerkt, was sich da regte. Jedenfalls wollten ihre Hände keine verbotenen Regionen erkunden, sie beschränkten sich darauf, während unserer Kuss-Übungen, die nach technischen Kriterien minütlich besser wurden, meinen Nacken und meine Haare zu streicheln. Wir sprachen kein einziges Wort auf der Parkbank. Ich hatte noch kurz darüber nachgedacht, ob es jetzt angebracht war, »Ich liebe dich« zu sagen, hatte mich aber dann entschlossen, lieber den Mund zu halten.

Es war bestimmt eine halbe Stunde vergangen, da sagte Hildegard: »Du, ich glaub, ich muss jetzt wieder in unsere Pension. Tante Änne wird mich schon vermissen.« Eng umschlungen verließen wir den Ort der erst zähneknirschenden, dann leckenden und schleckenden Zärtlichkeiten. Ich habe das Mädchen aus Bigge nie wieder geküsst. Wir verabredeten uns zwar für den nächsten Tag, sie erschien aber nicht. Tags drauf traf ich sie in Begleitung ihrer Tante, wir wechselten ein paar Sätze, mich beschlich aber der starke Verdacht, dass die strenge Tante Änne ein weiteres Rendezvous verhindert hatte.

Ich gebe zu: Es wäre zu drastisch, jetzt abrupt zur chronique scandaleuse der weißen, mit Sperma besprenkelten Unterhose zu wechseln. Viele Leser, vor allem jene aus den ländlichen, katholisch geprägten Mittelgebirgsregionen, würden das Buch schockiert und auf ewig neurotisiert zur Seite schleudern. Deshalb ziehe ich die schonende Schreibstrategie vor und leuchte streng chronologisch die weitere Entwicklung meiner Beziehungen zum rätselhaften anderen Geschlecht aus.

Und schon sind wir wieder im Dattelner Kolpingsaal, der sich zusehends als Brennpunkt meiner persönlichen Entwicklung entpuppt. Selbstverständlich fand auch der bereits erwähnte Tanzkurs an diesem Ort voller Glanz und Glamour statt. Der küssenden Hildegard hatte ich aber natürlich nicht erzählen können, dass die Tanzstunden von uns Obertertianern (= 9. Klasse) als Möglichkeit der Kontaktanbahnung gesehen wurden, und von den meisten ausschließlich als das. Schon während des Schulunterrichts zählte ich die Stunden, bis der ölige Tanzlehrer Stevermann mit seiner dicklichen Partnerin den Reigen komplizierter Schrittfolgen und unerträglicher Musik eröffnete.

Ein schöner Zufall wollte es, dass in dieser Zeit am Dattelner Gymnasium für Jungen und Mädchen erstmalig die Segnungen der Koedukation ausprobiert wurden; so waren die meisten Objekte unserer jungmännlichen Begierde schon den ganzen Vormittag zum Greifen nah. Allerdings nicht Junge neben Mädchen, sondern der große Block der zukünftigen Männer links, die sieben Mädchen vorne rechts. Zum Beispiel die kleine Brigitte Bühring, mein damals aktueller Schwarm, dem ich jedoch nie richtig nahgekommen bin. Denn wie sollte Brigitte entscheiden, ob ich ihrer würdig war, wenn sie überhaupt nicht wusste, dass ich mich für sie interessierte? Ich war dermaßen gehemmt und verklemmt, dass ich einfach nicht in der Lage war, meine Ambitionen zum Ausdruck zu bringen.

Und dann setzte ich mich vor den Tanzstunden auch noch selber unter Druck: Heute wird's passieren, dachte ich mir, während ich vor dem Spiegel noch schnell zwei, drei Pickel mit dem scheußlichen, orangefarbenen Pickel-Austrocknungspulver betupfte. Zum Einsatz kamen außerdem noch: billiges Deo-Spray, Rasierwasser mit dem unwiderstehlichen Duft von Pferdepisse und, heute schüttelt es mich, Trocken-Shampoo, das einen billigen pudrigen Haargeruch erzeugte und nie so ganz auszubürsten war. Dieser Tatbestand wiederum sorgte für schuppenähnlichen Schnee auf dem Anzug-Sakko. Trocken-Shampoo wandte ich deshalb an, weil damals das Haarewaschen höchstens zweimal die Woche angesagt war: Häufiger waschen macht die Haare fettig, hieß es. Ohne Waschen waren sie allerdings auch nicht gerade fettfrei – ein furchtbarer Teufelskreis, der nur mit Trocken-Shampoo durchbrochen werden konnte. Auf diese mannigfaltige Weise kosmetisch-olfaktorisch misshandelt, warf ich mich in meinen dunkelgrauen Anzug, legte die rote Krawatte (mit Gummizug, nie wieder Krawatte binden!) um und stürzte mich in den pubertären Tanzstunden-Trubel, fest entschlossen, gerade heute die Frau fürs Leben oder doch zumindest für den ersten Fick zu finden.

Tut mir leid, aber so banal-brutal sah ich es, und ich war keine Ausnahme. Alleingelassen von den Eltern, von den Priestern und von der Schule, entwickelten wir unsere eigene Beziehungs-Ideologie, und bei der ging es in allererster Linie darum, Frauen ›flachzulegen‹, wenn auch meistens nur theoretisch. Die Sprache, in der wir über Mädchen sprachen, war aggressiv und verächtlich, alles reduzierte sich auf die eine Sache, die wir mit den Weibern machen wollten. Typisch war folgendes Gedicht:

»Da denkst du mal, du hast das Glück,
da zieht die Sau den Arsch zurück.
Das nächste Mal sei schlauer:
Stell sie an die Mauer!«

Klar, dass wir mit dieser Einstellung die Herzen der Mädchen im Sturm eroberten. Auf einen solchen Prinzen, verklemmt und aufs Vögeln und sonst nix fixiert, hatten die jungen Damen schon jahrelang gewartet. Deshalb ging ich ohne Freundin in den Tanzkurs und auch ohne Freundin wieder raus. Da half auch nicht das rotierende System unseres Tanzlehrers, das uns immer neue Partnerinnen bescherte: Die Jungs fassten sich, huch, an den Händen und marschierten im äußeren Kreis, die Mädchen in der entgegengesetzten Richtung im inneren Kreis, und wenn die Musik stoppte, waren das Mädchen und der Junge, die sich gerade gegenüberstanden, füreinander bestimmt – zumindest für die folgenden Tänze, bis zum nächsten Kreisspiel.

Und immer, wenn ich an eine passable Partnerin geriet, kriegte ich eine unüberwindliche Flirt-, ja Sprechblockade. Mir fiel einfach nichts, nichts ein, über das ich mit dem Mädchen hätte reden können, und je mehr ich über einen originellen Gesprächseinstieg nachgrübelte, desto größer wurde meine Unfähigkeit zum lockeren Dialog. Sollten die Girls mich für etwas anderes als einen öden Langweiler halten? In Driburg, mit Hildegard, da hab ich's doch noch gebracht, seufzte ich in mich hinein, da perlten mir die honigsüßen Wörter nur so aus dem Mund, ein munterer Scherz jagte den nächsten, und jetzt war es so, als ob sie mir ein Riesenpflaster auf den Mund geklebt hätten.

Und welch ein deprimierendes, vernichtendes Gefühl, wenn ich die paar gutaussehenden, selbstbewussten und redegewandten Jungs aus unserer Klasse mit ihren Mädchen aus dem Tanzkurs knutschend durch die Stadt laufen sah. Und dann auch noch die Erzählungen über die geilen Sex-Abenteuer, die machten mich erst richtig fertig.

»Das glaubst du gar nicht, wie wild die kleine Anke iss«,

1966: Beim Tanzkurs mal so richtig die Sau rauslassen!

wusste mein Banknachbar Roger zu berichten, »die sieht so harmlos aus. Und wenn es rund geht, dann kann sie den Hals nicht voll kriegen. Gestern waren meine Eltern weg, da hab ich es ihr viermal hintereinander besorgt. Nee, wat war ich fix und foxi!«

Ich brachte es noch nicht mal fertig, ihn aufzufordern, die Schnauze zu halten, weil ich ihm kein einziges Wort glaubte. Nein, um mir meinen schmerzhaften Neid nicht anmerken zu lassen, wiegte ich anerkennend den Kopf und sagte: »Da kannze mal gucken, die Anke, dat hätte ich ja nicht geglaubt!«

Dabei ging bei mir zu Hause auch die Post ab, wenn meine Eltern mal nicht da waren: Da hab ich mir aber so was von einen runtergeholt, mein lieber Scholli, da wackelten die dünnen Wände!

Der Tanzkurs endete wie üblich mit dem Abschlussball. Dass ich eins der fünf hässlichsten Entlein als Balldame erwischte, konnte mich schon gar nicht mehr erschüttern. Blöd war nur: Wir mussten die Königinnen unserer Herzen zu Hause mit einem Blumenstrauß in der Hand abholen. Ich glaube, ich hätte lieber zehn Eimer Kohlen hintereinander für unseren stinkenden Kohleofen aus dem Keller geholt. Zumal mein Engel des Abends mir und ihrer gesamten Umwelt herzlich wenig mitzuteilen hatte. Ich kriegte also noch nicht mal verbalen Spaß, hob den Stimmungspegel mit einem halben Dutzend Dortmunder Pils und ließ das arme Mädchen nach einer guten Stunde einfach allein bei ihren Eltern sitzen. Blöderweise mussten zum guten Schluss auch noch alle Kurs-Teilnehmer auf die Bühne, wo ein wunderbares Erinnerungsfoto geschossen wurde. Ich muss zugeben, dass ich bei diesem Bild getrickst habe. Denn im entscheidenden Augenblick rückte ich ein wenig von meiner Partnerin ab, sodass es, wenn man nicht peinlich genau hinguckt, so aussieht, als sei ich mit einer wesentlich attraktiveren Lady am Start gewesen. Für dieses Foul entschuldige ich mich in aller Form, so etwas soll nicht wieder vorkommen!

Nun war ich schon sechzehn und hatte immer noch keine feste Freundin. Ich lief durch die Stadt wie der wandelnde Schwellkörper, lebte meine heißen Phantasien nur mit mir selber aus und war Dauergast bei allen Tanzveranstaltungen der Stadt. Ein paar Monate später, bei einem der typischen katholischen Mischehen-Verhütungs-Tanzvergnügen im Dattelner Stadtteil Hagem, war es dann so weit: Ich traf Vera, sie war blond, sanft, ein bisschen mopsig und redete wenig; vor allen Dingen aber war sie aktuell unbemannt, und als ich auf ›Nights In White Satin‹ mit ihr tanzte, einem der angesagten Schmusetitel, bei dem man auch gleich stehen bleiben konnte, geschah es, dass wir uns leidenschaftlich küssten und von Stund an ein Paar waren. Ich war glücklich und stolz: Endlich gehörte ich zu den ›normalen‹ Jungs, die eine Freundin hatten. Vera war sogar vorzeigbar, sie sah zwar nicht aus wie das Bravo-Girl des Jahres, aber niemand musste sich ob ihrer Hässlichkeit erschrecken.

Bei Vera machte ich entscheidende Fehler: Wenn ich mit ihr zusammen war, meistens in der berühmten Dattelner Disko

»Western Saloon«, wollte ich nur knutschen und fummeln, die gepflegte Konversation und die kreative Freizeitgestaltung hatte ich nicht im Programm. Sicher fand sie die körperlichen Entdeckungsreisen auch reizvoll, aber es war alles so furchtbar eindimensional, egoistisch und ohne wirklich tieferes Interesse am anderen. »Zwischen uns läuft alles so eintönig ab, ich möchte das nicht, ich hab keine Lust mehr«, sagte sie nach einem halben Jahr, als sie sich zum ersten Mal von mir trennte.

»Bleib bei mir, wir versuchen es noch mal, bitte!«, heulte ich ihr vor. Ich heulte tatsächlich, auch das war ein Fehler. Der sensible und weinende Mann wird vielleicht für die Aufzucht der Brut ausgesucht, beim gemeinsamen Ritt durch das wilde Land der erotischen Phantasien wollen die Frauen andere Typen. Aber sie erbarmte sich, das gleiche Grabsch- und Leck-Spiel fing wieder von vorne an. Ergänzt wurde meine zwanghafte Konzentration auf die pure Körperlichkeit durch ihre langweilige Art; ihr vollkommenes Desinteresse an politischen Themen zum Beispiel nervte mich jedes Mal aufs Neue. Der größte Frust für mich war allerdings, dass sie mich – okay, es klingt so, wie die Münsterländer Bauern über ihre Rindviecher reden – nicht ranlassen wollte. Immer, wenn meine Hand unter ihrem Rock die Innenseite der Schenkel verließ und frech werden wollte, gab's was auf die Finger.

»Ich hab dich lieb und möchte mit dir schlafen, warum willst du das nicht?«, bettelte ich einfältig rum.

»Ich brauche noch Zeit«, sagte sie, »ich bin noch nicht so weit.«

Damit wollte ich mich partout nicht abfinden und versuchte, mich auf die immer gleiche tapsige Art bis an ihre Möse vorzufingern. Wie unsäglich ätzend! Insgesamt beendete Vera dreimal, in immer kürzeren Abständen, die Beziehung zu mir. Zuletzt, da war ich schon Jura-Student in Bochum, gab sie es mir schriftlich, die Begründung hatte sich nicht geändert: Die Treffen mit mir liefen immer nach dem gleichen Schema ab, alles sei einfach nur öde. Zu allem Überfluss teilte sie mir in diesem letzten Abschiedsbrief auch noch mit, sie hätte einen anderen Jungen kennengelernt. Das gab mir den Rest – wochenlang standen mir bei allen möglichen Gelegenheiten die Tränen in den Augen, besonders, wenn schmalzige Titel von den Bee Gees im Radio gespielt wurden wie zum Beispiel ›Don't Forget To Remember Me‹. Wie schön hatten wir zu diesem Lied getanzt und geschmust! Aber einen weiteren vermeintlichen Neuanfang mit Vera gab es nicht mehr, ich begab mich in die freie Wildbahn der akademischen Jugend in Bochum und Marburg, wo sich am Ende die großzähnige Liebeslehrerin Miriam meiner erbarmte.

Aber dann war da ja noch die kleine (na ja!) Mahlzeit zwischendurch mit Karin Ludomeit, derentwegen ich das Problem mit der Unterhosen-Entsorgung bekam. Sie bescherte mir – in einer Phase, als mal wieder Schluss mit Vera war – das aufregendste Erlebnis meiner Adoleszenz. Die Kunstlehrerin Karin wohnte in der Apartmentanlage unseres NPD-Aktivisten und schmierigen Schankwirts Willi Sielmann. Ich weiß nicht mehr, wer den Anfang machte – es bürgerte sich jedenfalls ein, dass einige Jungen aus unserer Klasse Karin nachmittags besuchten. Auf ein Schwätzchen, ein Teechen und ein Kekschen. Karin hatte es mit den Verniedlichungsformen, aber ein Bierchen oder Weinchen gab es leider nie für uns, wir tranken mit Todesverachtung schwarzen Tee mit Wildkirschgeschmack, aßen Butterkekse aus dem Reformhaus und genossen die anregende Atmosphäre. Räucherstäbchen steckten in den kleinen Töpfen ihrer Kakteensammlung, einen Kerzentick hatte sie auch noch, was zu einer sehr einladenden, intimen Beleuchtung führte.

Es begab sich am Buß- und Bettag 1968, dass vier Schüler der höchsten Lehranstalt Dattelns wieder einmal die Gastfreundschaft der hippie-schrillen Karin genossen. An der Spitze der Bewegung selbstverständlich Pit Scharmeyer, der stolze Revoluzzer und Mauer-Plattmacher. Er lümmelte auf dem großen braunen Cord-Sofa herum, neben ihm Wolfi Wulfmann, der Schlagzeuger unseres gescheiterten Beat-Projektes ›Lazy Beat-Mackers‹. Mein Kumpel Dirk Söhnchen durchsuchte gerade Karins Plattenregal nach einer brauchbaren Scheibe für diesen trostlosen nasskalten Novembertag, an dem der tiefe Sturz in die suizidale Depression nur durch die Aussicht auf das Länderspiel am Nachmittag aufzuhalten war. »Du guckst dir doch bestimmt auch dat Spiel gegen Nordirland an«, näherte ich mich Karin verbal an, »du biss doch ganz heiß auf Fußball!«

Ich wunderte mich selber, wie vertraulich ich mit der voluminösen Kunst-Pädagogin umging. War ich nicht noch vor ein paar Wochen anlässlich ihres Kommentars über meine erotische Zeichnung schamvoll errötet und sprachlos davongeschlichen? Aber das geschah in einem kühl-sachlichen Klassenzimmer, jetzt saßen wir in entspannter, gemütlich ausgeleuchteter Peace-Atmosphäre zusammen, aus den Boxen erklang der fleischgewordene November Leonard Cohen, und Karin kicherte. »Du weißt doch, dass Fußball für mich viel zu rau ist. Wenn ich schon sehe, wie sie sich gegenseitig treten! Warum machen die das? Es könnte doch so schön friedlich sein beim Sport, ich verstehe die Aggression nicht«, sprudelte es nur so aus ihr heraus, und es wurde wieder einmal klar, dass in diesem Apartment Welten aufeinander trafen. Darin lag aber auch der Reiz der Tee-Zusammenkünfte mit Karin.

»Dat verstehst du nich«, seufzte Wolfi, »dat iss eben dat wahre Leben! Sich von den anderen den Ball erkämpfen, und dann die Flanke, und dann die Kirsche in den Kasten ballern, so läuftet doch auf der ganzen Welt. Meinze, dein Che Guevara, der hat auf Kuba nur Gänseblümchen gezupft? Da wurde auch gehobelt, und ’n paar Späne sind da auch gefallen.« Das war nun ein Volltreffer, denn auf den wilden Che, der in Posterform an der Wand hing, ließ Karin gar nichts kommen.

»Das ist etwas vollkommen anderes, Wolfgang«, sagte sie sehr ernst, »Che Guevara hat gegen die Ungerechtigkeit und den Imperialismus gekämpft. Das ist ja wohl ein großer Unterschied zu einem Fußballspieler, der unbedingt ein Tor schießen will.«

Jetzt mischte sich auch Pit ein – er zeichnete sich dadurch aus, dass er sich ständig einmischte. »Lass doch die Karin in Ruhe«, nölte der große Klassenkämpfer, »kein Mensch muss sich für Fußball interessieren. Und die wichtigen Dinge spielen sich nicht auf irgendeinem Fußballplatz, sondern bei den internationalen Klassenauseinandersetzungen ab.« Nun öffnete Dirk Söhnchen die Riesen-Schraubflasche voller ätzender Ironie, die er immer bei sich trug. »Ich hab einen Kompromiss-Vorschlag«, säuselte er, »wir formulieren eine revolutionäre Dankadresse an Pit, dass er uns wieder einmal die wichtigen Dinge dieser Welt in so einfacher und eindringlicher Form erklärt hat. Und danach reden wir nicht mehr über Fußball, aber auch nicht mehr über Che!«

Leicht grummelnd deuteten wir seine Worte als Friedensplan und belästigten die in einen glutroten Sari verpackte Karin (ganz entfernt ähnelte sie der fetten Mama Cass von den Mamas und Papas) nicht mehr mit Beckenbauer, Netzer und Libuda.

»Ich hab Kokos-Makronen gebacken«, verkündete Karin. Begeistert stürzten wir uns auf die saftigen Plätzchen, denn damit konnte man prima den ätzenden Geschmack des Wildkirschen-Tees wegschmatzen. Sie duldete es tatsächlich nicht, dass wir Bier mit ins Apartment schleppten, da war sie zu keinem Kompromiss fähig, und wir hielten uns dran; Pit hatte ich allerdings immer im Verdacht, sich heimlich auf dem Klo die Flachmänner reinzuziehen.

Schnell waren wir wieder bei unserem – noch vor dem Fußball – absoluten Lieblingsthema: Nachdem wir kurz die neuesten Ausfallerscheinungen unseres senilen Bundespräsidenten Heinrich Lübke (»Liebe Einwohner von … äh, äh, äh … äh, äh … Helmstedt!«) gestreift hatten, ging es nur noch um die Wonnen und Pleiten, die großen Erfolge und die deprimierenden

Niederlagen auf dem unendlich weiten Spielfeld der Liebe. Karin genoss die Offenheit, mit der wir Junghähne mit ihr unsere sexuellen Befindlichkeiten erörterten. Und immer war ein gewisses erotisches Knistern in dem mit Räucherstäbchen-Duft erfüllten Raum zu spüren. Die Lehrerin tat nichts, um diese manchmal nach körperlicher Erlösung lechzende Atmosphäre zu zerstören, sie wechselte nicht plötzlich das Thema, sie wurde nicht pädagogisch-sachlich, im Gegenteil: Wenn einer von uns Anzüglichkeiten absonderte – zotig wurde es in ihrer Gegenwart nie! –, dann lachte sie ein Lachen, das augenblicklich unsere schmutzige Phantasie anregte.

»Ich finde es ganz furchtbar, wenn ich mehr will als immer nur rumknutschen, und dann jedes Mal zurückgewiesen werde«, sagte Dirk.

Mein Thema! »Was iss denn schon dabei, wenn man sich überall anfasst, und wenn man am Ende miteinander vögelt. Dat iss doch normal! Warum sind die Mädchen da so verklemmt?«

»Ich glaub nicht, Manfred, dass die Mädchen verklemmt sind«, lächelte Karin. Sie sagte tatsächlich ›Manfred‹, wie meine Mutter, furchtbar, das musste ich ihr noch beibringen, dass ich ›Manni‹ genannt werden wollte. »Die sehen die Sache mit dem Vögeln nur nicht so oberflächlich wie ihr. Für die meisten Mädchen ist das nicht nur einfach ein geiler Spaß, sondern das Zeichen von großer Nähe und Liebe.«

Sie hatte die Angewohnheit, ihre Gesprächspartner, wenn das Gespräch an eine wichtige Stelle kam, an den Händen oder an der Schulter zu berühren; in unserer schlichten Sicht der Dinge bewerteten wir das als halben Annäherungsversuch.

»Sach mal, kann dat sein, dat du die Assistentin von Doktor Sommer bist?«, fragte Dirk sarkastisch. Natürlich lasen wir alle die Sex-Beratung in der *Bravo*, da konnten sogar wir Sechzehnjährigen noch entscheidende Dinge erfahren. Ich verdanke zum Beispiel dem Aufklärungsgeschwader um den fiktiven Dr.

Sommer wertvolle Erkenntnisse darüber, was denn eigentlich genau ›Petting‹ ist.

Karin war leicht angesäuert. »Wenn euch meine Meinung nicht interessiert, können wir auch über was anderes reden«, maulte sie rum. Irgendwie war heute der Wurm drin, der Buß- und Bettag hatte uns Grauschleier auf die Seelen gelegt. Über Fußball sollten wir nicht reden, über Karins Liebling Che auch nicht, und jetzt war auch noch das Ende unserer Betrachtungen über das weibliche Geschlecht gekommen. Für ein, zwei Minuten wurde es ruhig in der Runde, die Byrds – von Dirks fachkundiger Hand persönlich dem Regal entnommen – säuselten ›Eight Miles High‹, und kurz darauf machten sich Pit und Wolfi auf den Weg in den Nettebruch. In Pits Bude wollten sie noch ›Hendrix hören‹ – alle Eingeweihten wussten, dass es nicht nur Musik von Jimi Hendrix, sondern auch noch einen entspannenden Joint geben würde. Im Nettebruch, wo die ›Asozialen‹ und die ›Pollacken‹ wohnten, für den ordentlichen Dattelner sowas wie die Bronx. Ich habe mal für vier Wochen auf der Kokerei der Zeche Emscher-Lippe direkt am Dortmund-Ems-Kanal gearbeitet. Dort trug ich die bereits erwähnte graue Unterwäsche, wurde zu unmenschlichen Arbeiten wie dem sogenannten Schiffetrimmen herangezogen und traf einen Wahnsinnigen. Seinen Namen habe ich vergessen; ich weiß nur noch, dass er überdurchschnittlich hohl in der Birne war und über schier unglaubliche Muskelberge verfügte. Die halfen ihm, wenn wir bis zu den Knien in dicken Brocken Koks standen und haufenweise Koksstücke in die Hohlräume links und rechts im Schiffsbauch warfen. Danach konnten die Schiffe schön waagerecht und ohne Schlagseite auf dem Kanal ihrem Ziel entgegenschippern, wo es die Leute dann mit dem vielen Koks so richtig schnuckelig warm hatten. Das war die Sklavenarbeit namens ›Schiffetrimmen‹, von der spätere Bleistiftstemmer und Hirnakrobaten noch Jahrzehnte danach schaudernd zu berichten pflegten.

Mein unterbelichteter Kokerei-Kollege begab sich eines Tages auf den Dattelner Neumarkt, wo er eine Waffe zog und vollkommen unmotiviert zu schießen begann, Gott sei Dank nur in die Luft, andernfalls wäre das schöne Datteln nicht nur wegen des ›Mauerfalls‹ in den *Spiegel* geraten. Den behämmerten Muskelmann haben sie anschließend in die Psychiatrie ›verbracht‹ (eins meiner Lieblingswörter!), von seiner Existenz berichte ich hier deshalb, weil er auch aus dem Nettebruch stammte, was meine Vorurteile gegen diese Wohngegend nicht eben minderte. Außerdem liegt der Nettebruch auf halbem Weg nach Erkenschwick, und das sagt ja wohl alles.

In Karin Ludomeits Apartment ging es nun zu wie bei den zehn kleinen Negerlein, oh Scheiße, ich meine natürlich: wie bei den zehn kleinen Afrikanern oder meinetwegen auch: wie bei den zehn Afro-Amerikanern: Nach Pits und Wolfis Verschwinden jedenfalls dauerte es keine zehn Minuten, und Dirk forderte mich auf, mit ihm bei Curry-Franz eine von den Gourmet-Currywürsten zu verspeisen. »Nee, lass mal«, sagte ich, und schon da ritt mich ein mir bis dato unbekannter Teufel, »ich hab gut gefrühstückt, und Karins Makronen müssen auch noch verdaut werden. Ich trink noch in Ruhe meinen Tee aus. Oder schmeißt du mich schon raus, Karin?«

»Du kannst noch 'ne Weile bleiben, ich hab nix Besonderes vor«, meinte Karin, eilte in die Küche und setzte Wasser für noch einen von diesen köstlichen Tees auf.

Wir waren allein! Es musste jetzt etwas passieren, und ich hatte auch sehr genaue Vorstellungen darüber, was. Aber die überhitzten erotischen Träume, das Sex-Kino im Kopf, in dem Karin schon oft die Hauptrolle übernommen hatte, all das war die eine Seite; dann gab's da aber noch die Realität, in der nett geplaudert und Tee getrunken wurde. Dazwischen stand eine Mauer, so hoch und unüberwindbar wie keine Mauer auf der Welt einschließlich der berühmten Exemplare in Berlin und China.

Aber dann passierte etwas, das ich mir nicht vorzustellen gewagt hätte: Karin half mir, ohne größere Umwege auf die unausweichliche große Explosion der Gefühle, auf die leidenschaftliche Begegnung unserer Körper zuzusteuern. (Mal ehrlich: Ist meine Sprache vielleicht zu schwülstig? Soll ich mich mehr zurücknehmen? Bedenken Sie: Solche Dinge ›untenrum‹ beschreibe ich auch nicht jeden Tag!) Jedenfalls schuf Karin im Gespräch die richtige Atmosphäre, indem sie nämlich auf die kleine Irritation anlässlich meiner erotischen ›Let's-Spend-The-Night-Together‹-Skizze zu sprechen kam.

»Du bist mir doch nicht böse, weil ich dich mit deiner Zeichnung ein wenig geneckt habe, oder?« ›Necken‹, wieder so ein Lieblingswort von mir, ich könnte kotzen, wenn ich es höre, mir fehlt einfach das Feingliedrige, um zu ›necken‹, und ich will auch gar nicht ›geneckt‹ werden. Aber bitte, Manni, jetzt geht es nicht um deine Sprachempfindlichkeit! Mach eine Ausnahme, reagiere wohlwollend, geschmeichelt ob der Nachfrage, lass dich ruhig ›ein wenig necken‹.

»Ach Gott«, griente ich und rutschte ein paar Zentimeter näher ran, »wir verstehen uns doch gut. Da ist doch eine kleine Neckerei immer im Angebot. Ich fand deinen Spruch ganz süß.«

Jetzt würgte ich mir selber das nächste Hasswort aus meiner persönlichen Sprach-Hitparade rein! Süüüüüß! Aber sie mochte es, ich merkte, wie sie dahinschmolz. Gleichzeitig wurde ich wieder rot, das muss sie aber erst recht befeuert haben. Sie legte ihre Hand auf meine.

»Du bist auch süß, du Süßer.« Das war jetzt nur noch ein Hauchen. Und es fiel mir überhaupt nicht schwer, angesichts ihrer katastrophalen Wortwahl aggressionsfrei zu bleiben. Ich streichelte ihre Schultern, ihr Gesicht (schwabbelte es ein wenig?), und dann küssten wir uns, sehr zart, überhaupt nicht fordernd, nur wohlig-zärtlich. Nach und nach begann ich, das Denken einzustellen – über die unglaubliche Situation, darüber, welche Folgen es haben könnte, wenn Schüler und Lehrerin ...

aber sie war doch gar keine ›richtige‹ Lehrerin … trotzdem … all diese Bedenkenträgerei schlich sich aus dem Raum. Es blieben: viel Gefühl, Vertrautheit, die meine Unsicherheit und die letzte Scham vertrieb, und eine sich sprunghaft steigernde Geilheit.

Karin Ludomeit war es, die sich als erste von uns beiden auszog, ohne umständliche Rituale schob sie sich den Sari über den Kopf und warf ihn in die Ecke. Sie hatte tatsächlich einen speckigen Bauch, aber der störte mich nicht im geringsten, ich küsste sie überall, zwei sehr euterige Brüste sprangen mich an, als wollten sie mich erschlagen, einen BH trug sie selbstverständlich nicht; ich ließ meine Zunge kreisen, Karin begann zu stöhnen, sie klang wie eine klagende, angeschossene Hirschkuh (ja, iss ja gut, ein sexistischer Vergleich, pfui, woher weiß ich eigentlich, wie sich eine angeschossene Hirschkuh anhört?), und als ich mich für einen Augenblick auf mich selbst konzentrierte, merkte ich: So einen Ständer hast du in deinem ganzen Leben noch nicht gehabt!

Plötzlich lachte sie wie irre, wie kurz vor der Einweisung: »Ha, ha, ha, aaah, wie du schleckst, das ist der Wahnsinn, schleck weiter, du Geiler! Schleck mich ab! Schleck tiefer!«

Auf Ehre und Gewissen, ich hab mich an der Stelle nicht über das Wort ›schlecken‹ aufgeregt, aber im Nachhinein tu ich es einfach mal: ›Schlecken‹ ist für mich ganz persönlich ein Unwort beim Liebesspiel, ich weiß nicht ganz genau, was mich daran stört, vielleicht ist es mir zu süddeutsch, vielleicht bin ich auch in sprachlichen Dingen zu intolerant, denn das ist ja nun wirklich der Gipfel, sich über Wörter zu mokieren, aber keine Begründung abliefern zu können, so geht es einfach nicht! Am Buß- und Bettag 1968 hatte ich jedenfalls nicht die geringste Absicht, eine sprachkritische Vorlesung zum Thema »Verbale Kommunikation beim Liebesspiel« abzuhalten. Jeder durfte ungestraft sagen, was er wollte, wenn es nur im Entferntesten geeignet war, die Entfesselung der Wollust zu forcieren.

»Jetzt lecke ich dir gleich deine Muschi«, flüsterte ich ihr ins Ohr, und sie machte mir prompt wieder akustisch das waidwunde Rotwild. Ausgiebig bediente ich mit der Zunge die delikaten Punkte in ihrer großen rosa Muschel, was bei Karin zu einem wild zuckenden Orgasmus mit wüsten Schreien führte. Hoffentlich hören Willi und seine NPD-Kameraden unten in der Kneipe nicht zu, durchfuhr es mich, als ich für ein paar Sekunden aus dem Sex-Rausch auftauchte. Aber dann hörte ich entfernt Heino singen, die ›Schwarze Barbara‹, und war augenblicklich beruhigt. Die soffen und hörten Heino aus der Musikbox, da drohte keine Entdeckung.

Karin machte jetzt einen Fehler. Mir war nicht genau klar, wer mich bis auf die Unterhose entkleidet hatte, wahrscheinlich war ich es selber gewesen. Karin begab sich nunmehr daran, Kontakt mit dem Feinripp und dem dahinter lauernden Ungeheuer aufzunehmen.

»Ja, wo ist denn das große Schniedeli?« fragte sie brünftig und begann, meinen Schwanz durch den Stoff zu massieren. Müssen wir schon wieder über die katastrophale Wortwahl meiner mopsigen Muse sprechen? Nein, müssen wir nicht, ich weise aber aus Gründen der äußersten Vorsicht darauf hin, dass eine längere Beziehung mit einer derart neckisch-putzig daherplappernden Frau für mich vollkommen ausgeschlossen wäre.

Damals allerdings fegte der wilde Tornado meiner jugendlichen Geilheit alle aufkeimenden sprachlichen Ekel-Anfälle hinweg wie Spielzeug-Häuser. Der Tornado wirbelte leider eine Spur zu wild. Karin hatte meine empfindlichste Stelle vielleicht eine halbe Minute lang gerüttelt, geschüttelt und geknetet, da passierte, was ums Verrecken nicht so früh passieren sollte, was aber angesichts meiner Unerfahrenheit, meines aufgeheizten Zustandes und der Vorgeschichte des Massierens sekündlich zu befürchten war: Meine materialisierte Manneskraft ergoss sich in heftigen Schüben in die mit Omo gewaschene, blütenweiße Unterhose.

»Oh, ein kleines Malheur, wie schade!« wisperte Karin. Da kam in mir eine leichte Aggressivität hoch. War sie nicht persönlich dafür verantwortlich, dass unser Finale viel zu zeitig abgepfiffen wurde? Hätte sie nicht angesichts meines jugendlichen Alters ahnen können, wie ungestüm ich in dieses Spiel gehen würde? Da versucht die erfahrene Frau doch erst mal, Ruhe in die Partie zu bringen! Die Lustwellen, die mich noch ein paar Augenblicke vorher mit der elementaren Wucht eines Jimi-Hendrix-Solos durchrauscht hatten, verloren urplötzlich an Gewalt und Größe, es war, als wenn sie Jimi den Stecker rausgezogen hätten. Bald plätscherte es nur noch in mir, zuckte hier, zuckte da, und dann ließ ich mich leise-enttäuscht stöhnend auf Karins Lotterlager zurückfallen. Ich lag in den Armen meiner verhinderten Entjungferin und bastelte mir unverzüglich mein geliebtes schlechtes Gewissen. Was passiert, wenn alles rauskommt? Schmeißen sie mich von der Schule? Und Karin gleich mit? Wie kann ich mich dazu hinreißen lassen, mit einer Lehrerin Sex zu haben! Wird sie mich verachten, weil ich so früh gekommen bin? Wird sie gleich anfangen, hämisch zu lachen über den kleinen dummen Manni, der dem Irrtum erlegen ist, eine erwachsene Frau befriedigen zu können?

Selbstverständlich passierte nichts dergleichen. Karin verscheuchte die aufkommende Wortlosigkeit durch von Streicheleinheiten begleitete ›Neckereien‹ (»Da war das Lümmeli wohl etwas zu aufgeregt, wollen wir es wieder wecken?«), was den schrumpeligen Zustand des Lümmeli bis ans Ende aller Tage garantierte. Ich sagte nicht mehr viel, die Lust war durchs Fenster über den Neumarkt davongeflogen, vermutlich Richtung Amanduskirche – Hilfe, ein Irrflug! –, ich entzog mich den Liebkosungen der nach Verlängerung und Elfmeterschießen gierenden Karin und begab mich wenige Minuten später nach Hause, wo das Länderspiel gegen die chronisch spielschwachen Nordiren glücklicherweise schon im Gang war. Das bewahrte mich vor Lügenmärchen über den Verlauf des Nachmittags.

Mein Vater und ich schauten Beckenbauer und Co. zu und lauschten dem kargen, bärbeißigen Kommentar von Rudi Michel, Mama saß in der Küche und klebte Rabattmarken ein, und schon in der Halbzeit hatte sich die Feuchtigkeit in meiner Unterhose verzogen.

Karin Ludomeit verließ wenige Monate später das Neusprachliche Gymnasium für Jungen und Mädchen in Datteln. Es hielten sich Gerüchte, wonach die Entscheidung unseres Direktors auf den ständigen ›Herrenbesuchen‹ der Kunstpädagogin fußte, aber keiner wusste Genaues. Ich hab nie wieder etwas von meiner Praecox-Geliebten gehört, ich könnte mir vorstellen, sie betreibt zusammen mit einem ›ganz lieben‹ schwulen Freund irgendwo im Schwäbischen ein esoterisches Teegeschäft, in dem noch heute die Räucherstäbchen glimmen und Nina Simone aus den Boxen krächzt.

Meine schleppenden Schritte auf dem Feld der praktizierten Erotik gewannen ein paar Jahre später an Tempo. Die bereits erwähnte Miriam mit dem Pferdegebiss spielte dabei eine bedeutende Rolle, schönen Dank; und schon sieben Jahre nach meinem schnellen Abgang im Apartment von Karin Ludomeit trat ich in den Stand der Ehe ein, was gemeinhin den absoluten Höhepunkt des sexuellen Vollrausches markiert. In den folgenden Jahrzehnten bin ich vor allem dank der zahllosen Groupies, die mir zu Willen waren, voll auf meine Kosten gekommen. Die Sorgen vor allem der Leserinnen, ich könnte nur auf ein spärliches, zwischen monogam und mönchisch schwankendes Sexualleben zurückblicken, sind also vollkommen unbegründet.

Ach übrigens: Die besudelte, von der Sünde gezeichnete weiße Feinripp-Unterhose habe ich noch am Abend in den Dattelner Lokalteil der *Recklinghäuser Zeitung* gewickelt – ich erinnere mich noch, es war eine der seltenen Ausgaben ohne ein einziges Foto unseres Bürgermeisters! – und bei einem vorgetäuschten spätabendlichen Luftschnapp-Spaziergang in einen der zahlreichen Dattelner Papierkörbe geworfen. Der zeitgeschichtlichen Forschung über die Sexualmoral in den 60er-Jahren ist damit ein originelles Exponat verloren gegangen, aber die Unterhosen von Mick Jagger, Drafi Deutscher, John F. Kennedy und Willy Brandt müssen reichen.

Wenn schon kein Sex, dann wenigstens Drogen

Meinen ersten Rausch erinnere ich noch sehr gut. So könnte ich es formulieren, wenn ich ein Sprachvergewaltiger wäre; da mir Triebtaten jeglicher Art aber fernliegen, werde ich nie, nie das Verb ›erinnern‹ mit dem Akkusativ verbinden! Das wollen wir doch wohl bitteschön den Engländern und den Amerikanern überlassen. Also: An meinen ersten Rausch erinnere ich mich noch sehr gut. Es war kein akkusativischer oder präpositionaler Rausch, sondern ein merkwürdig prickelndes, nebliges Etwas, keine ausgewachsene, torkelnde Besoffenheit, eher ein Räuschlein, das noch erwachsen werden wollte, ein schnell abebbender Zustand sinnfreier Albernheit. Das Schicksal hatte eine Geburtstagsfeier meines tauben Lieblingsonkels August ausersehen, meine Distanz zum Alkohol zu verringern. Ich zählte stolze vierzehn Lenze und hatte noch keinen einzigen Tropfen angerührt – noch nicht mal heimlich, auch keinen Messwein.

Immer wieder werden die tollsten Geschichten über angetrunkene Messdiener in die Welt gesetzt, die sich an dem Wein vergreifen, der nach der katholischen Lehre während der heiligen Messe in das echte Blut Jesu Christi verwandelt wird. Unter uns: Die Vorstellung einer Verwandlung von Wein in Blut durch Gebete und religiöse Formeln ist für mich absurd. Aber auch die Erzählungen über diebische, weinselige Ministranten halte ich für überwiegend frei erfunden; denn vor den Diebstahl hat der liebe Gott den Küster gesetzt, und ein Küster wie Heinz Rüter von St. Amandus in Datteln hatte den Wein so sicher unter Verschluss wie Curry-Franz das Rezept seiner unnachahmlichen Curry-Sauce. Und was den kleinen Manni anging, so war der viel zu brav und gläubig, um Wein zu klauen, der für die Heilige Wandlung vorgesehen war – noch nicht einmal den Gedanken hätte ich zu denken gewagt. Also musste das erste schwippsige Gefühl von jenem Getränk herrühren, das in meiner westfälischen Heimat fast schon ein Monopol auf Schwipse und Räusche aller Grade hatte: blondes, schaumiges Bier, Export oder Pils, meistens aus Dortmund.

Damals, Mitte der 60er-Jahre, waren die Eigentumsverhältnisse im Brauereiwesen noch ohne ein Seminar im Gesellschaftsrecht zu durchblicken, mit dem Schluck aus der Pulle mehrte der Trinker also nicht das Vermögen irgendeiner unüberschaubaren anonymen Company in Belgien oder in den USA. Und Dortmund war noch die Stadt des Bieres, mit vielen bekannten Marken, über deren Geschmack und Bekömmlichkeit sich halbe Kneipenabende lang diskutieren ließ. Im Falle der Geburtstagsgesellschaft im Hause Hafenstraße Nummer 107 in der Kanalstadt Datteln wurde trinkenderweise die Schatulle von Herrn und Frau Ritter gefüllt; vielleicht konnten sich die Kinder der Familie Ritter nach Augusts Wiegenfest endlich mal eine elektrische Eisenbahn zu Weihnachten wünschen. Denn die versammelten Zecher, vornehmlich Mitglieder der Familien Mushoff und Breuckmann, vernichteten größere Mengen an Ritter-Bier aus Bügelflaschen, auf deren Etiketten nach meiner Erinnerung die Farben Gelb und Rot dominierten.

Die anwesenden Damen allerdings tranken Erdbeer-Bowle aus schweren Kristall-Gläsern mit Henkeln; zu Beginn, nach dem Kuchen, gab's aber erstmal ein Gläschen ›Aufgesetzten‹, höchst fruchtigen Johannisbeer-Likör aus der Produktion von Tante Hanna. Es war alles so selbstverständlich, aber trotzdem will ich es erwähnen: Keiner verweigerte sich dem Alkohol, alkoholische Getränke gehörten einfach dazu, sie waren, weit mehr als heute, Teil der Feier-Kultur; wer damals Nein sagte,

1969: Bei Breuckmanns bahnt sich eine Orgie an.

musste schon sehr gute Gründe anführen, andernfalls wurde er als komischer Vogel gebrandmarkt. Ich glaube, mein Vater galt als so ein merkwürdiger Kauz, der mitten in der Blüte seiner Jahre nie mehr als zwei, drei Biere trank. Sein Argument, er habe es doch am Herzen und müsse mit dem Alkohol aufpassen, wurde nie ganz ernstgenommen. Der Willi, der war einfach etwas ungesellig, schade eigentlich.

Autofahren als Abstinenz-Grund kam so gut wie gar nicht vor, die allermeisten bewegten sich zu Fuß, per Fahrrad und mit Bus und Bahn, und weil die ganze Sippschaft in Datteln aufeinanderhockte, kamen alle per pedes, auch Werner, der Käferbesitzer, und der Opel-Rekord-Fahrer Hermann. Meine Eltern hatten keinen Führerschein und kein Auto, in den Urlaub, hauptsächlich zu Oma oder zu Tante Mia – die mit der Pension – nach Ostwestfalen, fuhren wir mit der Dampfeisenbahn, zweimal Umsteigen in Hamm und Altenbeken, den beiden weltberühmten Eisenbahnknotenpunkten. Vermisst habe ich überhaupt nichts; Autos fuhren die Bessergestellten, und dass die in jeder Beziehung materiell mehr vom Leben hatten, war ein Naturgesetz.

»Kühles Bier, frisch vom Fass, wohl bekomm's, graaaatiaaas!« Onkel Heinz war schon wieder so weit. Immer wenn er zu singen begann – und er sang jedes Mal bei den Feiern an der Hafenstraße –, hatte er den Maximalpegel an Beschwingtheit und guter Laune erreicht, die Saugfrequenz an seinen Handelsgold-Zigarren war nicht mehr zu steigern, und seine rotgesichtige Ehefrau Mathilde warf ihm aggressive Blicke zu, in denen ein beängstigend hohes Maß an Verachtung lag.

»Gib dem Manfred doch auch mal ein Bier, der ist doch jetzt alt genug!« Der Name meines ersten Alkohol-Verführers lautete also Heinz. Onkel Heinz, dickbäuchig, sehr trinkfreudig, ebenfalls bei der Post wie mein Vater, allerdings im Innendienst hinter dem Schalter. Gemeinsam mit seiner Frau Mathilde, die für die Dattelner High Society nähte, war er stets bemüht, Kontakt zu den »Bessergestellten« zu halten.

»Dat soll wohl so wat sein«, sagte mein Vater zu diesen krampfhaften Bemühungen, mit Fabrikanten und Oberstudiendirektoren zu poussieren. ›Dat soll wohl so wat sein‹ heißt übersetzt: Da will aber einer mehr scheinen als sein, da trägt jemand ziemlich dicke auf, ein Angeber, ein Blender, ein Dackel, der untaugliche Versuche unternimmt, mit den Bernhardinern zu pinkeln. Und dieser immer leicht bärbeißige Mann schickte sich nun an, den Startschuss für meine Alkohol-Karriere zu geben.

Aber es gab Widerstand am Eingangstor ins dunstige, rosarote Wunderland der tausend Biere, der vergorenen roten und weißen Traubensäfte und der gebrannten, hochprozentigen Gaumenschmeichler: »Lass dat mal sein, Heinz,« sagte meine Mama, »der Manfred braucht dat noch nicht zu haben, der mit seine vierzehn Jahre iss noch viel zu jung für sowat!«

»Aber der Junge soll doch ein richtiger Mann werden, Else, ein Püllecken Bier wird ihm nicht schaden.« Das war die nörgelige Stimme meiner Großtante Hanna, die sich garantiert nur deshalb für den Biergenuss des pubertierenden Manni stark machte, weil Else dagegen war. Willi und Else samt Sohn Manfred hatten neun Jahre in einer Wohnung mit Hanna und August gewohnt, in dieser Phase hatte sich zwischen den beiden Damen eine größere Menge Sprengstoff angesammelt. Teile davon explodierten bei jedem Familientreffen.

Ich sollte ein richtiger Mann werden, jawoll! Und mit vierzehn gehört dazu, verdammt noch mal, ein schöner, großer Schluck aus der Bierpulle. Meine Mutter stand auf verlorenem Posten, alle anderen Anwesenden unterstützten den Antrag von Onkel Heinz, der sich gerade eins der unvermeidlichen Lachs-Schnittchen in den unersättlichen Schlund schob und zum Entsetzen seiner Gattin gleichzeitig kaute und sprach: »Gerade weil sein Patenonkel Geburtstag hat, soll der Manfred jetzt mit uns allen anstoßen, nä August, dat siehst du doch bestimmt genauso, oder?« Heinz hatte seinen schmatzenden Mund dem linken Ohr von August genähert und brüllte die letzten Worte in den tauben Gehörgang des Onkels, der in Wirklichkeit mein Großonkel war. August hatte, weil es ein Werktag war – die Feste wurden gefeiert, wie sie fielen – sein piepsendes Hörgerät in der Schublade, aus unerfindlichen Gründen war der Hörapparat für sonn- und feiertags reserviert, aber ein Resthörvermögen war da, und deshalb glaubten alle an eine Zustimmung zum Biergenuss des Großneffen, als August »Jau, jau!« sagte. In Wirklichkeit war es wohl so, dass Onkel August schlicht seine Ruhe haben wollte, und wenn er »Jau, jau!« murmelte, behelligten sie ihn nicht mehr mit irgendwelchen Belanglosigkeiten.

»Siehste«, triumphierte Heinz, »dat Geburtstagskind iss auch dafür, gib dem Jüngsken mal ne Flasche rüber.«

Und wie sah das Jüngsken die Sache? Immerhin sollte an ihm der Initiations-Ritus vollzogen werden, der ihn zu einem vollwertigen Mitglied der sozialen Trinker-Gemeinschaft machen würde. Da war ja auch Manfreds eigene Meinung gefragt, oder vielleicht doch nicht so ganz? Ich jedenfalls betrachtete das unmittelbar bevorstehende, aufregende und richtungweisende Ereignis mit einer Mischung aus Neugierde, Vorfreude und Unsicherheit. Denn ich hatte wirklich noch nicht genippt am großen Glücksspender, noch nicht einmal in Form von Dunkelbier. So wird in Westfalen das Malzbier bezeichnet, das zwar harmlos ist, gleichwohl aber bis zu 0,5 Prozent Alkohol enthalten darf.

Meine Abstinenz bis vierzehn hatte ich einer brillianten Idee der fürsorglichen Mutter Kirche zu verdanken. Irgendeiner von den Triebunterdrückern im Vatikan oder am deutschen Bischofs-Stammtisch war nämlich auf die Idee gekommen, einen sogenannten ›Club der Aufrechten‹ ins Leben zu rufen, eine Art virtuelles Camp für Triebverzicht. Aufrecht durchs Leben zu gehen bedeutet für den hundertprozentigen Katholiken, auf alles zu verzichten, was Spaß macht. Dazu gehört der Sex, wenn er nicht der Fortpflanzung dient, der Teufel Alkohol im Übermaß, zu viele Zigaretten; besonders Linientreue setzten in den 60ern vorsichtshalber auch noch die *Bravo*, Jerry-Cotton-Hefte, schwedische Spielfilme und laute, gottlose Rockmusik auf die Liste der verbotenen Dinge. Erlaubt waren Buttermilch, Schwarzbrot, Briefmarken sammeln, Operetten und Musicals, Filme mit Peter Alexander und die Mitgliedschaft im Kirchenchor. Starke Abweichungen von den katholischen Verzichtsregeln wurden vor allem im Rheinland und dort speziell im Karneval beobachtet, aber wenn die Fehltritte nicht rauskamen, war es auch nicht so schlimm.

Um nun den jungen Katholiken frühzeitig auf die Spur des Verzichts zu schubsen, verschickte der ›Club der Aufrechten‹ wortreiche, feierliche Selbstverpflichtungen, in denen längere Ausführungen über das Leiden Christi enthalten waren; am Ende kam die entscheidende Passage: »Eingedenk aller Entbehrungen, die Jesus auf sich genommen hat, verspreche ich, bis zur Vollendung meines vierzehnten Lebensjahres weder Nikotin noch Alkohol in jeglicher Form zu mir zu nehmen. Wenn ich gegen diese Verpflichtung verstoße, soll mir der Arsch abfallen.« Ich gebe zu, der letzte Satz ist unverschämt und außerdem frei erfunden, aber der Rest stimmt.

›Alkohol in jeglicher Form‹ beinhaltete nicht nur Dunkelbier, sondern auch Weinbrandbohnen und Mon chéri, was mir aber wenig ausmachte, da ich eher ein Freund von Gummibärchen und Bensdorp-Nuss-Schokolade war. Ehrlich gesagt war der Kampf gegen Alkohol und Nikotin nicht so entbehrungsreich, wie sich die dramatische Erklärung anhört. Bis ich vierzehn war, bewegte ich mich in harmlosen Kreisen, in denen niemand so richtig über die Stränge schlug. Die Aufforderung »Ey, rauchse eine mit!« drang nie an mein Ohr, und an unserer Volksschule am Grünen Weg kreiste bei den kleinen Jungs auch nicht der Flachmann, sondern nur die Schulmilchflasche.

Trotzdem war ich stolz darauf, immer durchgehalten zu haben. Damit hatte ich gleichzeitig eines der typisch katholischen Verhaltensmuster eingeübt. Eine Belohnung für den Verzicht gab es nur in Form regelmäßiger Club-Briefe, in denen von Heldentaten der Clubmitglieder angesichts schmutziger Versuchungen berichtet wurde.

Aber nun war ich vierzehn, und der Gedanke, einfach so – ohne den Club der Aufrechten – weiterzumachen mit der Verbannung der Volksdrogen aus meinem Leben, wollte sich dummerweise nicht einstellen. Ich war bereit für die mannhafte Begegnung mit dem Auslöser von soviel Leid und Elend in dieser Welt, und ich hatte noch nicht einmal ein schlechtes Gewissen. Auf Wiedersehen, Club der Aufrechten, es war eine schöne Zeit!

»Tja, dann reicht mir doch mal 'ne Flasche Bier rüber! Würd ich gerne mal probieren, dat Zeug!«

Onkel Heinz wankte persönlich in die kalte ›gute Stube‹, wo die zwei Kästen Bier auf Temperatur gehalten wurden, einen Kühlschrank gab's noch immer nicht im Haushalt von Onkel August und Tante Hanna. Mama zeterte im Hintergrund, während Heinz feierlich den Bügelverschluss hochschnappen ließ und seinen zweitliebsten Trinkhit »Prost, prost, Kameraden« anstimmte. Der stimmgewaltige Onkel Hermann sang laut mit, der Rest hielt sich unsicher zurück, ich setzte die Flasche an den

Hals und nahm mutig einen großen Schluck. Onkel Heinz wäre es wahrscheinlich am liebsten gewesen, wenn jetzt Applaus aufgebrandet wäre, aber so weit wollte wohl wirklich niemand gehen. Sie amüsierten sich nur alle wie die Bierkönige, als ich mein Gesicht verzog. »Dat iss aber ganz schön bitter«, beklagte ich mich, »dat weiß ich aber nicht, ob dat mein Lieblingsgetränk wird.« So kann der Mensch sich irren!

Nach den Schlucken Nummer zwei und Nummer drei hatte ich mich an den Geschmack gewöhnt, aber ein wirkliches Genusserlebnis war es immer noch nicht, weder süß noch herzhaft, kein Pudding, kein Gulasch. Dafür bemerkte ich aber eine gewisse schleichende Veränderung in meiner mentalen Befindlichkeit: Eine so noch nicht gekannte Leichtigkeit bemächtigte sich meiner, ein Dunstschleier waberte durch mein Gehirn, ich lachte an Stellen, an denen ich sonst ernst geblieben wäre oder bestenfalls in mich hineingegrinst hätte, ja, ich sang sogar mit, als Heinz die ›Waldeslust‹ und andere Knaller des deutschen Liedschaffens zum Besten gab. Auf einen kurzen Nenner gebracht: Ich durchlebte meinen ersten kleinen Schwips. Klein deshalb, weil mir der Genuss einer weiteren Flasche, obwohl vom Onkel stürmisch gefordert, seitens meiner Eltern verwehrt wurde. Da wurde auch mein Vater energisch, der dem alkoholisierten Treiben bis dahin kommentarlos zugeschaut hatte. »Ihr seid aber ganz schön gemein«, kicherte ich albern, »wat hab ich nur verbrochen, dat ich solche Eltern habe.«

Diese Bemerkung trug mir auf dem Heimweg einen bösen Anschiss von meinem Vater ein, aber der Bann war gebrochen: Das Bier hatte Einzug in mein junges Leben gehalten, ich konnte einsteigen in den gnadenlosen, brutalen Wettbewerb mit den Tschechen und den Belgiern um den höchsten Pro-Kopf-Verbrauch in Europa (bei dem wir mittlerweile trotz der trinkfreudigen Ossis so schmählich ins Hintertreffen geraten sind).

In den ersten Jahren meiner Beziehung zum Bruder Alkohol musste ich manchmal die Grenzen erkennen und mein persönliches Limit austesten. So befasste ich mich – streng wissenschaftlich, im Selbstversuch – auch mit der Frage, wie viel Schnapsgenuss meiner Blutbahn zumutbar und ohne besinnungslose Rauschzustände möglich ist.

Da gab es zum Beispiel mal eine gesellige Veranstaltung im Partykeller des Dattelner Arztes Dr. Jütte, dessen Sohn Friedrich-Wilhelm mein Klassenkamerad war. Wir schrieben das Jahr 1968, und ich war an jenem Samstagabend gerade von einem Heimspiel des FC Schalke 04 nach Datteln zurückgekehrt, die Schalke-Fahne unter dem Arm. Ich war damals noch nicht Reporter (sechzehnjährige Fußballreporter hat der WDR meines Wissens noch nie eingesetzt), außerdem gab's zwar schon zahlreiche Berichterstatter mit Fahne, aber noch keinen mit Vereinsfahne. Ich glaube, Nigbur, Fichtel, Libuda und Co hatten gewonnen, und ich spürte in mir das Bedürfnis, das Erfolgserlebnis angemessen zu begießen. Es gab größere Mengen an Bier, aber mir reichte das nicht, und ein fataler Zufall wollte es, dass ich in der Jütteschen Hausbar ein Fläschchen aus Jugoslawien entdeckte, in dem fruchtiger Slivovitz seiner Vernichtung entgegenschlummerte. Schrie der Schalker Sieg nicht danach, mit einem edleren, hochprozentigeren Getränk als ordinärem Bier begossen zu werden? Es hätte so eine schöne private Siegesfeier werden können, wenn da nur nicht das Mengenproblem in seiner ganzen Härte auf mich zugerauscht wäre. Denn was tat ich Dummerle? Ich griff mir ein Bierglas, füllte es fast bis zum Eichstrich mit der hochklassigen Spirituose und kippte mir den Pflaumenschnaps innerhalb von zwei, drei Minuten hinter die Binde. Wenig später durften die Partygäste sich schlapplachen: Da saß auf einem Rodelschlitten mitten im Raum – weiß der Fuselgott, aus welchem Kellerloch ich den organisiert hatte – ein hackevoller Manni, schwenkte wie in Trance die blau-weiße Schalkefahne und lallte alle Schalke-Lieder, die in seinem Suff-Hirn noch aktiviert werden konnten: »Blau und weiß, wie lieb ich dich …«, »Opa Przykowski aus dem Ruhr-Revier, liebt die Schalker Knappen schon seit Neunzehnhundertvier …« und noch ein paar andere, an die ich mich heute nicht mehr erinnern kann, und zwischendurch immer wieder, lang gezogen: »Schaaaaalke, Schaaaalke!«

Die Vorstellung dauerte, so schilderten es Augenzeugen, eine knappe Stunde; danach wankte ich ermattet aus dem Keller, hinauf in die dummerweise nicht abgeschlossene Arztpraxis, kotzte in eins der peinlich sauberen Spülbecken und legte mich dann zwecks Ausnüchterung auf ein Patientensofa, wo sie mich mitten in der Nacht schnarchend entdeckten.

Noch schlimmer erwischte es mich ein paar Jahre später, als ich schon in Marburg Jura studierte und nebenher als Disk-Jockey Geld verdiente. Es war mein erster DJ-Job, ich hatte ihn mir in einer Diskothek in Gladenbach 15 Kilometer von Marburg entfernt mit der Behauptung erschlichen, ein alter Profi-Hase in dem Geschäft zu sein. Sie glaubten mir. Meinen Bammel, dass das Lügengebäude gleich am ersten Abend krachend in sich zusammenstürzen würde, merkte mir keiner an. Ich kam wirklich rüber wie ein erfahrener Plattenaufleger. An meinem dritten oder vierten Arbeitstag gab es allerdings einen denkwürdigen Vorfall.

Rechts von meiner Disko-Anlage befand sich praktischerweise gleich die Theke, und der Zapfer zeigte große Aufmerksamkeit für meine Trinkbedürfnisse. Immer wenn ich gerade mein Pilsglas geleert hatte, kam ein neues, gefülltes angeschwebt. Braver Junge! Da wurde der Service-Gedanke echt groß geschrieben in dieser vermeintlichen Provinz-Diskothek! Die Uhr zeigte halb zwölf, ich hatte ungefähr sechs, sieben große Pils getrunken, da spürte ich einen starken Drang zur Toilette. Ich schloss die Tür hinter mir – und genau an diesem Punkt setzt meine Erinnerung aus. Eine spätere Szene ist mir noch präsent.

Das war der Moment, in dem mich ein starker Kellner auf dem Rücken quer durch die Disko schleifte wie eine Schweinehälfte und mich in den ersten Stock in ein Gästezimmer beförderte. Dort warf er mich aufs Bett, wo ich in voller Montur – unter üblem Karussellfahren in der Birne – wegdämmerte, nicht ohne mich noch infolge totalen Vollrausches vollzupissen.

Oh, wie war mir diese Geschichte peinlich! Musste sie aber nicht sein, wie sich am folgenden Tag herausstellte. Ja, ich war auf dem Klo vollstramm zusammengebrochen, ja, sie mussten, nachdem zehn Minuten später mein Verschwinden aufgefallen war, das Klo gewaltsam öffnen, um mich aus dem Verkehr ziehen zu können, aber es gab keinerlei Veranlassung, Asche auf mein Haupt zu streuen. Denn der Verantwortliche für das Desaster hatte den ganzen Abend innerlich grinsend neben mir gestanden und Pils gezapft.

»Na, du warst ja ganz schön weggetreten«, begrüßte mich der Zapfer am nächsten Abend.

»Iss mir noch nie passiert«, sagte ich, »ich weiß nicht, wie das kommen konnte. Bin froh, dass sie mich nicht rausgeschmissen haben.«

»Dabei hast du doch nur frisch gezapftes, leckeres Pils getrunken, von mir persönlich serviert.« Ganz seltsam guckte er mich bei diesen Worten an. Ich merkte, wie langsam die Wut in mir hochstieg.

»War da vielleicht was drin in dem Pils?«

»Ich hab gehört, du trinkst schon mal ganz gern ein Körnchen zwischendurch, da hab ich mir gedacht, den Schnaps kannst du gleich mit ins Glas packen.« So eine dumme Sau! Haut der mir Korn in das Pils!

»Das war Körperverletzung, ich zeig dich an!«

»Jetzt stell dich mal nicht so an, du wirst doch wegen so einem Spaß keinen Alarm machen, oder?« Spätestens an dieser Stelle des Geständnisses hätte meine Faust in seinem Gesicht landen müssen. Er hätte nichts anderes verdient gehabt –

manchmal müssen eben alle Bekenntnisse zur Gewaltlosigkeit über Bord geworfen werden. Aber mir fehlte einfach der Mut. Körperliche Auseinandersetzungen waren noch nie in meinem Repertoire gewesen. So kam er ungestraft davon, der freundliche Zapfer von nebenan, und ich ärgere mich noch heute, dass er für diesen feigen Anschlag auf meine Gesundheit keine gerechte Strafe bekommen hat.

In einem anderen Fall von brutalem Alkoholmissbrauch ruht die Last der Verantwortung ganz auf meinen Schultern. Und wieder spielt das tragische Geschehen in einer Diskothek, genauer gesagt auf dem Parkplatz derselben. Wir schrieben das Jahr 1973, ich zählte zweiundzwanzig Lenze, und es kam der Tag meiner Begegnung mit Bernd Clüver. Bernd hatte in diesem Jahr einen ganz großen Hit, bei dessen Erklingen mir immer die ganz, ganz großen Kullertränen über die Pausbäckchen rollten: ›Der Junge mit der Mundharmonika‹. In diesem traurigen Lied geht es um einen Jungen, der seine Mundharmonika auf einer Barke mit einer gläsernen Fracht liegenlässt und deshalb unglaublichen Zoff mit seiner Mutter kriegt, und weil er nachts einen Traum träumt, der so alt ist wie die Welt, macht ihn auch noch seine Freundin an, er solle verdammt noch mal endlich was anderes träumen und nicht immer dieselbe nervige Kacke – oder so ähnlich.

Jedenfalls kam der Superstar Bernd Clüver in derselben Woche, in der er bei Dieter Thomas Heck Nummer Eins war, in das auf dem Parkplatz errichtete Festzelt der Diskothek ›Edenrock‹ in Burg-Gemünden im Vogelsbergkreis. Die Bewohner dieser Gegend, etwa dreißig Kilometer von meinem Studienort Marburg entfernt, sprechen einen in Rest-Deutschland unverständlichen Dialekt und hauen ständig ein artistisches r-r-r-r-ollendes R r-r-aus. Einmal, als eine Gruppe aus dem Vogelsbergkreis in Berlin zu Gast war, glaubten alle Berliner, es handele sich um eine finnische Reisegesellschaft. Zu diesen Pseudo-Finnen kam also Bernd Clüver auf dem Höhepunkt seines Ruhms, und ich sollte ihn ansagen! Ich war nämlich viermal in der Woche der Disk-Jockey im ›Edenrock‹, und da bot es sich an, mich auch die Clüver-Gala im Zelt moderieren zu lassen.

Sie ahnen vielleicht, dass mir dem Bernd sein Schmalzlocken-Schmachtfetzen-Sound am Arsch vorbeiging, und wenn ich zwei Ärsche gehabt hätte, dann auch an beiden. Aber ich musste zugeben, dass es sich für ein Dorf wie Burg-Gemünden um ein Riesending handelte, zumal auch noch die beiden deutschen Schlager-Fuzzies Phil und John im Zelt auftraten. Die machten damals Furore mit einer Disko-Polka-Version von Rocco Granatas ›Marina‹, und nun raten Sie mal, auf welchem Platz diese beiden schwuchteligen Jungs aus Mönchengladbach gerade bei Dieter Thomas Heck logierten? Auf Platz Zwei! Direkt hinter Bernd Clüver!

In Burg-Gemünden benahmen sie sich so, als hätten der amerikanische und der russische Präsident zeitgleich angekündigt, sie wollten mal so richtig einen heben im ›Edenrock‹. Plakate wurden geklebt (auf denen auch ich abgebildet war, aber hallo!), das Zelt war schon zwei Monate vorher ausverkauft, und am Tag des Ereignisses pappten sie überall auf die Straßen gelbe Pfeile, die in die richtige Richtung wiesen: zum Festzelt vor dem Edenrock.

Ob ich wohl ein bisschen nervös war? Und wie nervös ich war. Die Sache mit der Nervosität ist immer dann besonders gefährlich, wenn du nach außen vortäuschst, dass du die Veranstaltung eigentlich für ein Bonsai-Ereignis hältst. Bernd Clüver muss übrigens auch angespannt gewesen sein. Ich war Augenzeuge, wie er sich eine gute Stunde vor seinem Halb-Playback-Auftritt beim Umziehen im Schlafzimmer der Wirtsleute vom Edenrock eine komplette Flasche Weißwein reinpfiff, und zwar in einer affenartigen Geschwindigkeit, länger als fünf Minuten brauchte er nicht für den Erfrischungstrunk. Ja, das Showbusiness treibt die Menschen in den Suff, dachte ich mir, und machte mich, beflügelt durch das Clüversche Beispiel, auf in das Spirituosen-Lager der Gastwirtschaft. Und da lagen sie auch schon, die in hübsche Flaschen abgefüllten hochwertigen Beruhigungsmittel mit der hundertprozentigen Wirkungsgarantie: weiße, braune, rote und sogar grüne.

Warum ich mich für ein Fläschchen ›Paddy Old Irish Whisky‹ entschied, weiß ich nicht mehr, vielleicht, weil der Name wie der eines guten alten Kumpels klingt. Ich trank damals, während ich die Platten auflegte, schon mal den einen oder anderen Whisky-Cola, da lag der Griff zur Whisky-Flasche nahe. Nur zwei, drei Schluck, redete ich mir ein, dann wirst du leicht und locker, dann perlen dir die Worte vor den achthundert Leuten im Zelt nur so aus dem Mund. Whisky schmeckt so, als wenn du nach einem Kneipenbrand an den verkohlten Balken lutschst. Aber er turnt schnell an, wie ich schon sehr bald feststellen durfte. Nach einem zehnminütigen Aufenthalt in des Kneipiers Sprit-Wunderland war ein gutes Drittel der Flasche in meinem Schlund gelandet. Das musste reichen, um entspannt an die Moderationsaufgabe heranzugehen.

Habe ich bereits erwähnt, dass es sich um einen sehr warmen Sommertag mit circa 28 Grad im Schatten handelte? Wie wir alle wissen, hat das Folgen für den Wirkungsgrad von Alkohol – speziell, wenn nach dem Schnapsgenuss ein Aufenthalt in einem stickigen Festzelt droht. Wenige Augenblicke, nachdem ich den Ort meines Auftritts betreten hatte, erwischte es mich wie der berühmte Keulenschlag aufs Ochsenhirn. Ich war mit einem Mal stramm wie tausend Russen, schwitzte wie der fette Iwan Rebroff und hatte meine sonore Stimme nicht mehr unter Kontrolle. Man könnte auch schlicht sagen: Ich lallte.

»Ei Manfr-r-r-ed, was habbe se dann mit dir gemacht?«, fragte mich Erich, der Wirt. »Oh, nix Bsonneres«, lallte ich zurück, »nur ein kleiner Muntermacher, kei Prolem.«

»Abä in däm Zustand kanns du doch net auftr-r-r-ede, halt emol dä Kopp unnä Wassä.« Ich hielt den ohnehin schon klatschnassen Kopf unter den Wasserhahn, aber es nutzte nichts: Ich war und blieb ein stark angetrunkener Moderator, der in wenigen Minuten die aktuellen Superstars des deutschen Schlagers ansagen sollte. Es war mir alles unsäglich peinlich, denn ich war nicht etwa weggetreten, nur ein paar Funktionen des Gehirns waren außer Gefecht gesetzt. Ich erlebte also das Schwanken und das Lallen sehr bewusst mit.

Die Moderation, sie fand statt, und sie war ein Desaster. In meiner persönlichen Wahrnehmung war es wahrscheinlich eine noch viel größere Katastrophe als in der des Publikums. Ich moderierte mit brennender Zigarette in der Hand, ich hickste und lallte, ich hatte keinen meiner vorbereiten lustigen Gags mehr im Angebot. Zum Schluss wagte ich mich sogar noch an ein Interview mit Bernd Clüver, der mich mit einigen spitzen Bemerkungen über Alkohol an heißen Tagen auch noch vorführte. Die Leute im Zelt jedenfalls lachten sich kaputt. Dreiviertel Liter Wein schlugen in dem Fall ein Viertel Whisky.

Wie gut, dass ich angesichts der Superstars aus Funk und Fernsehen nur eine Nebenrolle auszufüllen hatte. So konnte ich mit meinem Paddy-Old-Irish-Rumgetorkele nicht verhindern, dass der Abend ein Riesenerfolg wurde. Nach dem umjubelten Auftritt des Jungen mit dem Mundgeruch musste ich noch eine oberhessische Tanz-Combo namens The Dr-r-r-eam Police ankündigen, dann war mein Auftrag erfüllt, mehr oder weniger jedenfalls. Ich bahnte mir den Weg durch die beglückten Fans des deutschen Schlagers aus nah und fern, blickte in das eine oder andere höhnisch grinsende Gesicht – oder bildete ich mir das nur ein? – und verschwand dann auf dem schnellsten Weg im Gästezimmer der Wirtsfamilie Schmidt.

Ich habe mich in meinem Leben selten so geschämt wie am nächsten Morgen. Einen solchen Fehltritt konnte ich mir einfach nicht verzeihen. Sämtliche Tröstungsversuche dessen, der eigentlich sauer sein durfte, nämlich meines Auftraggebers, des Wirtes Erich (»Ei, jetzt hör-r-re mol uff, du kanns die Sach doch net mehr ännern, es Lebbe geht weidä!«) schlugen fehl, mein fataler Auftritt verfolgte mich noch wochenlang.

Ja, ich musste schon eine Menge Lehrgeld bezahlen, um meine persönliche Lieblingsdroge Alkohol unter Kontrolle zu kriegen. Die Geschichten über das benebelte Ende des Recklinghäuser Rosenmontagszuges oder über die Silvester-Feuerzangenbowle will ich hier gar nicht mehr auftischen, sonst wird's mit hochprozentiger Wahrscheinlichkeit langweilig. Den bösen Teufel Schnaps jedenfalls habe ich wegen übler Erlebnisse und brutaler Fouls gegen mein Wohlbefinden schon frühzeitig von der Getränkekarte gestrichen.

Wo Bier und Spirituosen lauern, da gibt's auch Zigaretten. Zwei einander aufs Vorbildlichste ergänzende Substanzen treffen sich in der Blutbahn und tun ihr Werk: Der Alkohol weitet die Gefäße, das Nikotin zieht sie wieder zusammen. Wo es rauscht, da soll's auch qualmen, Ying und Yang, Fix und Foxi, Szepan und Kuzorra. Meine persönliche Beziehung zum Zwillingsbruder von Pils und Export begann allerdings mit einem Fehlstart.

Ein paar Monate nach der ersten Flasche Bier verbrachte ich zwei Ferienwochen mit Mama und Tante Lisbeth in Usseln. Usseln liegt in Nordhessen, in einer Mittelgebirgslandschaft namens Waldecker Upland; die Aussicht, dort seine Ferien aushalten zu müssen, würde heute auf einen Fünfzehnjährigen so wirken wie die Drohung, gemeinsam mit Osama Bin Laden (der mit bürgerlichem Namen Günter Wallraf heißt) ins Camp nach Guantanamo Bay abtransportiert zu werden. (Wobei in Guantanamo 'ne Menge mehr los ist – man denke nur an die aufregenden Sex-Spiele!). Der Urlaub war so sterbenslangweilig wie – wenn wir schon bei den Amis sind – zehn Baseballspiele am Stück. Ich beschloss daher, diesen leblosen Tagen mit dem immergleichen Pensionsessen und den nervtötenden Spaziergängen den entscheidenden Kick zu verpassen, indem ich nämlich den Genuss meiner ersten Zigarette auf die Tagesordnung setzte.

Es gibt Begebenheiten, die vergisst du einfach nicht, dein Leben lang, die sind abrufbar wie ein Video, das du in den Schacht schiebst. Meine erste Zigarette war ein solcher Anlass.

Es handelte sich um ein Filterstäbchen der Marke Ernte 23, und ich rauchte sie allein. Nicht gemeinsam mit einem guten Freund, nicht im Kreise kichernder Jungmänner, die sich vorsichtshalber schon die Hosen zugebunden hatten, nein, ich stand allein, von der Usselner Landbevölkerung unbeobachtet, auf der Brücke über die Diemel und sog an meiner ersten Zigarette.

Wie ich gerade auf Ernte 23 gekommen war, weiß ich nicht mehr. Vielleicht lag es am satten Orange der Packung, das unentwegt Locksignale in meine Richtung aussandte? Gab es ein Ernte-rauchendes Vorbild, an das ich mich heute nicht mehr erinnern kann? Wie später unser Schuldirektor, der, ohne es zu ahnen, mein Stuyvesant-Pate wurde? Hatten verbrecherische, korrupte Fernseh-Redakteure in harmlosen TV-Filmchen für Sekundenbruchteile Ernte 23-Botschaften untergebracht und so mein kindliches Unterbewusstsein in die orangene Rauchrichtung gelenkt? Klein-Manni sitzt vor dem Fernseher und guckt den beliebten Kinder-Nachmittag ›Sport, Spiel, Spannung‹ mit dem pausbäckigen Kabarettisten und Moderator Klaus Havenstein und lernt dabei, dass die würzige Ernte 23 die beste Einstiegsdroge in eine genussvolle Raucher-Karriere sei? In den USA haben sie es schon mal ausprobiert mit solchen Filmschnipsel-Attacken aufs Unbewusste – lesen Sie mal ›Die geheimen Verführer‹ von Vance Packard.

Was immer auch meine Kaufentscheidung beeinflusst hat: Ich bereute den Erwerb der Zigaretten (eine Zwölfer-Packung für eine Mark!) schon nach wenigen Augenblicken. Denn der grau-bläuliche Qualm, der meine Mundhöhle nach dem ersten Zug füllte, schmeckte einfach bestialisch. Süßlich-bitter, penetrant-rauchig, Geschmacksknospen-zerstörend, Hustenreiz-erzeugend, pfui bäh, nix wie rauspusten diesen widerlichen Rauch! Mit anderen Worten: Ich reagierte ganz natürlich auf den grässlichen Ernte-23-Angriff, das versprochene vollmundige Geschmackserlebnis edler Virginia-Tabake wollte sich partout nicht einstellen. Hallo John Wayne, hallo Humphrey Bogart, Alain Delon und all die anderen, was findet ihr bloß so wahnsinnig toll an diesen Nikotinstäbchen, dass ihr sie in jeder zweiten Filmszene in den Mundwinkeln hängen haben müsst?

Ich zog noch ein zweites Mal an der Zigarette, es änderte sich nichts an dem Gefühl von Ekel und Übelkeit, das sich mittlerweile Richtung Magengrube ausdehnte. Komm, einmal probierst du es noch, feuerte ich mich selber an. Rauchen gehört doch einfach dazu! Wenn du zum Beispiel Weiber anbaggern willst. Der Eindruck der Stärke, der Männlichkeit und der Weltläufigkeit. Sie werden dich anhimmeln, wie du da mit dem Glas Scotch an der Bar stehst: Los, Manni, werden sie sagen, steck dir jetzt noch 'ne Zigarette an, das wirkt so schön männlich, Manni! Und hinterher darfst du dann mit uns machen, was du willst, Manni!

Nach dem dritten Zug hatte ich die Schnauze endgültig voll. Ich warf die angerauchte Fluppe in hohem Bogen in die Diemel, zerknüllte dann die Packung mit den restlichen elf Zigaretten und beförderte sie gleich hinterher. Sorry, Humphrey, John und Alain, ich muss das mit den Girls ohne Cigarettes hinkriegen, aus mir wird nie ein Raucher werden, die Dinger schmecken mir einfach nicht.

So irrte ich mich also zum zweiten Mal am Start meiner Drogen-Karriere. Wie nach dem ersten Schluck Bier wollte mir auch die Tabak-Premiere nicht so recht munden. Ich hätte es im Sommer 1965 im verschnarchten Usseln nicht für möglich gehalten, dass noch zehntausende Nikotin-Stäbchen jenem ersten Fehlversuch im Waldecker Upland folgen würden. Der unbezwingbare Wunsch, männlich und erwachsen zu wirken, besiegte schon nach wenigen Anläufen den natürlichen Ekel vor dem üblen Rauch, und innerhalb kürzester Zeit hatte ich mich in die Nikotin-Abhängigkeit begeben. Jeden Morgen schrie mein Schuljungen-Körper: Come on, gib mir den Stoff! Und ich gab mir nicht die geringste Mühe, den Frust auf mich zu nehmen, der mit einem Verzicht auf Zigaretten verbunden war.

Spätestens mit sechzehn war Manni ein starker Raucher, der jeden Tag um die zwanzig Zigaretten inhalierte. Ich startete mit einem furchtbaren Billig-Kraut in einer schwarz-gelben Verpackung namens Wy-Chester, stieg für eine Weile auf Stuyvesant um und landete sodann bei einer extra-ordinären Mischung: immer im Wechsel Camel und Reyno, die Menthol-Zigarette mit der erfrischenden Wirkung eines Hechtsprungs in den kalifornischen Pazifik. Hust, hust!

Und wie war's mit den anderen Drogen in den wilden Sechzigern? Haschisch, Marihuana, LSD, Trips? Nix war's mit dem ganzen Zeugs, es hat sich bei mir einfach nicht in diese Richtung entwickelt. Es ist ohnehin ein Irrtum zu glauben, damals hätten sich nach Feierabend alle Jugendlichen in irgendwelchen Haschhöhlen getroffen, Grateful Dead oder The Doors aufgelegt, den Joint kreisen lassen und hinterher jede und jeden gevögelt und dabei bunte Bilder gesehen.

Die allermeisten jungen Leute waren ganz weit weg vom Hippie- oder Revoluzzer-Leben; zwar hörten sie andere Musik als ihre oberspießigen Eltern, sie begannen auch, ein paar Normen in Frage zu stellen, aber letztlich bewegte sich die übergroße Mehrheit immer noch auf den ausgetrampelten Pfaden von Schule, Beruf, Karriere, Kleinfamilie, Kegelclub, Sportverein, Weihnachtsbaum, Osterhase, Urlaub an der Nordsee und Eigenheim, vielleicht jetzt erweitert um Rock-Konzerte und VHS-Podiumsdiskussionen über die Notstandsgesetze oder den Vietnamkrieg. Die langen Haare, der verlotterte Parka und die linke Protest-Attitüde waren die Verpackung – über dem Inhalt las-

Weihnachten 1969: Manni fotografiert Mama und Papa.

tete immer noch das muffige Parfüm des deutschen Kleinbürgertums. So war es auch bei mir, nur mit den Kegelclubs und Kegeltouren hatte ich es nicht so, das fand ich denn doch zu piefig-miefig im Vergleich mit den visionären nächtelangen Diskussionen über eine bevorstehende sozialistische Umwälzung.

Beim Drogenkonsum hielt ich mich an die überkommenen und tolerierten Suchtstoffe, also an Alkohol und Nikotin. An Schule und Uni bewegte ich mich in einem Freundeskreis, in dem Bedürfnisse nach Bewusstseinserweiterung durch die 60er-Modedrogen gar nicht erst entstanden: Wir alle liebten den Gerstensaft in geselliger Runde, kloppten Skat oder Doppelkopf und waren's zufrieden.

Aber probiert habe ich Haschisch schon, genau zwei Mal. Beide Gelegenheiten weckten nicht den Appetit nach mehr.

Das erste Mal, im Alter von neunzehn, saß ich in meiner Studentenbude in Witten-Heven und dachte: Jetzt muss es sein – wer weiß, was dir entgeht, wenn du nicht mal endlich dieses Haschisch testest. Ein Bekannter von der Uni hatte mir ein Bröckchen Schwarzen Afghan geschenkt, das zerbröselte ich in einem Aschenbecher und vermengte es mit einem Häufchen

Tabak, für das ich eine Camel zerstört hatte. Dann zündete ich das Gemisch an, und tatsächlich erhob sich ein kräuselnder, süßlich duftender Rauch aus dem Ascher, ich hielt meine Nase in die Wolke und inhalierte. Ich sog den Rauch ein, hielt ihn absichtlich lange in der Lunge und ließ ihn dann langsam aus dem Nasenloch entweichen. Dieses Spielchen trieb ich vier, fünf, sechs Mal – in der ständig wachsenden Hoffnung, jetzt möge doch endlich etwas passieren mit meinem nach Erweiterung lechzenden Bewusstsein. Und es geschah – nichts. Keine Spur von Power-Flower-Visionen und kichernder Glückseligkeit, als ich da allein und mit einer untauglichen Versuchsanordnung danach trachtete, dem Geheimnis des Cannabis auf die Spur zu kommen. Ich meinte hinterher nur eine leichte Übelkeit zu spüren, vielleicht war aber selbst die nur eingebildet. Leck mich doch am Arsch mit Haschisch, dachte ich verärgert und öffnete ein Fläschchen vom würzigen Fiege-Pils, dem Bochumer Haustrunk.

Aber es gab ja noch einen zweiten Versuch. Den unternahm ich ausgerechnet in der Bundeshauptstadt Bonn, wenige hundert Meter entfernt von einem Parlament voller Bier-, Schnaps- und Weinkenner. Aber manchmal kannst du dir den Ort für die Exzesse des Lebens eben nicht aussuchen. Ich war zu Gast auf einer Fete, als Begleiter einer jungen Dame, die ich während eines Seminars über »die anti-autoritäre Bewegung in der BRD« kennengelernt hatte. Wer damals »BRD« sagte, galt schon fast als Kommunist, auf jeden Fall aber als Linksradikaler. Denn BRD suggerierte: Es gibt zwei gleichberechtigte deutsche Staaten namens BRD und DDR, und mit dieser Einstellung warst du in jener Zeit, als die Springerpresse »DDR« penetrant mit Anführungszeichen schrieb, auf dem besten Weg zum Verfassungsfeind.

Das hielt mich aber nicht davon ab, mit der anti-autoritären Bewegung in der BRD zu flirten und bei der Gelegenheit jenes Mädchen zu treffen, das bei meiner zweiten Haschisch-Orgie dabei sein sollte. Ihr Name ist mir entfallen, wahrscheinlich, weil die Drogen mein Gehirn zerstört haben. Ich erinnere mich nur daran, dass sie mit ihrer Mutter auf der vornehmen Düsseldorfer Cecilienallee wohnte, und ich weiß noch, mit welchen amüsierten Düsseldorfer Augen ich gemustert wurde, als ich, gewandet in mein geschmackvolles Schlangenhemd, dem edlen Bürger-Ambiente meine Aufwartung machte. Jedenfalls nahm mich das Kind der Bourgeoisie mit auf eine Party nach Bonn, wo andere reiche und schöne junge Menschen sich bei Sekt und mexikanischem Bier prächtig amüsierten – also eine Gesellschaft, in die ich passte wie Lukas Podolski in den philosophischen Salon. Aber es waren jede Menge Leute da, vierzig, fünfzig; deshalb fiel ein mittelmäßig aussehender, falsch angezogener, recht schweigsamer Westfale dort nicht besonders auf, zumal der Alkohol spätestens ab elf die Gegensätze noch weiter einebnete.

Und dann kam das Haschisch ins Spiel. In einem kleinen Raum lagen Matratzen rings an den Wänden, es brannte nur eine rötlich schimmernde Mini-Lampe, eine Gruppe von Party-Besuchern, vielleicht sechs, lümmelte sich auf den Matratzen herum. Ich gesellte mich dazu, die ersten Bier-Portionen hatten mich etwas schläfrig gemacht. Als ich, mit dem Rücken an die Wand gelehnt, Platz genommen hatte, merkte ich ziemlich bald, dass hier eine ganz besondere Interessengemeinschaft ihr Feldlager aufgeschlagen hatte: die friedvoll lächelnden Jünger des Hanfes. Sie ließen einen dicken Joint kreisen, und der typische Smell hing auch schon fett im Raum. Selbst die Musik passte, aus zwei kleinen Boxen waberte Indisch-Psychedelisches mir unbekannter Provenienz.

Ich wollte schon wieder aufstehen, da sagte ein sehr hübsches Mädchen mit ganz kurzen blonden Haaren in einem gar nicht zu ihrem sanften Gesicht passenden rauen Ton zu mir: »Ey Typ, willschte auch emol? Bissle Hasch kann net schade.« Aha, die Spätzle-Fraktion, in diesem besonderen Fall die Cannabis-Spätzle Fraktion.

»Na klar«, entgegnete ich, »bringt mich vielleicht entscheidend weiter, der Stoff.« Sie wollten sich schier ausschütten über soviel unbändigen Humor. Ich schob es auf die Wirkung der Droge. Und schon schluckte ich eine große Ladung vom süßen Qualm.

Diesmal war es anders als in meiner nüchternen Studierstube. Das merkte ich bald, als mich ein sehr leichter, sehr heiterer Rauschzustand befiel. Auch ich lachte wie die anderen über jeden Scheiß. Es musste nur einer sagen »Guck mal, die Lampe schwebt schon«, da brach ein allgemeines schepperndes Gelächter aus. Ich traute mich sogar, näher an die Blonde mit dem burschikosen Organ zu rücken und ihre Hand zu streicheln. Sie streichelte zurück. Dann verteilten sie Räucherstäbchen. Der Geruch wirkte auf mich so himmlisch-behaglich-orientalisch wie nie zuvor. Die glühenden Enden der Stäbchen sahen im Halbdunkel aus wie schwebende Glühwürmchen. Mit schnellen Bewegungen konnte man auch Figuren in den Raum zaubern – Kreise, Achten, Kreuze, sie standen dort sekundenlang, bis sie wieder zu verglühen schienen. Ich hatte einen Heidenspaß an den wirbelnden Räucherstäbchen und wollte gar nicht aufhören. Es war wie ein Besuch in der Kindheit, mit infantilen Freuden und Spielen, mit dem glücklichen Gefühl eines Babies, das zufrieden an der Flasche nuckelt. Als der Joint zu Ende war, schlief ich auf der Matratze ein. Im Halbschlaf hörte ich noch, wie die anderen lachend das Zimmer verließen.

Dieses heitere Haschisch-Erlebnis hatte mir gefallen, aber mehr davon gab's nicht. Drogen-Konsum hat mit dem sozialen Kontext zu tun (ja, ich habe Abitur und kann Wissenschaftlichkeit zumindest vortäuschen!), und ich hatte einfach keinen Kontakt mehr zu den Bonner Party-Typen, weil ich das Mädchen von der Düsseldorfer Cecilien-Allee bald aus den Augen verlor. Alle meine anderen Freunde und Bekannten hatten es nicht so mit illegalen Drogen. Ich habe nicht das Gefühl, entscheidende Dinge in meinem Leben verpasst zu haben, nur weil ich meine Nase nicht noch tiefer in Hasch, Marihuana oder sonstwas getaucht habe. Vielleicht wäre ich ja auch geradewegs ins Elend geschliddert, ein Sozialfall, den sie mit Methadon auf dem Trip halten müssen. So bin ich ein sozial angepasster Radioreporter geworden, der jeden Monat säckeweise das Geld vom WDR nach Hause trägt und abends zum Bier- oder Weinglas greift. Es gibt schlimmere Schicksale.

Ja, das Studium der Rechte war schwer!

Wer sein Studium 1969 begann, musste damit rechnen, seinen Klassenstandpunkt in offener Feldschlacht darlegen zu müssen. Meinen persönlichen Höhepunkt in der Auseinandersetzung zwischen der Bourgeoisie und der mit der Arbeiterklasse verbündeten fortschrittlichen Intelligenz erreichte ich am Vorabend des 1. Mai 1972 auf dem Marktplatz in der Marburger Oberstadt.

Dort, in wunderschöner historischer Architektur-Kulisse, rotteten sich jedes Jahr an die dreihundert aufs Lächerlichste verkleidete Verbindungsstudenten zusammen, um sich gegenseitig unter den Tisch zu saufen, grauselige deutsch-nationale Verbindungslieder zu grölen und um Mitternacht mit einem schmetternden ›Der Mai ist gekommen‹ den Wonnemonat zu begrüßen. Und das in einer Stadt, in der die linken Kräfte das Sagen hatten, in der gar die Deutsche Kommunistische Partei im Stadtrat vertreten war!

»Widerlich, was die sich hier rausnehmen, das ist ja wie eine Geisterbahnfahrt ins letzte Jahrhundert.« Mein Studienkumpel Michi, geboren in der idyllischen Ruhrgebietsstadt Herne und schon in der Ruhr-Universität Bochum gemeinsam mit mir am Start, wollte sich fast schütteln vor Ekel angesichts des Mummenschanzes, den die Verbindungsbrüder mal wieder aufführten.

Ich zitierte den Politik-Professor Wolfgang Abendroth, der gerade in Marburg seine umjubelte Abschieds-Vorlesung gehalten hatte, und der angeblich in einer Bierlaune (Wernesgrüner?) den Zweizeiler geprägt haben soll: »Lieber ein Geschwür am After als ein deutscher Burschenschaftler«. Von Abendroth kursierte auch die Geschichte, dass er einmal einen Examenskandidaten mit Schmissen im Gesicht in der mündlichen Prüfung auf eine glatte Fünf gesetzt und hinterher hämisch gesagt habe: »Hätten Sie sich mal besser auf das Examen vorbereitet, als sich auf dem Paukboden herumzutreiben!« Es stellte sich dann allerdings heraus, dass der arme Kandidat Mitglied des Sozialdemokratischen Hochschulbundes war und dummerweise kurz vor der Prüfung einen Motorrad-Unfall gehabt hatte; daher rührten die ›Schmisse‹ an den Wangen.

Heute, am 30. April, waren wieder richtige Schmisse zu besichtigen auf dem Marburger Marktplatz: stolz zur Schau getragene Narben von den Fechtduellen, archaischen Mannbarkeitsritualen, die, mal ganz abgesehen von den erzkonservativen bis rechtsradikalen Kopfinhalten, weder in die Zeit noch an den Ort passten.

»Heute muss es sein«, stieß ich Michi an, »heute klauen wir ihnen eine von ihren Scheiß-Verbindungsmützen.« Die Bemerkung passte zur Situation, denn gerade kam ein gut abgefüllter Chorbruder im ›vollen Wichs‹, also mit bunter Jacke, Hose und Mütze in den Verbindungsfarben, an uns vorbei und rempelte uns schwankend an.

»He du, pass auf, wo du hintrittst«, grantelte Michi, »und sauf nicht so viel, wenn du es nicht vertragen kannst.« Wir standen vor dem Gasthaus ›Sonne‹, der Buntspecht wollte offensichtlich dort seinen Bier-Überschuss entsorgen. Als er merkte, dass wir eine feindselige Haltung einnahmen, entschuldigte er sich mit schwerer Zunge. Wir kommentierten das nicht weiter und beachteten ihn nicht mehr, wir waren ja schließlich keine Schläger, die auf Zoff aus waren. Solche gab es auch bei den provokanten Verbindungs-Auftritten in Marburg: Polit-Randale-Brüder, für die die Germanias, Thuringias und Saxonias eine

Ansammlung roter Tücher darstellten, bei der der linke Stier reflexartig anfängt zu schnauben und die Hörner zu senken.

Aber Mützen klauen? Das war ein sozialdemokratischer Sport, das kleine moralisch gerechtfertigte Eigentumsdelikt für zwischendurch, bei dem die reaktionären Rotzlöffel so richtig schön geärgert werden konnten.

»Was meinst du, sind wir heute mutig genug?« Mich stach der Hafer, und ich wollte mir unbedingt die Unterstützung Michis sichern. Denn tatkräftige Hilfe war manchmal nötig beim Mützenklau, wenn etwa ein Überraschungs-Coup nicht gelang und der Angegriffene um seine Mütze rang.

»Und wohin setzen wir uns dann ab?« Der Fisch hatte angebissen.

»Na, zu Charlotte. Das geht schnell, und da sind wir sicher.«

›Charlotte‹ war unsere bevorzugte Bier-Tankstelle, dort wartete eine wilde Bande kräftiger Suffköppe auf eventuelle Verfolger. Und Verfolger würde es wahrscheinlich geben, denn die entmützten Corps-Studenten benahmen sich immer, als ob ihnen jemand das Herz herausgerissen hätte. Wahrscheinlich mussten sie sich anderntags in ihren prunkvollen Verbindungshäusern stundenlang rechtfertigen und zur Strafe fünfzehn halbe Liter saufen.

»Wat bist du eigentlich so heiß auf dat Mützenklauen? Hast du irgendwie Ärger, musst du wat kompensieren oder beweisen?« O ja, im wilden Rumpsychologisieren war Michi Weltmeister, keiner konnte seinen Amateur-Analysen entgehen.

»Ja, stimmt, wie du dat wieder rausgekriegt hast«, antwortete ich grinsend, »ich wollte unbedingt mit meiner Mutter vögeln, und weil sie dagegen war, muss ich jetzt eine Kopfbedeckung entwenden. Mützen und Hüte sind dominante Sex-Symbole, die müssen weg!«

»Halt die Schnauze, Schluss jetzt mit der Laberei, wir suchen uns einen aus.«

Endlich kam Bewegung in die Sache. Wir näherten uns dem

Ensemble von dunkelbraunen Biertischen und -bänken, die die Corporierten unmittelbar vor dem historischen Rathaus in der malerischen Marburger Oberstadt hatten aufstellen dürfen.

»Am besten nehmen wir uns einen Dicken, der kann nicht so schnell laufen.«

Michi bekam fast einen Lachkrampf, als er meinen Vorschlag hörte, aber er wusste auch: Auf die sportliche Karte konnten wir beide nicht setzen, denn wir liefen zwar locker die 10.0, aber eher über fünfzig Meter. Das Übergewicht war auf unserer Seite, die täglichen zwanzig bis dreißig Zigaretten auch, und dass die bereits genossene Menge Licher Pils unser Lauftempo steigern würde, musste füglich bezweifelt werden.

»Guck mal, da vorne links sitzt so ein Fettsack. Und der hat doch 'ne klasse Mütze auf der Birne.« Da hatte Michi Recht. Das Mützchen, ein wenig klein geraten für den dicken Schädel, zeigte viel Rot mit einigen grünen und goldenen, filigran gearbeiteten Verzierungen, irgendwie eine Mischung aus altdeutsch und indisch, Maharishi Yogi hätte das Ding auch tragen können. Die wollten wir, die oder keine! »Schön wär's ja, wenn er von seinen Kumpels isoliert wäre. Da sehen ein paar so aus, als könnten sie höheres Tempo gehen, und das wär nicht so schön für uns beide Mittelstreckler.«

Das leuchtete unmittelbar ein, und ich hatte auch sofort eine Idee, wie die Isolierung in die Tat umgesetzt werden konnte – nämlich vom Opfer selbst. »Wir brauchen nur ein bisschen Geduld, wir warten schlicht, bis er pinkeln geht, und das muss er ständig, bei den Mengen, die da über den Tisch gehen.«

Wir übten uns also in Geduld, aber so furchtbar viel brauchten wir davon gar nicht, denn unser argloses Zielobjekt schüttete die Gerstenkaltschale in seinen Wanst wie ein Elefantenbulle kurz vor dem Verdursten. Die Uhr am Rathausturm zeigte 22 Uhr, ich kriegte schon vom Zugucken mächtigen Durst, die Blaskapelle auf der Bühne stimmte ein Lied nach dem anderen an: ›Ännchen von Tharau‹, ›Vor meinem Vaterhaus steht eine

Linde‹, ›Gaudeamus Igitur‹ – konnten sie denn nicht wenigstens ein einziges Mal zwischendurch ›Satisfaction‹ oder meinetwegen ›Hey Tonight‹ von Creedence Clearwater Revival spielen?

»Pass auf, Manni, ich glaub, es geht los!« Es ging los. Fettkloß hatte sich erhoben und watschelte direkt auf uns zu. Einen winzigen taktischen Fehler hatten wir begangen: Wir standen mitten in der Sichtachse seiner Schmiss-Kollegen. Hätten wir uns doch besser ein Stück weiter weg gestellt. Aber das war jetzt nicht mehr zu korrigieren, wir mussten mit einer Verfolgungsjagd rechnen.

Das Opfer befand sich jetzt auf gleicher Höhe mit seinen beiden Angreifern. Für einen Moment kriegte ich die Flatter. Ein Jurastudent, der einen Diebstahl, vielleicht sogar einen Raub beging? Wie konnte ich so was tun? War die juristische Karriere bald im Eimer – Handschellen, U-Haft, Urteil, Knast? Ich schüttelte mich wie ein nasser Hund und verscheuchte die blöden Bedenken. Ein lustiger Streich war's, sonst nichts, und jetzt, jetzt hieß es zugreifen! Meine Hand stieß in die Luft, packte zu und riss dem Typen mit einem kräftigen Griff die Kappe vom Kopf. Fatty begriff sofort, um was es ging, und fing hysterisch an zu brüllen, mit überraschend hoher Fistelstimme, die in lächerlichem Kontrast zu seinem Schwabbelkörper stand. »Hiiilfe, hiiilfe!«, piepste er und versuchte gleichzeitig, mit tollpatschig-possierlichen Bewegungen nach uns zu grapschen.

Michi und ich hatten aber schon den virtuellen Startschuss gehört und die Startblöcke Richtung Gaststätte ›Zur Charlotte‹ verlassen. Die hilflosen Grapschereien des nunmehr Kopf-Nackerten gingen ins Leere. Ich umklammerte die Mütze und guckte mich noch mal schnell um. Da meinte ich inmitten der besoffenen Verbindungsstudenten ein mir bekanntes Gesicht zu sehen. Zum Nachdenken darüber, wer das denn wohl sein konnte, kam ich nicht, denn nun hieß es, Slalom durch die Menschenmassen zu laufen, mit möglichst hohem Tempo und möglichst wenigen Zusammenstößen. Wir hetzten die Treppen links neben dem Rathaus hinunter und bogen dann links in die nächste schmale Gasse ein. Verfolger waren nicht auszumachen.

»Wir haben es gleich geschafft!« rief ich euphorisiert, als wir die Straße erreichten, an der unsere Burg der Zuflucht und der großen Durstlöschung wartete. Noch zwanzig, dreißig Meter im Schweinsgalopp, passenderweise schwitzend wie die Schweine ob des ungewohnten Sprints, dann ließen wir die Tür der Kneipe erleichtert hinter uns zufallen.

Und siehe da, im Halbdunkel des Tresens von Charlotte hatten sich alle zum Hochamt des Pilses versammelt, die uns lieb und wichtig waren: Warnfried, der stets höchst witzige Blonde aus Münster; Hubert aus dem lieblichen Nieukerk am linken Niederrhein, das einen garantiert höheren Kirchturm als das benachbarte Aldekerk besaß; Werner aus dem vornehmen Essener Süden, der zur grenzenlosen Scham seiner Mittelstands-Eltern ein Aktivist des Marxistischen Studentenbundes ›Spartakus‹, einer Art Honecker- und Breschnew-Fanclub, geworden war; und der blinde Udo aus Ostfriesland, der frappierende und erstaunlicherweise noch lebende Beweis dafür, dass bei Blinden an Stelle des Augenlichts andere Körperteile, sozusagen als Ausgleich, belastbarer entwickelt sind – in seinem Fall die Leber.

»Guckt mal, was wir euch mitgebracht haben«, keuchte ich stolz und wischte mir mit einem hässlichen, braun-schwarz gemusterten Stofftaschentuch den Schweiß von der Stirn. Der bourgeoise Rotzlappen war ein Geschenk meiner Eltern, mit Monogramm (M.B.), so was führte ich damals tatsächlich in den Taschen meiner ausgeleierten dunkelgrünen Cordhose bei mir.

»Lass mal gucken«, sagte der blinde Udo. Solche Scherze machte er am laufenden Meter, er kam gut klar mit seiner Behinderung, vielleicht soff er den Frust aber auch nur weg.

»Eine rot-grüne Verbindungsmütze«, erklärte Michi, »von der Thuringia 1867, wie ich gerade sehe.«

»Dieses schöne alte Stück saß noch vor fünf Minuten auf dem dicken Thüringer Bratwurst-Kopp eines Verbindungs-Heinis«, ergänzte ich mit strahlenden Augen, »wir haben es sozialisiert.«

»Dafür bekommt Ihr die anti-imperialistische Kampfmedaille«, meldete sich Spartakus-Werner, der in lichten Momenten sein inneres *Neues Deutschland* beiseite legte und den fast verschütteten Hang zur Selbstironie ausbuddelte.

»Vielleicht tut's aber auch das silberne Sportabzeichen.« Das war der unvermeidliche Warnfried-Lästermaul-Spruch. »So eine Explosion sportlicher Höchstleistung habt ihr doch bestimmt seit den Bundesjugendspielen 1960 nicht mehr erlebt.«

»Gib mal her, son Ding hab ich noch nie in der Hand gehabt.« Hubert griff sich die Mütze, betastete die aufwändigen Stickereien und setzte das gute Teil dann dem ETA-Schwein auf den Kopf. Auf der Theke stand nämlich ein Sparschwein aus dem Baskenland, dessen fetter Grunz-Kopf bereits mit einer tönernen – was auch sonst – Baskenmütze bedeckt war. Wir stellten unisono fest, dass die Thuringia-Kappe obendrauf das Schweinchen noch putziger, irgendwie aber auch würdevoller aussehen ließ.

Hubert hatte die Sparsau von einem sehr liebenswürdigen ETA-Basken geschenkt bekommen, und seit es bei Charlotte auf der Theke stand, wurde dann und wann eine Kleinigkeit für den Unabhängigkeitskampf des baskischen Volkes gespendet. Welche bombigen Ideen die ETA damit in die blutige Tat umsetzte, haben wir nicht weiter problematisiert.

Michi und ich ließen uns ermattet an einem der zehn sperrmüllreifenTische nieder, die Charlotte in ihrem verlotterten Etablissement aufgestellt hatte. Schmuddelig, schlampig, abgewrackt, heruntergekommen – das störte uns nicht die Bohne, denn Charlottes Pinte bot uns nach den Vorlesungen, Klausuren und Hausarbeiten ein Stück Geborgenheit. Leider bezahlten wir die kuschelige Nähe und Geselligkeit mit einer respektablen

Anzahl mittlerer bis schwerer Räusche. Aber schön war's trotzdem. Charlotte, die kleine, voluminöse Wirtin, die uns jetzt ein schaumiges Gießener-Brauhaus-Pils auf den Resopal-Tisch stellte, wurde mit zunehmendem Alter skurril und seltsam, ihre Auffassungsgabe sank täglich, immer wieder sahen wir in ihrem geröteten Gesicht große Fragezeichen. Die größte Angst hatte sie vor der Polizeistunde. »Feierabend, meine Herren!« rief sie spätestens um fünf nach eins und schaltete schon mal die Außenbeleuchtung aus.

»Neulich waren die Bullen wieder hier«, flüsterte sie in konspirativem Ton, »ich schwör's euch, sie nehmen mir die Konzession weg, wenn ich's übertreibe.« Es war immer dasselbe Spiel: Sie erging sich in düsteren Visionen vom schaurigen Ende ihrer Wirtinnen-Karriere, und wir schafften es in mühsamer Überzeugungsarbeit, dass der Pilshahn doch weiterarbeiten durfte und die Calvados-Flasche für den blinden Udo auch noch nicht zugeschraubt wurde.

Immer mal wieder wurde Charlotte plötzlich und unerwartet so müde, dass sie dringend und sofort ins Bett musste. Auch in diesem Fall klappte die Seelenmassage: Charlotte ließ uns alleine weiterzapfen, ermahnte uns, alles korrekt auf die Deckel zu schreiben und verzog sich zum Matratzen-Horchdienst. Nicht alle Getränke landeten korrekt auf den Bierfilzen – dahinter verbarg sich aber nie böse, betrügerische Absicht, sondern lediglich alkoholbedingter Konzentrationsverlust.

»Prost Michi«, sagte ich fast feierlich und hob die griffige Pilstulpe.

»Prost Manni«, kam das Echo. Denen hatten wir es aber gezeigt! Wir waren der festen Überzeugung, soeben eine Heldentat begangen zu haben. Irgendetwas tief in uns drin gab zwar die Meldung ans Großhirn, dass diese Nummer eine post-pubertäre Schwachsinns-Aktion gewesen war, aber wir warfen die Benachrichtigung in den virtuellen Papierkorb. Die reaktionären Verbindungsstudenten hatten sich geärgert, eine schöne

Trophäe war in unserem Besitz, und Verfolgungs- und Rachetrupps waren weit und breit nicht zu sehen.

»Pass mal auf, sie werden euch den Staatsanwalt auf den Hals hetzen.« Der kraushaarige Hubert hatte sich zu uns an den Tisch gesetzt. Er gehörte ebenfalls zu der Karawane, die zunächst in Bochum studiert und sich dann zur Therapierung der obligatorischen Bochumer Beton-Allergie ins wunderhübschalte Marburg aufgemacht hatte. Er traf dort in seiner ersten Studentenbude in der Oberstadt auf Zustände wie in den zwanziger Jahren: Fließend Wasser gab's nämlich nicht, jeden Abend stellte ihm seine Wirtin einen großen Krug mit Wasser vor die Tür, mit Hilfe einer Waschschüssel auf der Spiegelkommode sollte die Morgentoilette über die Bühne gehen. Für kompliziertere Operationen wie zum Beispiel eine Ganzkörper-Waschung stellte das wenige hundert Meter entfernte Luisenbad Badewannen zur Verfügung; ein Wannenbad kostete eine Mark, mit Badezusatz eine Mark fünfzig. Tja, das Marburger Studentenleben Anfang der Siebziger hatte fast orientalischen Luxus zu bieten!

Hubert war ein sanfter, kommunikativer Mensch, der auf jeden Hilferuf positiv reagierte – immer in der Gefahr, ausgenutzt zu werden. Als er später, nach dem ersten juristischen Examen, erkannte, dass der Beruf des listigen Rechtsverdrehers nichts für ihn war, professionalisierte er sein Helfer-Syndrom und wurde selbstausbeuterischer Hausarzt. Politisch kam Hubert, für einen Niederrheiner nicht gerade eine Überraschung, aus der katholisch-konservativen Ecke und hatte wie ich eine glanzvolle Messdiener-Karriere hinter sich; er entwickelte sich aber zum Radikal-Demokraten ohne parteipolitische Bindung, der sich über soziale Ungerechtigkeit maßlos aufregen konnte. »Ein aufrechter CDU-Mann von den Sozial-Ausschüssen ist mir lieber als so mancher verfilzter SPD-Genosse aus dem Ruhrgebiet«, sagte er immer.

Huberts Warnung vor dem Staatsanwalt, der in Sachen

Mützenklau recherchieren würde, machte uns Angst. Das hätten wir aber im Leben nicht zugegeben.

»Erstens geht's hier um eine geringwertige Sache«, rang ich fachkundig um Gegenargumente, »und zweitens hängen die Nürnberger keinen, so sie ihn denn hätten. Uns hat doch keiner erkannt!« Mein dummes Gefühl, auf dem Markt in ein bekanntes Gesicht geblickt zu haben, erwähnte ich an der Stelle des Gespräches nicht.

»Du weißt ja« – man merkte es Hubert an, dass er nur noch dieses eine sagen wollte, um uns nicht in den Abgrund der Verunsicherung zu treiben –, »wenn du einem mit Gewalt was wegnimmst, dann ist das Raub, da isses egal, ob's 'ne Tüte Bonbons oder ein Tausender war.«

Oh ja, wir waren alle Juristen, und manchmal ließen wir das auch raushängen. Falls es etwas rauszuhängen gab. Denn ein gemeinsames Merkmal der bei Charlotte versammelten Rechtsgelehrten war, dass sie alle über die Fähigkeit verfügten, aus Scheiße Gold zu machen, wie es Werner in seiner drastischen Essener Art formulierte. Und dass sie dieser Fähigkeit auch dringend bedurften. Keiner von uns befand sich in der Gefahr, ein Einser-Examen hinzulegen, wie es der Klarsichthüllen-Sammler und spätere SPD-Vorsitzende Hans-Jochen Vogel einst in Marburg vorgemacht hatte. Wir aus dem Charlotte-Fanclub schlängelten uns so durch und genossen ansonsten die ungesunden Freuden des Studentenlebens. Ich selber war zudem in der glücklichen Lage, nicht auf den Pfennig gucken zu müssen. Denn ich verdiente nebenbei immer schönes Geld, als Disk-Jockey oder, ab Mai 1972, als Fußballreporter beim Radio.

Über den Parcours des Jura-Studiums gingen wir so wie schon Generationen vor uns: erstmal die sogenannten Scheine machen, das heißt Klausuren und Hausarbeiten in den verschiedenen Rechtsgebieten schreiben, danach eine schöpferische Pause, vielleicht mal eine Vorlesung hier und ein Seminar da, und dann die entscheidenden Vorbereitungen auf das Examen.

Die wiederum lagen ganz in den Händen eines Repetitoriums. Die Perversion eines Studiums, der Offenbarungseid der Universität: Da bietet ein privates Unternehmen gegen Geld Kurse an, in denen die Studenten für die Staatsprüfung fit gemacht werden, und diese Kurse fanden in Marburg auch noch in Uni-Räumlichkeiten statt!

»Alpmann und Schmidt« heißt das bekannteste Repetitorium, in Marburg waren die Alpmann-Fitmacher zwei Rechtsanwälte namens Hitzemann und Lieder. Vor allem Hitzemann hatte Showmaster-Qualitäten – er war ein rauer Repräsentant des Ruhrgebiets, rhetorisch eine Mischung aus Atze Schröder und Harald Schmidt. Mit allerlei zynischen Sprüchen, gerne auch auf Kosten der wenigen Jura-Studentinnen, prügelte er der Kundschaft das Examenswissen in die Köpfe. Wurde zum Beispiel in einem Rechtsfall eine Frau bestohlen, betrogen, ermordet oder sonst wie geschädigt, jubelte Hitzemann: »Die Kenner wissen es, die andern ahnen es – ein Damenfall! Es bibbert, das Fällchen zu lösen, die Rechtsschwester xy.« Und dann war eins der Mädchen aufgefordert, sich an der Rechtsproblematik des Falls abzuarbeiten. Und wenn sie nicht durchblickte, sagte Hitzemann unter dem Gelächter des ganzen Saals: »Schreib auf deinen Likördeckel: k Punkt, A Punkt, keine Ahnung, Rechtsschwester!« Das war damals ohne Proteste möglich; und wir fanden es auch oberlustig, wenn Hitzemann Zuspätkommende mit den Worten begrüßte: »Na, Rechtsfreund, hast du wieder zu lange auf der Mama gelegen?« Ich meine, vielleicht hatte er ja wirklich zu lange auf der Mama gelegen, und auf die Art wirst du bestimmt kein Super-Jurist, und das darf doch auch mal klar benannt werden, oder? Jedenfalls kriegten es die Alpmann-Einpeitscher hin, so manchen faulen Sack über die Examens-Hürden zu hieven, zumal es den Basis-Stoff auch noch, didaktisch sehr gut aufbereitet, in einer Serie von Skripten gab. Ich empfinde noch heute – t'schuldigung – hämische Freude darüber, dass ich meine Staatsprüfung mit dem gleichen ›befriedigend‹ hingelegt habe wie ein Streber aus meinem Bekanntenkreis, der jeden Abend über seinen Büchern hockte, statt mit uns um die Häuser zu ziehen.

»Ach du Scheiße!« Ein Gedankenblitz hatte mich getroffen.

»Wat iss denn los?«, fragte Michi entgeistert.

»Es war Jupp Grembarth!«

»Wer oder was oder wo war Jupp Grembarth?«

»Na, der Thuringia-Typ, der mich eben auf dem Markt erkannt hat.«

»Ach du Scheiße!« Michi nahm hastig einen Schluck und beschlabberte sein buntes Batik-Hemd.

»Hast du 'n Echo im Zahn?«, fuhr ich ihn nervös an.

»Jetzt beruhigt euch doch mal«, sagte Hubert, der notorische Öl-auf-die-Wogen-Gießer, »es ist doch gar nicht sicher, dass er dich erkannt hat.«

»Und wenn doch? Dann gibt's Ärger.«

Normalerweise konnte man sich darauf verlassen, dass Jupp Grembarth einfach zu hohl war, um aus einem Bild, das drei Sekunden vor seinen Augen aufgetaucht war, auf eine bestimmte Person zu schließen. Zumal er diese Person mindestens ein Jahr lang nicht mehr gesehen hatte. Jupp hatte wie wir 1969 in Bochum mit dem Studium der Rechte begonnen, und alle fragten sich, wie es denn diesem schlichten Jungen gelungen war, im heimatlichen Olpe im Sauerland das Zeugnis der Reife zu erwerben. Vielleicht konnte es im örtlichen Schreibwarenhandel gegen eine geringe Gebühr erworben werden? Oder gab's in Olpe eine jährliche Tombola, bei der neben Kegelreisen in den Westerwald und Heizdecken auch Abiturzeugnisse verlost wurden? Jedenfalls gehörte Jupp Grembarth zu den Menschen, die vieles gar nicht und das andere nur sehr langsam und dann auch noch lückenhaft begreifen. Und man konnte ihm alles erzählen, er glaubte es sofort.

Weil ich wusste, dass er gelegentlich ins Bordell ging, habe ich ihm mal die Story vom Pendelverkehr zwischen der Steinstraße und dem Eierberg reingedrückt. Die Steinstraße ist die Puffmeile in Dortmund, als Eierberg wird die entsprechende Örtlichkeit in Bochum bezeichnet. Als Service für die Kunden, um die Palette der Möglichkeiten zu erhöhen, seien die BoGeStra, die Bochum-Gelsenkirchener Straßenbahnen, auf die Idee gekommen, zwischen den beiden Einrichtungen einen Pendelbus ›verkehren‹ (ha, ha, ha!) zu lassen, berichtete ich Jupp. Der schluckte die Geschichte kommentarlos, hat sie später überall herumerzählt – und sich wahrscheinlich noch gewundert, dass die Zuhörer jedes Mal in Lachen ausbrachen.

Von Jupp habe ich auch eine der schärfsten Begebenheiten aus dem Bochumer Studentenleben gehört. Drei Kilometer hinter der Uni, Richtung Witten, gab's eine Kneipe, in deren Hinterzimmer zweimal im Monat Pornofilme vorgeführt wurden, weil der Wirt nämlich einen Schwager im halbseidenen Strip-Milieu und damit eine gute Quelle für ›Reinstecke Fuchs‹, ›Der geile Schrankenwärter‹ und ähnliche versaute Streifen hatte. Es fügte sich auch aufs Allerfeinste, dass ganz in der Nähe der Porno-Kneipe das katholische Studentenheim stand, dessen Bewohner, wie nicht anders zu erwarten, ganz besonders heiß auf die Super 8-Vögeleien waren. Die Wirtin pflegte vor Beginn der Vorstellung mit einem Teller herumzugehen und von jedem der Genießer einen Obolus in Höhe von zwei Mark einzusammeln. Eines Abends kam sie wieder mit dem Teller und raunte der Kundschaft mit Verschwörermiene zu: »Heute iss teurer, heute kostet et zweifuffzich, denn heute iss mit Tiere!«

Ich kann mich noch dreißig Jahre später wegschmeißen, wenn ich diese Geschichte höre. Jupp Grembarth, peinlich befragt, wo er das denn herhabe, ob das nicht alles frei erfunden sei, murmelte was von einem Bekannten, der ihm die Nummer mit die Tiere erzählt habe. Ich glaubte ihm natürlich sofort.

Jupp war gleich zum Studienbeginn ins rechte politische Lager abgedriftet, wahrscheinlich ist er aber gar nicht irgendwo hingewandert, sondern einfach da geblieben, wo er schon immer war. Jedenfalls verteilte er vor der Mensa RCDS-Flugblätter, gemeinsam mit einem zukünftigen Oberbürgermeister von Düsseldorf, der später immer behauptete, gemeinsam mit mir studiert zu haben, worauf ich zu kontern pflegte, das könne sich ja wohl nur auf die zeitliche Dimension beziehen. Denn persönliche und inhaltliche Gemeinsamkeiten mit diesem Unsympathen gab es weder 1969, noch gibt es sie heute.

Denk ich an die Bochumer Gourmet-Mensa, dann fallen mir ›Brisoletten à la Milanese‹ und Hajo ein. Die Brisoletten waren eines der Top-Gerichte in dem Drei-Sterne-Etablissement: Einmal auf dem Teller, entpuppten sie sich als Frikadellen mit Tomatensoße. Ohnehin gab es eine gewisse Diskrepanz zwischen Anspruch und Wirklichkeit bei der Verköstigung der studierenden Massen. Der ASTA demonstrierte das eines Mittags sehr sinnfällig, indem er nämlich den ›Toskanischen Bohneneintopf‹ nahezu komplett aufkaufte, ihn in einen Trog füllte und das delikate Süppchen sodann den Schweinen auf der benachbarten Wiese (die gab es wirklich!) vorsetzte. Die Schweine rührten die Bohnensuppe nicht an, und die Studenten lachten sich kaputt.

Hajo, mein zweiter Mensa-Merkpunkt, war die schillerndste Figur an der ganzen Ruhr-Uni. Nach bürgerlichen Maßstäben handelte es sich bei Hajo um einen ständig besoffenen Penner; seine halbwegs hellen Augenblicke diesseits von 1,5 Promille ermöglichten es ihm aber, bei Vollversammlungen und sonstigen größeren Menschenansammlungen feurige linksradikale Reden zu schwingen. Sein größter Coup war eine Ein-Mann-Liste bei den Wahlen zum Studentenparlament. Hajo lief dabei unter der abenteuerlichen Bezeichnung ›Liste Anarcho-Syndikalisten‹, und oh Wunder, ihm gelang der Einzug ins Parlament. Damit war auch der Hauptzweck der Aktion erreicht, nämlich ein eigenes Büro für Hajo, in dem er zur Not auch schlafen konnte. Es verstummten auch nie die Gerüchte, dass Kurt Biedenkopf, der Rektor himself, dem Hajo aus Mitleid ein

Apartment finanzierte, weil er ihn für ein armes Schwein, aber im Grunde für einen klugen Kopf hielt.

Jupp Grembarth, den RCDS-Aktivisten, verschlug es wie viele andere ›Bochumer‹ nach Marburg. Damit rückte er auch näher an sein Heimatstädtchen Olpe, nur die Auswahl bei den Puffbesuchen wurde erheblich kleiner, vom Pendelverkehr mal ganz zu schweigen. Wir lebten in zwei verschiedenen Welten. Ich traf ihn mal rein zufällig auf der Mensabrücke in Marburg, wo ich eine Weile mit einem Kommilitonen billige Import-LP's verkaufte, was damals, jedenfalls für ein paar Monate, eine sehr schöne Marktlücke war. Die neuesten Werke von Emerson, Lake und Palmer, von Cat Stevens und Leonard Cohen als englische oder französische Import-Pressungen für funfzehn Mark gab es noch nicht im Geschäft, sondern nur bei uns vor der Mensa.

»Na Jupp, auch mal 'ne heiße Scheibe günstig mitnehmen?« fragte ich ihn.

»Nee, iss nich so mein Geschmack.« Ich vermute, er fuhr auf Freddy Quinn ab, vielleicht sogar auf Iwan Rebroff oder ›Die schönsten Melodien aus dem Vogelhändler‹, und diese Produkte kulturellen Gegenwartsschaffens waren in meinen Pappkartons vor der Mensa eher unterrepräsentiert.

»Und, wie kommse klar in Marburg? Hast du Anschluss gefunden?« Es war zu befürchten, dass er allein durch die Welt tigerte.

»Och ja, ich bin jetzt in eine Verbindung eingetreten, die haben mir auch 'ne prima Bude auf ihrem Haus besorgt.« Damit köderten sie neue Mitglieder, und tatsächlich waren die Behausungen billig und häufig nahezu hochherrschaftlich.

Köder hin, Köder her: Konservative Typen wie Jupp waren in der studentischen Szene die absolute Minderheit. Links in den verschiedensten Schattierungen galt als normal, in den meisten Gesprächen gab es einen linken Grundkonsens. Figuren wie Franz-Josef Strauß oder der schnarrende Fernseh-Moderator Gerhard Löwenthal waren allgemein anerkannte Feindbilder, Gesangsbarden wie Franz-Josef Degenhard, Hannes Wader und Mikis Theodorakis hatten volle Säle. Beim Misstrauensvotum 1972, als der Christdemokrat Rainer Barzel die sozialdemokratische Ikone Willy Brandt vom Kanzlerstuhl kippen wollte, saßen die Studenten in Kneipen und Wohnheimen kollektiv vor den Fernsehern und brachen in ekstatischen Jubel aus, als Barzel mit seiner Aktion jämmerlich scheiterte. Ich kannte niemanden, der den Schwarzen die Daumen gedrückt hätte.

Meine Güte, wie sich die politischen Verhältnisse verändert haben, beim akademischen Nachwuchs und in der ganzen Gesellschaft! Wer soziale Gerechtigkeit fordert, ist von gestern, es gibt jede Menge neuer schlimmer Schimpfwörter wie ›Achtundsechziger‹ oder ›Gewerkschaftler‹, und die Schröder/Clement-SPD poussierte mit der Großindustrie und griff den kleinen Leuten in die Tasche, weil dadurch bekanntlich neue Arbeitsplätze entstehen.

Eine solche Entwicklung hätten die versammelten Alt- und Jung-68er in Charlottes Schankwirtschaft, die sich anschickten, den Mai 1972 zu begrüßen, für undenkbar gehalten. Unser politisches Weltbild im linken Biotop Marburg war noch in Ordnung, und an manchen Tagen – beispielsweise, wenn die DKP auf den Lahnwiesen ihr großes Zeltfest feierte – konnte der Eindruck entstehen, der real existierende Sozialismus stehe kurz vor der Machtergreifung.

Warnfried und ich hatten im Jahr zuvor die Stimmung im DKP-Zelt mit einer spontanen ›Satisfaction‹-Einlage auf den revolutionären Siedepunkt gebracht. Die Band, wahrscheinlich mit ›Interflug‹ kostenlos aus Schönefeld eingeflogen, beherrschte tatsächlich die drei, vier Riffs, die du für den Stones-Hit brauchst, und Warni und ich fegten, angetan mit unseren obligatorischen grünen Parkas, wie zwei Mick Jaggers für Arme über die Bühne, stark alkoholisiert und wenig textsicher, aber laut und spektakulär genug, um bei den moskautreuen Genossen laute Jubelstürme hervorzurufen. Fehlte eigentlich nur noch, dass sie ›Hoch-die-internationale-Solidarität!‹ skandiert oder die Internationale angestimmt hätten.

Es war 22:20 Uhr – das zeigte mir die Uhr mit der Scharlachberg-Reklame hinter Charlottes Tresen –, als ich den Raum mit dieser wunderbaren Geruchsmischung aus Klostein, Pisse und Billigseife aufsuchte. Minütlich schwand die Wahrscheinlichkeit einer tätlichen Auseinandersetzung mit säbelschwingenden Corps-Studenten. Das beruhigte mich, aber der Augenkontakt mit Jupp Grembarth beim Mützenklau gab mir nach wie vor heftig zu denken.

An der Theke schnappte ich Gesprächsfetzen einer Diskussion auf, die Warnfried gerade mit Spartakus-Werner führte.

»Mauer ... einsperren ... Reisefreiheit ...« »Ausbluten ... Schutzwall ... Sozialismus aufbauen ...« Oje, es ging zum hunderttausendsten Mal um die Deutsche Demokratische Republik, den »Unrechtsstaat, der auf seine Bürger schießt« (Warni), oder »den ersten sozialistischen Staat auf deutschem Boden, der nur noch einige Widersprüche lösen muss« (Werner). Warnfried hatte bereits die für seine Gesprächspartner hoch-nervige Phase des Abends erreicht, in der die Messwerte für Wortfrequenz, Penetranz und Korinthenkackigkeit schlagartig nach oben schossen. Ab diesem Zeitpunkt gab es regelmäßig nur eine einzige Möglichkeit, eine Begegnung mit ihm stressfrei zu überstehen, und das war die ruhig formulierte Bemerkung: »Jawohl, Warni, du hast Recht, du hast einfach Recht.« Andererseits: Die Ignoranz eines Spartakus-Aktivisten, der leicht und locker über die schlimmsten Ungerechtigkeiten in der DDR hinwegdiskutierte, war ebenfalls kaum zu ertragen. Diese Jungs versicherten dir auch, ohne mit der Wimper zu zucken, Atomkraft in Arbeiterhand sei quasi per Definition sichere Atomkraft, während die kapitalistischen Energiekonzerne mit ihrer

Raffke-Mentalität ständig auf der Schwelle zum Super-GAU tanzten.

Ich beschloss, mich unter keinen Umständen an diesem hochneurotischen Gespräch zu beteiligen, obwohl mich Warni einladend anblickte, und marschierte zurück zum Tisch, wo sich inzwischen auch der blinde Udo eingefunden hatte. »Hast du Lust, mal wieder mit essen zu gehen?« fragte er mich.

»Aber klar, Udo, machen wir, ein armer, unterernährter Briefträgersohn ist immer dankbar für ein paar zusätzliche Kalorien. An welchen Laden hast du gedacht?« Udo liebte wie ich die sinnlichen Freuden eines guten Essens, er brauchte aber einen Assistenten, viel lieber noch eine Assistentin, die die Köstlichkeiten auf dem Teller in mundgerechte Häppchen zerteilte, damit er sich bei der Arbeit mit Messer und Gabel nicht total zusaute. Udo bezahlte alles, die Gourmet-Reisen mit wechselnden Partnern standen unter dem Motto ›Das Blindengeld verfressen‹, und wir alle fanden, dass er damit die Staatsknete sehr gut anlegte. Wenn es hinaus ging auf's Land, waren auch unsere Künste als Autofahrer gefragt. Die Liste der essensbegleitenden Getränke verkürzte sich dann, das störte aber angesichts der Verlockung, mal wieder richtig zu schlemmen, niemanden. Das nächste Bier gab's bestimmt, bei der After-Dinner-Party in Charlottes Pinte zum Beispiel.

Udo war stolzer Autobesitzer, einen alten Mercedes Diesel nannte er sein eigen, was für einen blinden Mitbürger sicherlich nicht so ganz normal und üblich ist; aber Udo hatte Spaß daran, und manchmal an Wochenenden, wenn die Uni-Parkplätze leer gefegt waren, setzte er sich auf dem Riesenparkplatz am Lahnufer ans Steuer und drehte unter Anleitung eines sehenden Freundes ein paar heiße Runden. Es gab noch Abenteuer auf dieser Welt!

Wir verabredeten uns für den übernächsten Abend, das Ziel sollte die Staufenburg vor den Toren Gießens sein, eine bürgerliche Schmecklecker-Adresse der gehobenen Kategorie. Udo fing gerade wieder an, über seine beruflichen Pläne nach der juristischen Ausbildung zu palavern, und du konntest dich darauf verlassen, dass er als Nächstes den Gag bringen würde, sein Ziel sei das Richteramt, und dafür sei er deshalb besonders geeignet, weil er die Fälle ›ohne Ansehen der Person‹ entscheiden könnte – da flog die Tür auf. Fünf Verkleidete quollen durch den schmalen Eingang, einer stolperte noch über die gemeine Stufe hinter der Tür, und dann standen sie plötzlich mitten im Raum.

Hubert brüllte »Helau!« und Warnfried prustete mit dicken Backen den ›Mainzer Narhalla-Marsch‹; dieses herrlische Juwel des rheinhessischen Brauchtums kontrastierte wunderbar mit Eric Clapton, der aus den Boxen ›Cocaine‹ röhrte. Es handelte sich bei den neuen Gästen aber nicht um die Mainzer Ranzengarde, sondern um eine zu allem bereite Delegation der Marburger Studentenverbindung ›Thuringia‹ – bunt und lustig gewandet, aber ernst und entschlossen dreinblickend. Und der Wegweiser in unsere kleine verschwiegene Kneipe, wer war das wohl gewesen? R-r-r-ichtig! Der schmal gebaute Puffpendler Jupp Grembarth, der mich jetzt mit blitzenden Augen ansah. »War nicht so schwer, dich zu finden, Manni. Da kamen ja nur drei Kneipen in Frage, wo ihr euch so rumtreibt. Der Wal, die Bitstuben und dieser Abriss-Schuppen hier.« Keine Spur mehr von eingeschüchtert und feige, er spielte sich als Rädelsführer auf. Da kannste mal gucken, was so eine Uniform aus einem deutschen Mann macht!

»Charlotte, er hat deine Gaststätte beleidigt, sollen wir ihn dafür bestrafen?« Das war die Stimme von Spartakus-Werner. Er hatte bei Demos diverse handfeste Auseinandersetzungen mit dem Klassenfeind siegreich überstanden und nahm jetzt eine drohende Haltung ein.

»Wir wollen die Mütze zurück, sonst nix, ihr rückt sie raus, wir sagen tschüs und alles bleibt schön friedlich.« Ein schwarzhaariger, mediterran wirkender Hüne hatte das Kommando übernommen, Jupp war wahrscheinlich doch nicht mehr als der Tippgeber.

»Hömma!« kam es laut und aggressiv aus Werners Mund. »Wenn ihr Arschgeigen mit eurem Vollwichs glaubt, hier in unserer Kneipe die große Lippe riskieren zu können, dann seid ihr aber sowas von schief gewickelt! Verpisst euch auf den Markt und grölt weiter eure Revanchisten-Lieder!«

Jetzt griff Charlotte ein, die bislang nur mit aufgerissenen Augen dagestanden und schon mal vorsichtshalber wie in Trance ein paar Gläser weggeräumt hatte. »Nun beruhigt euch mal«, sprach sie in Werners und meine Richtung, »gebt den Jungs doch ihre komische Mütze wieder, dann hat es sich. Gehört ihnen ja schließlich auch, das Ding.«

»Dass du uns in den Rücken fällst«, schäumte Werner, »darüber wird noch zu reden sein. Nix kriegen die Herrschaften zurück, die fliegen hier gleich in hohem Bogen raus.«

Ich bin sicher: Wenn wir abgestimmt hätten – und über was wurde nicht alles abgestimmt! –, es hätte keine Mehrheit für eine Klopperei mit den Korporierten gegeben. Unsere Arme mündeten nicht in schwieligen Arbeiterfäusten, die mit Wucht und Wonne auf dem Nasenbein des Gegners landeten – ein Referat über die Grundsätze des Rücktritts vom Versuch im Strafrecht wäre uns lockerer von der Hand gegangen. An Rücktritt war hier aber überhaupt nicht zu denken. Werner hatte mit seiner großen Schnauze für die zwangsläufige Eskalation gesorgt.

Ich hatte mich noch nie im Leben geprügelt; wenn es irgendwo nach Schlägerei roch, war ich ganz schnell im nächsten Mauseloch verschwunden. Und jetzt das!

»Ich gebe euch noch genau zehn Sekunden«, sprach mit fester Stimme der Latin Lover im Verbindungs-Wichs, »danach holen wir uns unser Eigentum, ohne euch zu fragen.«

Ich blickte auf das Streitobjekt: Friedlich zierte das rot-grüne Mützchen (noch?) die ETA-Sau. »Noch fünf!«, schrie Salvatore. Im selben Augenblick fing er sich einen linken Haken des Essener Proletariers Werner und ging zu Boden.

»Dat hasse nicht umsonst gemacht!« War es wirklich Jupp, der spindeldürre Pornofreund, der diesen Schlachtruf in den halbdunklen Raum schleuderte? Der sich im nächsten Augenblick auf Werner stürzte und einen wüsten Ringkampf vom Zaun brach? Ich konnte nicht sehr lange über die Mutation des scheuen Sauerländers in den Würger von Olpe nachdenken, denn jetzt fielen die anderen über uns her. In Windeseile war der pazifistische Gerstensaft-Tempel erfüllt von Kampfgeschrei, Schmerzgebrüll und den Geräuschen sowohl fallender Stühle als auch fallender Körper. Als kontrastreicher akustischer Überbau fungierten das sehr laute und sehr schrille Organ von Charlotte, die – wie einfallslos – um Hilfe schrie, und die zärtlich-raue Stimme von Clapton, die jetzt – völlig unpassend – die Liebes-Ballade ›Wonderful Tonight‹ in den Raum säuselte. Nachdem ich den ersten Schlag gegen die Brust abbekommen hatte, war meine Angst wie weggezaubert. Wunderbare Adrenalinstöße machten auch aus mir einen Kung-Fu-Fighter mit Löwenherz. Einem trat ich vors Schienbein, den nächsten packte ich mir und nahm ihn in den Schwitzkasten, bis er laut aufstöhnte. Die Herrschaften von der Gegenseite waren, dem Himmel sei Dank, offensichtlich auch keine geübten Schläger. Wir drei Ex-Bochumer Rechtsgelehrten, unterstützt durch einige beherzte Sympathisanten, brauchten nicht sehr lange, um bei den Verkleideten den Entschluss reifen zu lassen, dass ein Rückzug vielleicht nicht die schlechteste aller Alternativen wäre.

»Hau bloß ab und lass dich nie wieder hier sehen!«, schrie Hubert dem ersten hinterher, der, nicht ganz freiwillig und unterstützt durch einen kräftigen Fußtritt in den Hintern, Charlottes Kneipe Richtung Kopfsteinpflaster verließ. Wir hatten keine Chance, bei Bud Spencer und Terence Hill mitzuspielen, dafür war unser Kampfstil einfach nicht originell und einfallsreich genug, keiner kriegte eine Flasche oder eine ganze Tischplatte auf den Kopf, auch der krachende Spencer-Faustschlag von oben senkrecht auf die Birne wollte uns nicht gelingen, aber wir schlugen uns verdammt wacker. Wenn friedfertige, gewaltfreie Menschen wie Hubert und Warnfried, von Hasenherz Manni ganz zu schweigen, eine solche ungewohnte Herausforderung mit Glanz und Gloria bestanden, dann mussten wir uns um die kommenden Auseinandersetzungen mit dem Großkapital und dem weltweiten Imperialismus keine Sorgen machen. Den letzten griff sich Werner vorne am bunten Wams, hob ihn fast hoch, brüllte noch einmal tierisch und setzte ihn dann rückwärts auf die Straße, wo er hinfiel, sich aufrappelte und in Richtung Markt davonlief. Nee, was waren wir doch für Helden!

»Die Jungs kommen nicht wieder, die haben ihre Lektion gelernt«, strahlte Werner, unser Anführer.

»Mann, Mann«, freute ich mich, »das hätte ich nicht für möglich gehalten, dass wir diese Säbelfechter in die Flucht schlagen.«

»Erzählt doch mal, erzählt doch mal!« Der bedauernswerte blinde Udo hatte sich an den Kampfhandlungen naturgemäß nicht beteiligt und wollte jetzt ganz genau wissen, wie wir es dem Gegner gezeigt hatten. Wir redeten alle gleichzeitig auf ihn ein und zischten das erste Siegespils, dem in dieser Nacht noch viele weitere folgen sollten. Sogar Charlotte hatte sich schnell wieder beruhigt, denn außer einem Stuhl, der aus dem Leim gegangen war, gab es keine weiteren Sachschäden zu beklagen. Sämtliche Gläser waren heil geblieben. Auch unsere gestählten Körper waren weitgehend intakt; ein paar blaue Flecken, Werners blutende Nase, Warnis gestauchte Hand – war doch alles gar nicht so schlimm, oder?

»Nein!!« Der Aufschrei kam von der Theke und entsprang Huberts Mund. Was war denn jetzt schon wieder los? Wortlos zeigte Hubert auf das ETA-Schwein, genauer gesagt auf den Kopf des Tierchens. Der Kopf, er war oberhalb der tönernen Baskenmütze – nackt! Keine Verbindungskappe. Auch nicht neben der Sau oder hinter ihr. Weder in das Spülbecken noch auf den Boden gefallen, einfach ver-schwun-den. Wahrscheinlich jetzt wieder auf dem mit revanchistischem Gedankengut überfüllten Kopf des fetten rechtmäßigen Eigentümers.

»Sag, dass das nicht wahr ist!« zeterte Werner mit krauser Stirn und roter Birne.

»Warum prügeln wir uns eigentlich mit diesen Dummbeuteln?« Ich war stinksauer und am Boden zerstört. Da musste wohl einer auf der Flucht noch schnell einen gezielten Griff getan haben, ohne dass wir auch nur einen Hauch davon mitgekriegt hatten. Wenn nach den verlustreichen Schlachten von Herakleia und Ausculum der Begriff des Pyrrhus-Sieges jemals wieder punktgenau zutraf, dann nach dieser letztlich sinnlosen Auseinandersetzung mit den Verbindungsbrüdern.

Zu allem Überfluss nahte jetzt auch noch die Stunde der Vernunft und der gehobenen Bedenkenträgerei. Die ganze Last der durch eine hohe Moral gespeisten Rationalität musste wieder einmal Warnfried tragen. »Bitte Jungs, jetzt bleibt doch mal auf dem Teppich«, predigte er, »verbeißt euch doch nicht in diese kindische Nummer. Dann haben sie eben ihre Scheiß-Kappe wieder. Na und? Sind wir denn hier im Kindergarten?«

»Hast du mitgemacht bei der Hauerei oder nicht?«, pflaumte ich ihn an.

»Ja okay, aber irgendwann ist doch mal gut mit Räuber und Gendarm.«

»Find ich überhaupt nicht«, warf Werner ein und betupfte demonstrativ das verkrustete Blut an seiner Nase.

Und schon grasten wir wieder auf den bekannt saftigen Weiden der spätabendlichen Ätz-Diskussionen mit Warnfried. Sein Vortragsstil war bereits sehr leierig, und in wenigen Momenten würde er beginnen, die Argumente mit erstens und zweitens und mit klein a und klein b durchzunummerieren. Wenn es so weit war, mussten die bekannten Maßnahmen der Deeskalation ergriffen werden, die Gefahr von Kollateralschäden durch umherirrende Scheinargumente war zu groß. »Warni,« sagte ich, »du hast verdammt noch mal Recht! Und darauf trinken wir jetzt einen. Charlotte, zapf 'ne Runde an.«

Die spürbar erleichterte Wirtin Charlotte schmiss eine Lokalrunde, die Schreckensbilder vor ihrem geistigen Auge mit zerstörtem Mobiliar, Scherben, Polizei und Rettungswagen, die ganze Szenerie aufs Prächtigste illuminiert von schalke-farbenem Drehlicht, begannen sich im Zigarettendunst vor dem Tresen aufzulösen. Wir hoben die Gläser, ließen das kontroverse Palavern sein und verfielen wenige Minuten später in ein von tiefer Ratlosigkeit geprägtes Gespräch über das Wesen der Frau.

Heute weiß ich, dass der vernunftbegabte Warnfried es genau richtig sah mit seinen Einwänden gegen die Verbindungsmützen-Aktion. Dennoch: Manchmal muss der Mensch verrückte Dinge tun. Vernünftig sein darf er dann für den ganzen langen Rest seines Lebens. So halte ich es jedenfalls.

Der Sensenmann *oder* Schluss mit lustig!

Der Heinbergring in Witten im südöstlichen Ruhrgebiet war eine Ansammlung von Einfamilien-Reihenhäusern aus rotem Backstein. Dort hatten sich die besser verdienenden Arbeiter und Angestellten ihren Lebenstraum erfüllt, der unter anderem darin bestand, die Nachbarn im Sommer beim Grillen aus fünf Metern Entfernung auf die Bratwurst gucken zu lassen. Außerdem gab es wegen der kommunikativen Bauweise der Häuser die Möglichkeit, über jede auch nur mittellaute Auseinandersetzung links und rechts nebenan ein Wortprotokoll zu verfassen. Aber: Schmuck sahen sie schon aus, die versetzt aneinander gereihten Fluchtburgen der Wittener Kleinbürger, die hingebungsvoll gepflegten Mini-Vorgärten, die Plastik-Windräder, Vogeltränken und mit Blumen bepflanzten ausrangierten Bierfässer.

In einem dieser idyllischen Häuschen, Heinbergring 25, wohnte vom Herbst 1969 bis März 1971 der junge Jura-Student Manni Breuckmann, für hundert Mark im Monat, mit Familienanschluss und Immatrikulation an der Ruhr-Universität Bochum. Heute muss ich mich doch sehr wundern, dass ich bei der studentischen Zimmervermittlung ausgerechnet diese Bude ausgewählt habe. Ich wohnte nämlich in einem Zimmer im oberen Stockwerk, das weder einen separaten Eingang noch eine eigene Toilette oder irgendwelche Küchenvorrichtungen hatte. Sich waschen, frühstücken, aufs Klo gehen: alles fand sozusagen im Bauch der Klein-Familie Nagel – Eltern und der vierzehnjährige Sohn Paul – statt.

Ich war damals scheu und wenig kontaktfreudig. Morgens horchte ich, ob die Nagel-Dreierbande auch tatsächlich ihr Home und Castle verlassen hatte, um dann hastig meine Fleischwurst-Brötchen zu verzehren; ich wurde rot, wenn ich einen der Nagels beim Gang zum Klo traf, und wäre besser mit einem Zimmerchen ganz für mich allein klargekommen. Aber eine Mischung aus kritikloser Anspruchslosigkeit und dem Drang, ›Äußerlichkeiten‹ wie Auto- und Klamottenkauf sowie das Anmieten einer Behausung möglichst zügig zu erledigen, hatten mich geradewegs zum Wittener Heinbergring geführt.

Für damalige Verhältnisse musste ich ziemlich viel Geld auf den Tisch des Hauses Nagel legen. Die Möblierung war modern, aber billig und spärlich, und an die Wand hatten sie mir einen Druck mit einer Sauerland-Landschaft gehängt, der meine persönliche Zumutbarkeitsgrenze streifte. Aber glauben Sie mal ja nicht, dass ich auch nur einen Moment lang auf die Idee gekommen wäre, diesen Tiefpunkt der Landschaftsmalerei abzuhängen und mein kleines Heim – beispielsweise – mit einem aktuellen Poster des FC Schalke 04 zu verschönern. Nein, das hätte ich mich im Leben nicht getraut, das war doch fremdes Eigentum! Möbliert gemietet und darum der persönlichen Veränderung nicht zugänglich.

Es war Dienstag, der 9. April 1970, morgens um acht, ich war gerade dabei, mich anzuziehen. Es klopfte. Ein paar Augenblicke später würde sich meine Welt verdunkeln. Ich zog schnell mein rot-grün-quergestreiftes Lieblingshemd an – die Erkenntnis, dass Querstreifen meine Leibesfülle unvorteilhaft unterstreichen, kam erst ein paar Jahre später – und öffnete die Tür.

Da stand Paul, der Vermieter-Sohn, verschämt und hilflos, aber trotzdem in der Lage, einen brutalen Satz auszusprechen.

»Ihr Onkel hat angerufen«, sagte Paul, und die Unsicherheit in seinen Augen wollte mich anspringen und infizieren, »Sie sollen sofort nach Hause kommen, Ihre Mutter ist gestorben.«

Das sagte er einfach so, ohne größeren Anlauf; er hätte auch sagen können »Zwischen zwölf und zwei wird das Wasser abgestellt«, oder »Sollen Ihnen meine Eltern was von Horten mitbringen?«. Es ging aber verdammt noch mal nicht um das Wasser oder um Horten, sondern um meine Mutter, und die war tot, im Alter von siebenundvierzig Jahren!

Vermutlich war es mein Onkel Heinz gewesen, der angerufen hatte, das Läuten des Telefons war an mein Ohr gedrungen. Welch eine dramatische zwischenmenschliche Eiseskälte bläst dir manchmal unvermittelt ins Gesicht! Wie konnte der Onkel auf die Idee kommen, einem fremden Jungen mitzuteilen: »Richte doch bitte dem Herrn Breuckmann aus, dass seine Mutter tot ist«? Wären die sechzig Sekunden nicht noch drin gewesen, mich ans Telefon holen zu lassen und mir die schlimme Botschaft persönlich mitzuteilen? Oder hätte dieses Telefonat über dreißig Kilometer zwischen Datteln und Witten meinen Onkel Heinz in die Insolvenz getrieben? Dabei war Heinz ein gemütlicher Mensch, den Sinnenfreuden, worunter er in erster Linie Essen und Trinken verstand, zugetan, sangesfreudig, immer gesellig, nur manchmal, besonders im Zusammenspiel mit seiner Frau Mathilde, kratzbürstig und ungenießbar. Vermutlich hatte er sich gar nichts dabei gedacht, als er mal eben zwei schicksalsschwangere Sätze an den jungen Paul richtete.

Aber so war sie halt, meine Vätergeneration, die Generation der im ersten Drittel des vergangenen Jahrhunderts geborenen: zu Gefühlen zwar prinzipiell fähig, aber immer darauf bedacht, die Sache mit der ›Gefühlsduselei‹ nicht zu übertreiben. Tränen waren bei Männern im Extremfall zugelassen, aber bitte nicht zu viele und zu oft, sonst drohte das Heulsusen-Etikett. Manchmal hatte ich den Eindruck, dass diese Männer sich Frostbeulen holten an dem Eisblock, der in ihnen steckte, dass sie selber an der Unfähigkeit litten, ihren Gefühlen freien Lauf zu lassen. Aber das Hitlerjugend-Leitbild vom harten, kontrollierten

Mann verpasste ihnen ein enges Gefühls-Korsett, aus dem sich erst ihre Söhne mühsam zu befreien begannen.

Nie zuvor und nie mehr danach hat mir eine Nachricht so den Boden unter den Füßen weggezogen wie die Todesbotschaft an diesem grauen Apriltag 1970. Ich war achtzehn, und Mama war tot. Was sollte nun werden? Mir schossen augenblicklich die Tränen in die Augen, als der Junge mir die Unbegreiflichkeit erzählt hatte. Ich war auch nicht in der Lage, den ersten heftigen Schmerz in Aggression umzuwandeln, etwa den Vermieter-Sohn anzubrüllen wegen der beiläufigen Art der Mitteilung. Unter Tränen sagte ich sogar »Dankeschön, ich muss jetzt sofort nach Hause«, er stammelte irgend etwas wie »Tut mir leid«, und dann schloss ich die Tür und setzte mich erstmal heulend auf das Bettsofa.

Es war also doch die unaussprechliche Krankheit gewesen! Das Thema Krebs war 1970 ein noch größeres Tabu als heute (»nach langer, schwerer Krankheit«). Die Ärzte gingen so weit, die Angehörigen hinters Licht zu führen, ich fühlte mich richtiggehend verarscht. Meinem Vater und mir gegenüber nämlich hatten die Doktores am Dattelner Vinzenz-Krankenhaus von ›Schilddrüsen-Erweiterung‹ gesprochen, auch, als schon bestrahlt wurde und jeder nach kurzem Nachdenken auf den wirklichen Namen der Krankheit hätte kommen können. Aber Willi Breuckmann wollte gar nicht wissen, dass seine Frau Krebs hatte. Ich habe ihn einmal darauf angesprochen; er hat empört reagiert und auf die hohe Kompetenz der Dattelner Ärzte verwiesen.

Sofort, als ich ins schlimme Bild gesetzt worden war, fiel mir meine Beobachtung vom letzten Besuch im Krankenhaus auf, der nur ein paar Tage zurücklag.

»Die Augen von Mama sind so komisch rausgetreten, was hat das denn wohl zu bedeuten?«, fragte ich meinen Vater beim Abschied auf dem Flur.

»Hab ich auch gesehen, vielleicht isses ja harmlos.«

Mama hatte noch nie solche froschigen Augen gehabt, warum sollte das nichts bedeuten, wo sie doch an ›Schilddrüsen-Erweiterung‹ litt? Drückte die Schilddrüse von innen auf die Augen? Beunruhigt war ich wieder zum Studieren nach Bochum und zum Wohnen nach Witten zurückgekehrt – und jetzt hatte ich den grausamen Beweis dafür, dass gar nichts harmlos gewesen war. Mama war jämmerlich erstickt – sie hatten erfolglos versucht, ihr durch einen Luftröhrenschnitt Linderung zu verschaffen.

Zusammengesunken und fertig mit der Welt hatte ich ein paar Minuten auf der Couch verbracht; dann wurde der Wunsch übermächtig, sofort nach Datteln zu meinem sicherlich sehr hilflosen Vater zu fahren. Ich packte ein paar Sachen in meine Reisetasche, holte noch schnell den Kulturbeutel aus dem Badezimmer und machte mich auf die Reise. Paul sah ich nicht mehr – wahrscheinlich war der Junge auch durch den Wind und hatte sich in sein Zimmer verkrochen.

Von Witten nach Datteln wäre es mit dem Auto nicht mehr als eine halbe Stunde gewesen; 1970 besaß ich aber noch keinen Wagen, und deshalb gab es zwei Möglichkeiten: mit öffentlichen Verkehrsmitteln fahren – das war kompliziert, mit zweimal Umsteigen, und hätte mich locker eineinhalb Stunden gekostet – oder trampen. Ich war als Jugendlicher ein begeisterter Tramper, und ohnehin war das Trampen damals eine normale Art der Fortbewegung, von Gewalttaten gegen Tramper, von versicherungsrechtlichen Bedenken oder von gefährlichen Rasern, in deren Hand man sich begab, wurde nur wenig geredet, Trampen hatte was von Abenteuer und Freiheit, es kostete nichts, und manchmal lernte ich als Zugabe auch noch nette Menschen kennen.

Trampen innerhalb des Ruhrgebiets war allerdings verheerend; das schöne Ruhrrevier wird zwar durch Dutzende von kommunalen Grenzen in Ruhr-Bröckchen unterteilt (die Perspektive so mancher Ruhris endet am eigenen Kirchturm oder Förderschacht – jedenfalls, als es den noch gab), aber tramptechnisch war das Revier schon immer eine große Stadt mit fließenden Übergängen und wenigen Überland-Straßen. Trampen von Witten nach Datteln? Gute Reise, am besten im Umstandskleid, denn mindestens drei bis vier Autos würde ich brauchen. Aber machbar war es, vor allem durch die teilweise vierspurig ausgebaute B 235, eine der besseren Nord-Süd-Verbindungen, ein Stück durch das östliche Bochum, den westlichen Teil Dortmunds berührend, über Castrop-Rauxel und Henrichenburg (damals noch selbständig) immer geradeaus nach Datteln. Die B 235 – wenn sie sich dem Stadtkern nähert, ist sie als Umgehungsstraße gebaut – ist die Hauptverkehrsader Dattelns, bewegt sich mehr als fünf Kilometer auf Dattelner Terrain (Datteln ist eben riesig!) und führt dann weiter nach Münster.

Am traurigen 9. April 1970 musste ich tatsächlich dreimal umsteigen, aber in einer guten Stunde hatte ich meine Heimatstadt erreicht. Ich muss sehr elend und verheult ausgesehen haben. Während draußen die markanten Punkte der Strecke wie die Dortmunder Ritter-Brauerei, das Kraftwerk in Castrop-Rauxel, der Castroper Stadtteil Ickern – hier, bei Arminia Ickern, kickte als Jugendlicher die Schalker Libero-Legende Klaus ›Tanne‹ Fichtel – und die Dattelner Kokerei vorbeizogen, kam ich mit einem Mercedes-Fahrer, einem älteren Mann aus Bochum, offensichtlich schon Rentner, ins Gespräch über den Tod meiner Mutter.

»Wie alt sind Sie denn?«, fragte er mich.

»Achtzehn.«

»Da könnte es schon sein, dass Sie Ihre Mutter noch sehr brauchen. War das denn so, haben Sie an Ihrer Mutter gehangen?«

»Ja«, antwortete ich, »ich hab schon eine sehr enge Beziehung zu ihr gehabt.« An der Stelle gab ich zu erkennen, dass ich nicht weiterreden wollte; denn was erzählte ich da für einen

Schwachsinn, ich war doch gar nicht mehr so intensiv mit meiner Mutter verbunden! Das Verhältnis zu ihr war von Jahr zu Jahr distanzierter geworden.

Mama war eine einfache Frau, manchmal schämte ich mich sogar, wenn sie wieder mal den Dativ mit dem Akkusativ verwechselte. Sie war streng, sie schimpfte ziemlich viel rum, nervte mich mit ihrem Ordnungsfimmel, und – das Allerschlimmste – sie hatte einen gluckenhaften Überbehütungs-Tick. Manfred – sie nannte mich nie Manni, wie meine Schulkameraden und Freunde – musste vor Erkältungen geschützt werden, überall lauerten Brüche sämtlicher Extremitäten und Kollapse des empfindlichen Kreislaufes, Manfred durfte aus Angst vor Krankheiten und Verletzungen nicht in den Fußballverein Germania Datteln, Manfred musste sich immer warm anziehen und sollte jeden Morgen auf dem Schulweg zwei Pullmoll lutschen.

Auch vor moralischem Niedergang musste Manfred bewahrt werden. Das beschränkte sich nicht auf die ständigen Ermahnungen, nur ja keine evangelische Frau zu nehmen, sondern gipfelte ein paar Monate vor dem Tod meiner Mutter in dem erfolgreichen Bemühen meiner Eltern, einen Vertretungs-Job als Disk-Jockey im Dattelner Sündenpfuhl, dem ›Western Saloon‹, zu verhindern. Mama und Papa kannten nämlich den Inhaber, den alten Wesselbaum, und den haben sie angerufen, um meinen Untergang in der berüchtigten Haschhöhle abzuwenden. Dummerweise haben sie sich aber hinterher verplappert, was zu einer üblen Krise in den gegenseitigen Beziehungen führte.

Auch als ernsthafte Gesprächspartnerin für meine persönlichen Sorgen und Nöte war meine Mutter nach und nach ausgeschieden. Über meine Kontaktprobleme mit dem anderen Geschlecht zum Beispiel konnte ich mit ihr nicht reden, da fehlte ihr jeglicher Zugang, sie lief komplett auf der Schiene: nettes katholisches Mädchen kennenlernen, verloben, heiraten, Kinder kriegen. Leider stand eine solche vorbildliche Beziehungs-

1951: Zwei Wonneproppen – Mama mit Klein-Manfred.

Karriere nicht in meinem Drehbuch. Politische Diskussionen kamen überhaupt nicht in Frage, meiner Mutter fehlten so gut wie alle Informationen, somit der Durchblick und auch das Interesse, um ernsthaft politisch mitreden zu können. Als Kennedy starb, da hat sie geweint, aber sehr politische Tränen sind das auch nicht gewesen.

All diese Gedanken schossen durch meinen Kopf, während ich mich der Heimat näherte, und ich kam nicht umhin, mir die Frage zu stellen: Warum, mein lieber, großartiger, umfassend gebildeter, auf hohem Niveau sensibler Manfred brichst du dann so zusammen, wenn deine ungebildete, raubeinige und deine freie Entfaltung hemmende Mutter aus dem Leben scheidet? Die richtige Antwort lautete: Weil die Beziehung zu deiner Mutter, du unvergleichlich wertvoller Manfred, nicht über den Kopf beschrieben werden kann, wie du das gerade getan hast.

Und weil du die negativen Dinge rausgepickt hast. Hat sie dir nicht auf ihre Weise alle Liebe und Fürsorge gegeben? Hat sie dich nicht immer wieder mit deinem Lieblingsessen, deinem Lieblingskuchen und deiner Lieblingsschokolade versorgt? Hat sie nicht deine intellektuellen Höhenflüge finanziell ermöglicht, indem sie eine Putzstelle angenommen hat? Ist es für das Verhältnis zu deiner Mutter tatsächlich so wichtig, ob du mit ihr über Rudi Dutschke und die Studentenbewegung reden konntest?

Dass Mamas plötzlicher Tod mich so aus der Bahn werfen konnte, war der Beweis für eine tiefe emotionale Bindung, die durch verkopfte Entwicklungen seit der Pubertät zugeschüttet worden war. Beim Sammeln politischer Informationen und bei der Analyse der gesellschaftlichen Realität in der BRD waren die Gefühle auf der Strecke geblieben. Ich musste später lange und intensiv üben, in mich hineinzuhorchen und meine Gefühle zu spüren.

Der alte Mann am Mercedes-Steuer versuchte, den abgerissenen Gesprächsfaden wieder aufzunehmen. »Kennen Sie sich aus mit dem Tod? Oder kommt das alles für Sie überfallartig? Mussten Sie sich schon mal mit dem Tod in Ihrer näheren Umgebung auseinandersetzen, oder haben Ihre Eltern Sie immer schön abgeschottet?«

Nein, da konnte ich von vielen Erlebnissen berichten, der Tod gehörte dazu, nie war ich genötigt worden, die Augen angesichts des Sensenmannes zu verschließen. »Die schlimmste Geschichte war, als mein Klassenkamerad Friedhelm Becker gestorben ist.« Wir waren in der Unterprima, also in der Zwölf, als Friedhelm sein Leben auf der Umgehungsstraße von Oer-Erkenschwick aushauchte. Die Nachricht erreichte uns, seine Klassenkameraden, als wir morgens vor der Turnhalle unseres Dattelner Gymnasiums auf den Beginn des Unterrichts warteten. Plötzlich stand der Schuldirektor mit ernstem Gesicht vor uns. »Vielleicht haben Sie sich schon gewundert, dass Friedhelm Becker noch nicht erschienen ist«, sagte er, und wir merkten, dass es ihm schwerfiel. »Friedhelm hat gestern Abend einen Verkehrsunfall gehabt, und – er ist – dabei – gestorben.« Einige von uns stöhnten auf, guckten entsetzt, und dann war da eine furchtbare Ruhe, minutenlang. Friedhelm, mit dem ich noch vorgestern über diese gelackten Beach Boys gestritten hatte, die er nämlich gern hörte, war einfach nicht mehr da.

Das war für mich das eigentlich Furchtbare an den Todeserfahrungen meiner Kindheit und Jugend: Menschen, mit denen ein lebendiger Austausch möglich gewesen war, deren leibhaftige Anwesenheit mir etwas bedeutet hatte, verschwanden plötzlich von der Bildfläche. Der Tod löste in mir nicht, jedenfalls damals noch nicht, die Angst aus, dass ich auch irgendwann mal dran wäre – diese Vorahnung spielte keine Rolle. Eine dunkle, geheimnisvolle Macht riss die Bekannten und Verwandten urplötzlich und für immer aus der Gemeinschaft der Menschen – das war für mich die bedrohliche Dimension des Todes.

Aber bevor sie endgültig im Grab verschwanden (Verbrennen gab es nicht, für Katholiken war das eine Sünde), durfte ich sie nochmal als Leiche sehen. Das hatte etwas Unheimliches.

»Gucken Sie sich auch jedes Mal die Leiche im Leichenschauhaus an?«, fragte ich den Fahrer. Er schüttelte den Kopf; er gehörte wohl zu den Menschen, die diesen Anblick nicht ertragen konnten.

Für mich ist der letzte Blick auf den toten Menschen Teil der Kultur des Sterbens, er gehört zum schmerzhaften Abschied. Ich lege damit keine Mutprobe ab, sondern betrachte den Gang in die Leichenkammer als bewussten Akt, den Tod als untrennbaren Bestandteil des Lebens anzuerkennen. Vielleicht verbinde ich damit auch die kühne Hoffnung, irgendwann ohne Panik und tiefe Verzweiflung mit meinem eigenen herannahenden Tod umgehen zu können.

Friedhelm Becker habe ich auch als Leiche gesehen. Er hatte ein gelblich-bleiches Gesicht, und man konnte merken, dass sie an ihm herumgeflickt hatten; den Unfall hatte er auch äußerlich nicht unversehrt überstanden. Der Anblick hat mich noch wochenlang verfolgt. An Friedhelms Grab war ich immerhin noch in der Lage, zwei Sätze im Namen aller Klassenkameraden zu sagen, bevor mich das große Schluchzen überkam und ich nur noch das obligatorische Schüppchen Erde auf den Sarg in der Grube schaufeln konnte.

Meine Mutter habe ich einen Tag nach ihrem Tod im Leichenschauhaus gesehen. Sie sah aus wie immer, nur wesentlich bleicher – dem Leichenbestatter wurde das übliche Kompliment gemacht: »Die Else sieht aus, als ob sie schläft.« Das macht den schaurigen Blick auf einen toten Angehörigen erträglicher und trostvoller, wie er da mit gefalteten Händen, über die sich ein Rosenkranz schlängelt, in seinem mit weißen Kissen drapierten und mit Blumen geschmückten Sarg liegt. Eigentlich schläft der Tote ja nur. So hab ich sie alle gesehen, Onkel August, Onkel Hennes, Tante Lisbeth, Tante Mathilde, Tante Maria, Omas und Opas aus beiden Familien.

Meine erste Leiche bekam ich schon mit vier Jahren zu Gesicht. Es handelte sich um meinen Opa aus dem ostwestfälischen Reelsen. Er war erst Mitte fünfzig, als er starb, vollkommen überraschend versagte sein Herz. Als Oma morgens aufwachte, war ihr Mann tot. Immer wieder erzählte sie über ihre letzte Begegnung mit dem schnauzbärtigen Josef vor dem Einschlafen: »Ich hab die Schachtel Pralinen geholt und ihm eine angeboten. Er hat sie gegessen, und dann ist er ganz schnell eingeschlafen.« Und nicht wieder aufgewacht.

Meine Mutter wollte gar nicht aufhören zu weinen, als das Telegramm mit der Nachricht vom Tode ihres Vaters kam. Damals, in den Fünfzigern, waren Telefone noch Luxus; die Leute schickten Telegramme, wenn es ernst wurde. Manchmal gab es auch Telegramme, wenn der Fall nicht ganz so tragisch war, wenn etwa ein sechzigster Geburtstag oder die Ankunft eines neuen Erdenbürgers zu würdigen war. Unter dieser schönen Sitte hatte mein Vater zu leiden, der bei der Post dann und wann den Sonderjob des Telegrammboten zu erledigen hatte. Und so fuhr er dann bei Wind und Wetter mit seinem Fahrrad fünf, sechs Kilometer in eine der umliegenden Dattelner Bauernschaften, um dem freudig erregten Bauern ein mit Rosendekor verziertes Geburtstagstelegramm von Bruder Alfons aus Arnsberg zu überreichen.

Im Mai 1956 löste das an meine Mutter adressierte Telegramm aus Reelsen tiefen Schmerz und Sturzbäche von Tränen aus. Mamas Vater, mein Opa, der mir immer das Märchen von Rotkäppchen und dem bösen Wolf erzählt hatte, und der so schaurig-schön den Part des Wolfes sprechen konnte, er war nicht mehr. Onkel Friedhelm fuhr uns mit dem Dreirad die hundertfünfzig Kilometer über Land (von wegen Autobahn!) ins Egge-Gebirge. Und in Reelsen sah ich den toten Opa, in einem Eichensarg im Wohnzimmer. Ich glaube, ich fand das sehr merkwürdig, aber besonders schockiert hat mich der Anblick nicht, wahrscheinlich sind Kinder in Sachen Leichenschau wesentlich belastbarer, als Erwachsene heute glauben. Man muss es ihnen nur richtig erklären, und an Erklärungen seitens meiner Oma und meiner Mama mangelte es nicht.

An einen Vorfall im Trauerhaus in Reelsen erinnere ich mich merkwürdigerweise noch sehr genau: Der kleine Manni, dem es ein wenig langweilig war, hatte sich nämlich sein zweitliebstes Spielzeug – nach der Ritterburg – bei Oma vom Schrank geholt: eine wunderschöne Kindertrommel, die der liebe Kleine konzentriert-dynamisch mit kräftigen Stockschlägen zu bearbeiten begann. Da schoss die Oma um die Ecke, und ganz gegen ihre polternde Gewohnheit erklärte sie mir ernst und ruhig, dass die Engel, die auf den toten Opa aufpassten und ihn bald mit in den Himmel nähmen, ganz traurig würden, wenn ich mit meiner Trommel Opas Totenschlaf störte. Das leuchtete mir augenblicklich ein, die Trommel wanderte wieder auf den Schlafzimmerschrank, Opa durfte weiterschlafen.

Ein paar Jahre später, als Messdiener, wurde ich ein Profi in Sachen Beerdigungen. Für die Totenmesse und die folgende Zeremonie auf dem Friedhof wurden jeweils zwei Messdiener gebraucht, und diese Art des Dienstes hatte nur Vorteile: Beerdigungen fanden am Vormittag statt, es gab also zwei Stunden schulfrei, und zwar problemlos: Kein Lehrer hat je Schwierigkeiten bei der Abstellung für Beerdigungen gemacht. Außerdem wurden die Messdiener hinterher zum üblichen Toten-Kaffee in eine Gastwirtschaft eingeladen, ein schönes Angebot der Angehörigen, das ich als schon damals kulinarisch orientierter Mensch gerne annahm. Zum Abschied, als Sahnehäubchen, steckten sie uns Messdienern noch – bei Trauungen war das auch so – Trinkgeld zu; ich glaube, jeder kriegte ein schönes, glänzendes Fünf-Mark-Stück. Für die einen war es tiefes Leid, die anderen hatten nur Vorteile davon – es ging zu wie im wahren Leben.

Als Messdiener waren wir innerlich nicht beteiligt am bitteren Abschiednehmen. Aber manchmal war es angesichts der herzzerreißenden Szenen am Grab unmöglich, innere Distanz zu wahren. Natürlich war es ein Riesen-Unterschied zwischen dem neunzigjährigen Opa, der zu Grabe getragen wurde, und einem jungen Mann, der mitten aus dem Leben gerissen worden war und vielleicht auch noch eine Kinderschar hinterließ. Manchmal musste ich schwer an mich halten, um nicht in das allgemeine Geschluchze einzustimmen.

Es gab aber auch makabre, unfreiwillig komische Szenen am offenen Grab, und zwar meistens dann, wenn die markigen Vertreter des Dattelner Vereinslebens die Szenerie betraten, im Normalfall rhetorische Null-Lösungen mit einer hohen Meinung von sich selbst. Schützenverein, Männergesangsverein, Feuerwehr – es gab ja so viele Vereinigungen, in denen der gemeine Dattelner seine kostbare Freizeit sinnvoll zu nutzen versuchte. Am Ende ging es bei all diesen Männerbünden immer ums Saufen, aber das wurde nie so ganz offen ausgesprochen. Den größten Auftritt hatte mal ein Kompaniechef der Schützen, der am Grab des Schützenbruders Ellermann sprach. In seine Ausführungen baute er einen peinlichen Dauer-Versprecher ein: Jedes Mal, wenn er das große Herz und das kameradschaftliche Wesen des lieben Toten rühmte, redete er vom Schützenbruder Degemann. Der lag aber nun Gott sei Dank noch nicht im Sarg, sondern stand wenige Schritte entfernt mit seiner Uniform inmitten der anderen quicklebendigen Schützen. Bei der ersten Namensnennung stöhnte die Trauergesellschaft noch geschockt auf, und irgend jemand korrigierte den talentierten Redner halblaut. Der war allerdings vollkommen resistent gegen jegliche Form der Beratung und wollte gar nicht aufhören, den vermeintlich verblichenen Kameraden Degemann zu lobpreisen. Am Ende waren sie alle nur noch stinksauer auf den Schützenboss.

Die mittrauernden Vereinsmitglieder, aber auch die Arbeitskollegen waren verantwortlich dafür, dass die Kaffee-Einladungen nach dem Begräbnis manchmal zu heftigen Saufgelagen mutierten. Erst gab es Kaffee, Streuselkuchen, Apfelkuchen und belegte Brötchen, und irgendwann, spätestens nach einer Stunde, kam das erste Tablett mit Pils angeflogen, die gedämpfte Atmosphäre wich nach und nach einer angeregten Plauderstimmung, später wurde dann richtig gelärmt und gelacht; für die sensiblen Naturen aus der engeren Trauerrunde war das immer das Signal, die Gaststätte, die wieder ihren polternden Original-Sound verbreitete, zu verlassen. Trotzdem: Das Kaffeetrinken war für die Hinterbliebenen psychologisch ungemein wichtig, hier machten sie die Erfahrung, mit ihrer Trauer nicht allein zu sein, umgeben von Verwandten, Freunden, Nachbarn und Arbeitskollegen, hier fanden sie Trost und Halt inmitten des Schmerzes über den Verlust. Ich kann mich noch erinnern, wie

1962: Holz war sein Leben: mein Lieblings-Großonkel August.

mein Onkel August nach der Beerdigung seiner Frau Hanna, mit der er über fünfzig Jahre zusammengelebt hatte, beim Totenkaffee wieder aufblühte. Noch auf dem Friedhof war er ein schluchzendes Bündel Elend gewesen, und auch zu Beginn des Kaffeetrinkens in seiner Stammkneipe saß er mit rotgeweinten Augen da und war kaum anzusprechen. Er ließ sich dann aber doch zu zwei, drei Pils und einem seiner geliebten Wacholderschnäpse überreden und wurde allmählich wieder, wenn auch wahrscheinlich mehr äußerlich als tief in seinem Innern, zu dem gelassen-freundlichen Onkel August, den ich immer gekannt und geschätzt hatte.

»Sind Sie schon einmal dabeigewesen, als einer gestorben ist?«, fragte mich mein Fahrer. Wir hatten gerade das Dattelner Ortsschild passiert und näherten uns dem Bahnhof, an dem schon damals nur noch Güterzüge vorbeirumpelten, bis die Bahnstrecke Recklinghausen-Hamm schließlich ganz stillgelegt wurde.

»Nein, das habe ich noch nicht erlebt«, entgegnete ich, »ich glaube, davor hätte ich auch ziemliche Angst.«

»Seien Sie froh, dass wir heute bei uns nicht mehr das große Sterben durch den Krieg haben. Der Tod war ein Duz-Freund von uns. Ich war im Krieg und habe Dutzende von Kameraden sterben sehen. Oder denken Sie an die grausamen Bombennächte in den deutschen Städten. Da wurde auch massenhaft gestorben.«

Ich verfiel wieder ins traurige Schweigen. Denn so richtig trösten konnte es mich nicht, dass Gevatter Tod in unserem Land nach 1945 auf Kurzarbeit gegangen war. Mama war gestorben, da war mir die positive Entwicklung der Mortalität in Deutschland herzlich egal.

»Wo soll ich Sie denn rauslassen?« Der alte Mann wirkte verunsichert; er hatte wohl gemerkt, dass er das falsche Thema angeschnitten hatte.

»Am Neumarkt wäre nicht schlecht«, schlug ich vor und stand dabei kurz vorm Schluchzen, denn jetzt nahte der Augenblick der Begegnung mit meinem Vater. Ich fürchtete mich davor, noch tiefer heruntergezogen zu werden.

Der Mercedes hielt in einer Parkbucht am Neumarkt. »Ich drücke Ihnen die Daumen, dass bald wieder bessere Tage kommen. Alle guten Wünsche!«

Ich nickte wortlos und ging durch die Hohe Straße und die Neue Straße Richtung Amandusstraße 11; alles kam mir sehr wattig und dunstig-diesig vor, wenig real. Unterwegs traf ich zwei Frauen aus dem weiteren Bekanntenkreis, die mir mit der üblichen Formel ›Herzliches Beileid‹ wünschten. Ich weinte.

Papa empfing mich an der Wohnungstür und nahm mich heulend in den Arm. Ich kann mich noch an seine ersten Worte erinnern. »Wir müssen jetzt zusammenhalten.« Zweimal oder dreimal wiederholte er diesen geflehten Wunsch. Ich konnte mich nicht mehr daran erinnern, wann er mich zuletzt in die Arme geschlossen hatte, da musste ich noch ein kleines Kind gewesen sein, vor zehn, zwölf Jahren also.

Onkel Heinz saß im Wohnzimmer; er hatte auch rotgeweinte Augen, außerdem eine leichte Schnapsfahne. Da war wohl schon der große Tröster im Einsatz gewesen.

Papa war fix und fertig, der schwere Verlust drohte ihn aus der Bahn zu werfen. Es war nicht nur eine emotionale Katastrophe – er hatte sehr an seiner Else gehangen –, auch die praktischen Folgen waren für einen Mann seiner Generation verheerend. Keine Ahnung hatten diese Jungs von Kochen, Waschen, Bügeln, Putzen, Einkaufen; ihre traditionelle Rolle war das Heranschaffen von Kohle durch berufliche Tätigkeit, sonst nichts, außer vielleicht Gartenarbeit, Müll runterbringen oder der verantwortungsvolle Job als Abtrockner beim Geschirrspülen. Willi Breuckmann wäre nicht in der Lage gewesen, als Ein-Personen-Haushalt zu überleben. So knüpften denn meine Tanten und mein Onkel Heinz ein Netz des Überlebens: Tante Maria wusch und bügelte, und bei seinem Bruder Heinz und dessen Ehefrau Mathilde aß mein Vater zu Mittag.

Von den Segnungen dieses gutbürgerlichen Mittagstisches mit üppigen Braten, Rouladen und geschmorten Enten profitierte ich sonntags, wenn ich mich am Wochenende von der schweren Last des Jura-Studiums an der Ruhr-Universität zu Bochum in Datteln erholen musste. Noch heute klingt mir das bedrohliche »Nimm doch noch wat! Schmecktet denn nich?« in den Ohren. Gerade nach so einem herben Schicksalsschlag wie dem frühen Tod der Mutter ging die verwandtschaftliche Liebe ganz besonders heftig durch den Magen, die Ablehnung einer zweiten riesigen Portion Rollbraten (braune Bratensoße) mit Blumenkohl (holländische Soße) wäre als unschicklicher Ausdruck von Undankbarkeit gewertet worden. Und welche von Onkel-und-Tanten-Fürsorge umgarnte Halbwaise wollte schon undankbar erscheinen? Außerdem: Es schmeckte himmlisch, und die zwei vorab zum sonntäglichen Frühschoppen gereichten Flaschen Thier-Pils heizten den Appetit noch an. Wir versanken in den mit wüsten Brokat-Geschmacks-Verirrungen verschandelten altdeutschen Sesseln, sahen zu, wie Werner Höfer sich beim ›Internationalen Frühschoppen‹ wieder mal mit demagogischen Russen anlegte, und verfetteten zusehends. Zum ersten Mal in meinem Leben touchierte ich die 90-Kilo-Grenze, wirkte im Gesicht ein wenig schwabbelig und hasste mich dafür bei jedem Blick in den Spiegel. So kann der Tod eines nahen Angehörigen auch zu Übergewicht und Anfällen von Selbstverachtung führen.

Davon war ich am Todestag meiner Mutter noch weit entfernt. Papa und ich waren nichts als zwei Häufchen Elend, zu geordnetem Handeln nicht in der Lage. Gehandelt werden musste aber, denn es hieß die Beerdigung inklusive des Kaffeetrinkens organisieren. Onkel Heinz kannte sich da aus, mein Vater musste nur die Namen derer nennen, die einen Totenbrief bekommen sollten, den Rest erledigte er. Zur Druckerei ging mein Vater allerdings mit, die Ornamente und den Totenspruch aussuchen.

»Bist du dabei gewesen, als Mama gestorben ist?«, fragte ich meinen Vater und dachte an die unpassende Bemerkung des alten Mannes im Tramp-Mercedes.

»Nein, ich war gerade auf dem Flur.« Es fiel ihm schwer, darüber zu sprechen. »Die Ärzte waren gerade bei ihr und wollten gucken, wie es nach dem Luftröhrenschnitt aussah.«

»Vielleicht wollte sie auch im letzten Augenblick noch Rücksicht nehmen und dir nicht den Anblick zumuten, wie sie stirbt.«

Papa nickte und weinte schon wieder. »Mit siebenundvierzig Jahren! Viel zu jung zum Sterben.«

»Und wir haben wirklich geglaubt, sie hätte eine ›Schilddrüsenerweiterung‹! Irgendwas, dat man reparieren kann. Ich könnte die Ärzte in den Arsch treten!«

1955: Es war Liebe – meine Eltern Else und Willi.

»Lass mal, die Ärzte haben schon getan, wat sie konnten. Sie war bestimmt nicht mehr zu retten.« Selbst in einem solchen Augenblick, der sich anbot, ein Stück der Trauer in Wut umzuwandeln und diese gegen die Ärzte zu schleudern, zuckte mein Vater vor der Autorität, in diesem Fall der ärztlichen, zurück. Angesichts unseres Ausnahmezustandes verzichtete ich auf jeden weiteren Kommentar.

Mein Vater selbst starb vierundzwanzig Jahre später auch allein. Meine zweite Mutter Ilse, die Tag und Nacht am Bett ihres rasend schnell röchelnden Mannes gewacht hatte, war mal kurz auf dem Krankenhausflur. Auch in diesem Fall ging die Mutmaßung herum, der Sterbende habe seiner Frau das Miterleben der letzten Lebenssekunden ersparen wollen.

Zur Beerdigung meiner Mutter hatten sich über hundert Menschen auf dem Dattelner Friedhof versammelt. Wir sprachen danach von einer ›großen Beerdigung‹, eine Einschätzung, die die Bedeutung der Verstorbenen wohltuend unterstrich. Ich konnte es erst gar nicht glauben, dass so viele Verwandte, Freunde, Bekannte und Nachbarn gekommen waren. Die große Anteilnahme hat mir geholfen, den Tag zu überstehen.

Ich machte mir Sorgen um meinen Vater, der es ja am Herzen hatte; hoffentlich würde er nicht am Grab zusammenbrechen und ärztliche Hilfe brauchen. Dank der Segnungen der modernen Medizin hielt er sich aber recht wacker.

Verwandtschaft aus Ostwestfalen, der Heimat meiner Mutter, war auch angereist, inklusive meiner Oma, die jetzt schon die zweite ihrer Töchter überlebt hatte. Den rhetorischen Vogel schoss meine Tante Lydia aus Bad Driburg ab, die in Gefühlsdingen schon immer eine zynische Eiseskälte ausgestrahlt hatte. »Mensch, Willi«, sagte sie tatsächlich, »gräm dich nicht zu sehr. Nimm dir einfach bald 'ne Neue, und das Leben geht auch weiter.«

Für diese Bemerkung hätten wir sie einfach rausschmeißen und nach Hause schicken müssen. Aber auch an dieser Stelle siegte die Feigheit, die Angst vor Konflikten und vor drastischen Maßnahmen zur rechten Zeit. Weder von meinem Vater noch von mir kam mehr als eine milde Rüge.

Ironischerweise lag die gefühlskalte Lydia in der Sache genau richtig. Denn tatsächlich heiratete Willi Breuckmann neun Monate später seine Ilse, der er schon ziemlich bald nach dem Tod seiner Frau den Hof gemacht hatte. Ich merkte das eines Abends, als ich unerwartet aus Bochum zurückkam. Im Kühlschrank lagen zwei Pikkolo, die amourösen Mittelstreckenraketen des kleinbürgerlichen Gentlemans der alten Schule, und außerdem machte Papa mit seltsamem Nachdruck den Vorschlag, ich könnte doch heute Abend mal in meine Stammkneipe gehen. Ich tat ihm den Gefallen und dachte mir meinen Teil.

Wenige Monate später, im Dezember 1970, fand ich mich in der Rolle des Trauzeugen bei der Hochzeit meines eigenen Vaters. Keiner nahm ihm die frühe Brautsuche übel, denn es ging ja nicht nur um die Liebe, sondern auch um den verwaisten Posten am heimatlichen Herd und Bügeleisen. Mein persönlicher Vorteil war – außer einer ›Nachfolgemutter‹ mit hohem Verwöhnpotenzial, mit der ich auf Anhieb sehr gut klarkam – der Wegfall der sonntäglichen Mastkuren bei Onkel Heinz; so blieb mir das Schicksal von Rainer Calmund erspart.

Ich brauchte viele Monate, um den Tod meiner Mutter zu verarbeiten. Ein depressiver Schatten lag über meinem Studentenleben. Früher war ich immer zu dummen Scherzen aufgelegt gewesen, hatte gerne Witze erzählt und gute Laune verbreitet; damit war es für eine Weile vorbei. Ich konnte nicht mehr richtig lachen, so ernst hatte ich mich selber noch nicht kennengelernt. Und wenn ich mal abends in Datteln schlief, hörte ich meinen Vater nebenan im Elternschlafzimmer weinen.

Fußball, dat iss mein Leben!

Es gibt Tore, die kannst du einfach nicht vergessen; die sind so fest eingebrannt auf der Fußball-bekloppten Festplatte wie sonst nur das Misstrauens-Votum gegen Willy Brandt, der Golf-Krieg oder die erste Portion Pommes. Wie könnte ich zum Beispiel das entscheidende Tor von Günter Netzer im Pokalfinale 1973 aus meiner Erinnerung streichen? Oder den überirdischen Heber von Lars Ricken im Champions-League-Finale 1997 gegen Juventus Turin? Ganz zu schweigen von Helmut Rahns 3:2 gegen die Truppe von Major Puskás oder dem 2:1-Siegtreffer von Egon Nethövel 1959 gegen Germania Dattelns Erzrivalen BV Selm: ein Freistoß wie ein Zaubertrick von Copperfield, eine Überlistung sämtlicher ballistischer Gesetze, ein Ball, dessen Flugbahn einzig und allein dem Willen des legitimen Netzer-Vorgängers, des rothaarigen Kunstschützen Egon Nethövel, gehorchte.

»Toor!!!«, schrie die 3 000 Köpfe zählende Menge im Datteiner Ostring-Stadion, »Toor!!!«, schrie auch mein Vater, ein glühender Anhänger der grün-weißen Germania, der schon als Nervenbündel im Stadion erschien, und der jedes Mal, wenn sich eine der beiden Mannschaften dem Strafraum näherte, zu zittern begann wie ein degenerierter Rehpinscher. »Zwei zu eins für Germania!«, jubilierte es krachend und scheppernd aus dem Platzlautsprecher. »Torschütze in der neunundsiebzigsten Minute – Egon Nethövel!«

Oh ja, im Ostring-Stadion gab es bei den Spielen von Germania eine Lautsprecher-Anlage; die war zwar nicht fest installiert wie die Boxen in der Schalker Glückauf-Kampfbahn oder im Dortmunder Stadion Rote Erde – es handelte sich vielmehr um zwei Lautsprecher, die auf einem VW-Bus mit der dicken Aufschrift ›Radio Wewer‹ montiert waren –, aber wir Dattelner Fans waren stolz darauf, dass es in der Kanalstadt nicht zuging wie bei einem Dorfverein. Sogar Werbedurchsagen gab es schon, meistens wurde aber nur der Name des Ballspenders für das aktuelle Spiel genannt. Und vor dem Spiel und in der Halbzeit gab's die aktuellen Hits; jahrelang wollte mir Peter Alexander mit seinem schmalzigen Schmeichel-Schmachtfetzen ›Seide und Samt‹ nicht aus den Ohren weichen.

Ich kriege Germanias legendäre Verbandsliga-Mannschaft heute noch fast komplett zusammen: Möller (der Torwart, eine Mimose, verließ einmal weinend den Platz, weil die Zuschauer ihn beleidigt hatten), Anton Möcklinghoff (der mit einem Einmachring die widerspenstigen Haare bändigte), ›Kidde‹ Grabowski (der Dicke, der aus allen Lagen schoss, oft in die westfälischen Wolken), ›Boy‹ Skoda (der Dribbelkünstler am rechten Flügel, fast so gut wie der Brasilianer Garrincha aus der 58er-Weltmeistermannschaft), Kalla Fechner (der Mittelstürmer, eine Wühlmaus, die überall da hinging, wo es scheußlich wehtat, besonders gegen den BV Selm, die alte Tretertruppe), ›Pinnatz‹ Binkowski (der Eintänzer am linken Flügel, mit allen Kanalwassern gewaschen), der Verteidiger Hinz, der Mittelläufer Möller II (einer von zwei Rothaarigen, der Bruder vom Torwart) und eben der geniale Egon Nethövel. Zwei habe ich glatt vergessen, jetzt kriege ich wahrscheinlich Ärger in Datteln, aber bitteschön, hat der Mensch nach 45 Jahren nicht ein Recht auf Gedächtnislücken? Jedenfalls wurde diese Mannschaft 1961 Westfalenmeister, setzte sich souverän gegen die Sportfreunde Siegen durch – bei der entscheidenden Partie im Hagener Ischelandstadion waren 12 000 Zuschauer! –, scheiterte dann im Kampf um die Deutsche Amateurmeisterschaft aber sofort in der nächsten Runde an Siegburg 04.

Zufall ist es nicht, dass ich mich gerade an Egon Nethövels Freistoßtor gegen die ebenfalls grün-weißen Selmer erinnere. Mit den Fußballern aus der münsterländischen Gemeinde Selm waren wir Germania-Anhänger ähnlich liebevoll verbunden wie die Fans des BVB mit Schalke oder die von Celtic mit den Rangers. Jeder Fußballfreund, der seine sieben Sinne noch einigermaßen beisammen hatte, wusste, dass der BV Selm Fußball wie eine Art Schlachtfest inszenierte und dass er mit den Gebrüdern Strassel professionelle Killer in seinen Reihen hatte. Es war ohnehin ein Skandal oder schlicht Korruption, dass der Verband die Selmer nicht schon längst wegen permanenter Unsportlichkeit und Brutalität auf Dauer vom Spielbetrieb ausgeschlossen hatte.

Die Selmer ihrerseits redeten in ähnlicher Weise von unseren ritterlichen und fairen Germania-Kickern. Das habe ich immer als extrem unsachlich empfunden. Und dann kommt unser Egon ausgerechnet im Hass-Spiel, wie es die *Bild*-Zeitung heute formulieren würde, und haut den Selmern gut zehn Minuten vor Schluss ein Jahrhundert-Tor in die Maschen. Noch heute krieg ich mich kaum ein, wenn ich an die Szene von 1959 denke. Welche ungeheure Erregung, höchste Euphorie und tiefe Niedergeschlagenheit (und manchmal leider auch hässlichen Aggressionsschübe) der schöne Fußballsport bei den Menschen auslösen kann!

Weil es sich so verhält, war ich schon immer offen für alle Vergleiche mit den Empfindungen, die die Sexualität im Menschen auslöst. Und wenn ein Fan zu mir sagt: »Dat Tor war geiler als wie Ficken«, dann bin ich jederzeit bereit, ihm inhaltlich zuzustimmen, auch wenn ich es in der mir eigenen feinen und dezenten Sprache natürlich anders formulieren würde.

Ablehnen muss ich allerdings die Betrachtungsweise eines Sozialwissenschaftlers aus den Siebzigern, der das Befördern des Balles ins Tor mit der männlichen Penetration des weiblichen Geschlechtsorgans gleichsetzte. Deshalb sei der Fußball nicht mehr als die Befriedigung primitivster männlicher Bedürfnisse, zum Teil auch höchst gewalttätig – Vollspann volley aus 25 Metern! – und aus diesem Grund als Ausdruck brutaler Frauenfeindlichkeit abzulehnen. Der Mann wollte sich erstens bei den Weibern einschleimen, hatte zweitens null Ahnung von Fußball und hat drittens die Tore von Ricken, Rahn und Nethövel nicht gesehen.

Wie glücklich kann sich nun erst ein Mensch schätzen, der im Perlenkästchen seiner Erinnerung neben historischen Treffern anderer Spieler auch eigene künstlerisch wertvolle oder wichtige Tore aufbewahren darf. Zu diesen Menschen gehöre ich – seit dem legendären Spiel zwischen Real Amandusstraße und dem FC Ahsener Straße im Jahre 1964. Wir von der Amandusstraße spielten auswärts, auf einem verwilderten Gartengrundstück an der Ahsener Straße, das wir zusammen mit den Jungs von der gegnerischen Mannschaft in ein leidlich bespielbares Klein-Fußballfeld verwandelt hatten. Der kleine Peter Kartus hatte einen schwergängigen und angerosteten Rasenmäher organisiert und stutzte mühevoll das Gras, und es gab sogar Linien, weil nämlich unser Spielführer Udo ›Pele‹ Przybilla aus Quellen, nach denen wir vorsichtshalber nicht fragten, einen Sack Kalk besorgt hatte.

Das Allergrößte: Dieses Spiel hatte einen in Schwarz gekleideten Spielleiter. Ein richtiger Schiedsrichter war es nicht, aber Charly Brockmann von der Neuen Straße benahm sich wie ein echter Schwarzkittel: Er lief wichtigtuerisch rum und beeindruckte uns mit einer Gestik, die wilde Entschlossenheit und Autorität ausdrücken sollte. Eine Trillerpfeife besaß er auch, und nach meiner Erinnerung setzte er dieses Instrument in den allermeisten Szenen korrekt ein; wir mussten ihn also nach dem Spiel nicht beschimpfen oder verprügeln.

Es stand 2:2, die erste Halbzeit lag in den letzten Zügen, und die beiden Achter-Mannschaften – mehr hatten wir nicht zu-

1953: Manni checkt schonmal, ob der Platz des Lebens bespielbar ist.

sammengekriegt, und mehr passten auch nicht auf den Platz – waren gleichwertig, jedenfalls zu dem Zeitpunkt noch. Udo führte den Ball, er kam über rechts, und ich mogelte mich in der Mitte nach vorne. Die drei gegnerischen Abwehrspieler beachteten mich nicht besonders, sie erinnerten sich wohl daran, wie unbeholfen und teddybärhaft ich mich bei meinen beiden Torchancen kurz zuvor angestellt hatte. Diese Sorglosigkeit schrie nach Bestrafung, und ich schrie auch: »Pele, Pele!«, brüllte ich. Natürlich ohne Akzent auf dem zweiten é; schließlich bekam nicht einmal der Fernsehreporter Rudi Michel mehr zustande als ein schlaffes »Pehle« – die Deutschen der Adenauer-Jahre waren gegenüber Fremdsprachen eben von unbekümmerter Ignoranz. Mittlerweile sind wir in Sachen Baschtürk, Gii-Miää und Co. am anderen Ende der Fahnenstange angekommen, nämlich im Stadium der Überperfektion. Ich ruderte mit den

Armen. Gib mich die Kirsche, tu mich den Ball, hau die Pocke rüber, hieß das in der rauen Ruhrgebietssprache, und Pele, der Ballstreichler, tat mir den Gefallen. Flach und zentimetergenau kam das Leder angerauscht – es war damals noch ein richtiges Leder, mit einer Schweineblase drin –, und jetzt war ich am Zuge. Augenblicklich wurden in meinem fülligen Körper Sturzbäche von Adrenalin ausgeschüttet, und sofort schoss der Gedanke »Dat schaffst du nicht, Manni!« durch meinen Kopf. Aber ich musste es schaffen, allen schwerfälligen Bewegungen zum Trotz, denn vor dem verdammten Tor, fünfzehn Meter von mir entfernt, befand sich keiner mehr, und im Tor, da stand der grenzdebile Wolfgang Thoben, eine absolute Oberlusche.

Ich lief los Richtung Kasten und registrierte gleichzeitig, dass sich ein paar Schritte hinter mir die Meute der gegnerischen Abwehrspieler, überrascht und beeindruckt von dem schönen Diagonalpass, ebenfalls in Bewegung setzte. Wolfgang, der Torwart, war großgewachsen. Tu ihn flach in die Ecke, egal, in welche, redete ich mir ein, während ich dem sogenannten Tor – es bestand lediglich aus zwei in den Boden gerammten Bohnenstangen – entgegenstrebte. Als ich noch sechs, sieben Meter vom Ziel meiner Träume entfernt war und das gegnerische Gehechel fast im Nacken spürte, warf sich der Keeper mit einer nicht sehr eleganten, ruckartigen Bewegung auf den Boden, dem Ball entgegen, der gerade einen halben Meter von meinem Fuß gesprungen war. »Lupfen, lupfen!«, rief eine innere Stimme aufgeregt, und ich lupfte den Ball über den am Boden liegenden Tormann. Hätte der in einem letzten Aufbäumen die Hände hochgerissen, es wäre nie und nimmer ein Tor geworden. Aber der blöde Wolfgang lag da, entgeistert und handlungsunfähig, und der Ball, dieses wunderbare, nur mir gehorchende liebe Bällchen, hüpfte und hoppelte, wie Hennes, der Geißbock, über die weiß markierte Torlinie, und ich mit einem kraftvollen, fairen Hopser über den geschlagenen Torwart hinterher. Ich geriet ins Straucheln, fiel aber nicht, und dann, als ich das Ungeheuerliche und Beglückende des Augenblicks erkannt hatte, begann ich zu kreischen, ich tobte, hüpfte und lief einen Halbkreis mit erhobenen Armen, wie ich es bei den ganz großen Goalgettern im Europapokal gesehen hatte. »Tooor! Toooor!!«

Die anderen kamen angelaufen, Walter, Peter, Udo, die beiden asozialen Grubers, »Superklasse, Manni!« und »Wahnsinnstor!« riefen sie, halsten mich, drückten mich, und war es nicht auch so, dass fünfzigtausendstimmiger Jubel gen Ruhrpott-Himmel stieg, dass enthusiastische Sprechchöre meinen Namen im Stakkato riefen, immer wieder, immer wieder? Ich hatte ein Tor geschossen, ein 3:2 gar, wie damals der Boss im Finale gegen Ungarn, nur mit dem kleinen Unterschied, dass es sich erst um das Ende der ersten Halbzeit handelte; aber ein Tor zu einem ›psychologisch wichtigen Zeitpunkt‹ war es doch allemal, wir gingen mit einer Führung ›in die Kabine‹, das Selbstbewusstsein der hochmütigen Gegner, die ihre Ausfallstraße Richtung Ahsen für was Besseres hielten, war angeknackst.

Okay, Tore von mir gab es nicht nur an hohen Feiertagen, dazu spielte ich einfach zu oft Fußball, fast jeden Tag auf dem sandigen Vorplatz des Ostring-Stadions. Da waren immer genug Jungs, die mitspielen wollten, vier gegen vier auf kleine Tore, ohne Torwart, da erwischte jeder mal den Ball und schob ihn ins Tor. Aber meine Fehlerquote war nicht gerade gering, ich neigte zu nervösen Ausfallerscheinungen, wenn ich allein vor dem Kasten stand, und ein flatteriges Hemd versiebt eben auch die dicksten Chancen. Außerdem erzeugte mein Übergewicht ein spürbares Trägheitsmoment, das ich häufig, wenn es auf Schnelligkeit ankam, nicht durch meine elegante Art der Ballbehandlung ausgleichen konnte.

Deshalb galt ich auch nicht unbedingt als erste Ziehung, wenn es um die Wahl der Mannschaften ging. Das waren knallharte, oft deprimierende Stunden der Wahrheit, wenn zwei meiner Mitspieler, meistens die anerkannt Besten, die Auswahl für die Teams trafen. Hatte ich Glück, schwamm ich bei der Reihenfolge irgendwo im Mittelfeld mit, wenn es nicht gut lief, wurde ich auch schon mal als Letzter benannt, und das war peinlich und erniedrigend. Noch schlimmer wurde es allerdings, wenn nach der Verteilung der leistungsstärksten Spieler einer sagte: »Und ihr nehmt den Rest«, und ich in einer namenlosen Masse unterging, als jemand, der verdammtes Glück hat, dass sie ihn überhaupt mitspielen lassen. Das ist mir aber so gut wie nie passiert, Gott sei Dank.

So wurde schon in den Sechzigern auf dem Vorplatz von Germania das brutale Leistungsprinzip eingeübt: Nur die Harten kommen in den Garten. Charles Darwin ließ grüßen (obwohl wir ihn damals eher für einen Spieler vom FC Liverpool gehalten hätten). In den Genuss der wirklichen und wahren Fußballer-Auslese, nämlich dem Mitwirken in einem richtigen Verein, bin ich nie gekommen. Germania Datteln hätte sich angeboten, ich war mit allen Fasern Fan des grün-weißen Clubs und lief zudem regelmäßig unmittelbar neben dem Germania-Trainingsgelände dem Ball hinterher. Aber wie immer witterte Mama auch hier Lungenentzündungen und Beinbrüche. Klein Manni sollte nicht bei Wind und Wetter von raubeinigen Ruhrpott-Tretern umgenietet werden. Und etwas Dünkel war auch dabei; denn trainiert wurden die Kinder von einem grobschlächtigen Bollerkopf namens ›Olle‹ Aust, der unter schlimmen Anfällen von Fäkalkommunikation litt. Ich trainierte einmal zur Probe mit bei den Schülern von Germania und machte den Fehler, meiner Mutter von den Umgangsformen des Übungsleiters zu berichten. Ich fürchte, da kam eine Spur zu viel ›Scheiße‹ und ›Arschloch‹ in meinen Erzählungen vor, und damit war es endgültig um die zu erwartende glanzvolle Fußballer-Karriere geschehen. Manchmal habe ich es mir noch ausgemalt, wie sie mich bei Germania in Form gebracht hätten, ein paar Kilos runter und dann immer hinein mit der alten Pocke ins gegnerische Netz. Manni, der Goalgetter, von einem Talentspäher aus Schalke oder Dortmund für ganz hohe Aufgaben empfohlen, ein dicker Profivertrag, Kohle ohne Ende, Schlagzeilen in den Zeitungen, dann der Anruf vom Bundestrainer ... aufwachen, Manni, aufwachen!

Dank Mama musste es beim gigantischen Oval an der Ahsener Straße bleiben, dem Hoppel-Acker mit den selbst gezogenen Kalklinien und den Bohnenstangen als Torpfosten. Dort war jetzt Pause, unser vorzüglicher Unparteiischer Charly Brockmann hatte die ersten fünfundvierzig Minuten pünktlich beendet, dank meines Jahrhundert-Tores führten wir mit 3:2. Wenn ich vorhin im Überschwang den Begriff ›Kabinen‹ benutzt habe, so bitte ich das zu entschuldigen. Natürlich hatten wir nichts außer dem freien Himmel über dem Revier, noch nicht einmal Getränke standen uns zur Verfügung, Pele hatte zwar versprochen, einen Kasten Wasser zu organisieren, im fiebrigen Wahn vor dem Prestige-Duell war dieser Plan aber in Vergessenheit geraten. Außerdem liefen wir zu jener Zeit noch nicht mit der ständigen Angst durch die Gegend, zu dehydrieren, wenn wir nicht mindestens alle zehn Minuten ein Viertelchen Wasser die Kehle runterlaufen ließen. (Die Bosse der Mineralwasser-Industrie haben wahrscheinlich eine mehrwöchige Sauforgie veranstaltet, nachdem es ihnen gelungen ist, bei den Konsumenten die Panik davor zu erzeugen, auf einen Schlag auszutrocknen und blitzartig ins Koma zu fallen.) Auch ohne Wasser oder sonstige Getränke, ganz zu schweigen vom legendären ›Pausentee‹, waren wir in der Halbzeit der festen Überzeugung, auf einem guten Weg zu sein.

»Das Beste ist, wir spielen weiter offensiv nach vorne«, meinte Pele Przybilla, »es wäre ein großer Fehler, sich jetzt hinten reinzustellen und sie erstmal kommen zu lassen.«

»Da hast du vollkommen Recht«, stimmte ihm Peter ›Garrincha‹ Kartus zu, »wir schenken ihnen schnell noch eins ein, dann sind sie moralisch am Ende.«

Wir nannten uns nach berühmten Spielern; sehr beliebt waren die brasilianischen Künstler von der Weltmeistermannschaft 1958: Pelé sowieso, aber auch der Rechtsaußen Garrincha mit seinen fast schon bedauernswerten O-Beinen, oder Didi, oder Vava und wie sie alle hießen. Aber auch deutsche Kicker, Uwe Seeler zum Beispiel, oder Karl-Heinz Schnellinger und Hans Tilkowski, der Torwart, standen hoch im Kurs. Walter Klopp, der als einziger von uns den Fallrückzieher beherrschte, wollte immer gerne ›Uwe‹ gerufen werden, was ja eine gewisse Logik hatte. Walter wäre im zweiten Durchgang des Spiels taktisch lieber vorsichtig zu Werke gegangen, Huub Stevens und Friedhelm Funkel hätten ihre Freude an ihm gehabt. »Lass uns doch erstmal gucken, was sie machen«, schlug er vor, »einer wartet vorne und kriegt vielleicht mal einen langen Ball; wär doch auch schön, so ein prima Kontertor.« Der bullige Walter stand aber mit seiner Meinung ganz allein auf weiter Flur, alle anderen wollten die von der Ahsener Straße mit ihrer großen Schnauze so schnell wie möglich aufs Kreuz legen.

Und was soll ich Ihnen sagen: Es geschah genau so! Walter machte nach zwei Minuten das 4:2, da guckten die anderen schon so wie Babies, denen man den Schnuller weggenommen hat. Und unser Garrincha, der später mal ein feister Wirt im benachbarten Waltrop werden sollte, mit einer Figur wie der doppelte Bulle von Tölz, besorgte es dem demoralisierten Gegner noch zweimal. Das letzte Tor war ein vollkommen unberechtigter Elfmeter, denn bei dem Handspiel, das Schiedsrichter Charly gesehen hatte, war ungefähr soviel Absicht im Spiel wie bei den Toren von Carsten Jancker, nämlich gar keine, also durfte es auch keinen Strafstoß geben. Aber da es schon 5:2 stand, regte sich keiner mehr groß über die Fehlentscheidung auf – bis auf einen mit einem frettchenhaften Gesicht, der schon vorher durch ständiges Rumgemotze aufgefallen war. »Das war nie und nimmer Elfer«, ereiferte er sich, »nimm die Entscheidung sofort zurück!«

»Hier pfeife ich«, entgegnete Charly, »es gibt Elfmeter, verhalt dich ruhig.«

»Du kriegst gleich was auf die Fresse, wenn du dat nicht sofort korrigierst!« Das war eine Kriegserklärung, und verstärkt wurde sie noch dadurch, dass der Aggressor in feindseliger Absicht auf den Unparteiischen zustürmte. Fürsorglicherweise stellten sich aber die eigenen Mannschaftskameraden dem potenziellen Körperverletzer in den Weg und verhinderten eine Eskalation bei diesem bis dahin überaus friedlichen Wettstreit.

Garrincha alias Peter behielt die Nerven (was bei dem Spielstand keine besondere Herausforderung war) und versenkte die Kugel genauso ruhig wie flach in die linke Ecke zum 6:2-Endstand. Sechs zu zwei! Wir waren euphorisch, wir waren aus dem Häuschen, wir waren einfach nur glücklich und ahnten nicht, dass solche Momente des reinen Glücks ganz selten sind – sonst hätten wir die Augenblicke nach dem Schlusspfiff noch bewusster genossen und festgehalten.

»Jetzt packen wir uns als Nächstes die aus der Hötting-Siedlung!«, jubilierte Udo.

»Jau, dat machen wir!«, schrie ich dazwischen. »Und die kriegen auch 'ne Packung!«

»Wir hauen ihnen die Hütte voll!« Diese mutige Ankündigung – immerhin spielten einige aus der Hötting-Siedlung bei Germania – stammte von Jens, einem der schmuddeligen Grubers. Mit denen sollte ich eigentlich gar nicht spielen, weder Fußball noch sonstwas, das hörte ich jedenfalls ständig von meiner Mutter. Denn die kinderreiche Arbeiterfamilie Gruber mit ihren fünf Söhnen galt in unserer Kleinbürger-Straße als ›verkommen‹. Verkommen war der, der sich nicht an die ungeschriebenen Gesetze der Ordnung, der Hygiene und der normgerechten Sexualität hielt. Dazu gehörte auch eine Höchstzahl an Kindern; wer sie überschritt, war schnell als hirnlos rammelndes Karnickel oder eben als verkommen verschrien. Die Grubers liefen zudem noch in verlotterten Klamotten rum, hielten sich bei ihren verbalen Auseinandersetzungen nicht an die vorgeschriebene Phonzahl, und Doris Gruber hing manchmal im Fenster und hatte eine ihrer Lieblingszigaretten der Marke Collie 62 im Mundwinkel. Die rote Karte in Form von sozialer Ausgrenzung war ihr sicher: Mit den Grubers wollte keiner von der Amandusstraße zu tun haben. Aber wir ließen die Jungs mitspielen, sie taten keinem was, und einer, den seine Eltern blöderweise Anton getauft hatten, konnte sogar einen guten Pass spielen. Die Sippenhaft wurde beim Fußball außer Vollzug gesetzt.

Die freche Ankündigung, demnächst die jugendlichen Fußballer aus der Hötting-Siedlung mal so richtig aufzumischen, wurde nie in die Tat umgesetzt. Der historische Sieg gegen die Ahsener Straße blieb ein singuläres Ereignis, vergleichbar nur mit dem legendären Erfolg der Färöer-Inseln gegen Österreich. Wir spielten weiter Fußball – aber wie gewohnt als wilde, ungeordnete Haufen, wann immer und wo immer wir uns trafen, auf Straßen, auf Kuhwiesen, auf Schulhöfen.

Schon von Kindesbeinen an drehte sich bei mir vieles um Fußball, nicht nur als jugendlicher Balltreter, auch als passiver Konsument in den Stadien, vor dem Fernseher, vor dem Radio und im Radio.

Mein allererstes Fernseh-Fußballspiel war die Skandalpartie Schweden – Deutschland bei der Fußball-WM in Schweden 1958. Es handelte sich um das Halbfinale, der amtierende Weltmeister Deutschland wurde mit 1:3 nach Hause geschickt, und die deutsche Öffentlichkeit regte sich noch wochenlang über das von sogenannten Einpeitschern mit Megaphon auf Temperatur gebrachte fanatische schwedische Publikum und über den Platzverweis gegen den wackeren deutschen Spieler Juskowiak auf. Klein-Manfred und sein Papa durften sich dieses Spiel – ein eigener Fernseher war noch nicht einmal ganz fern am Horizont zu erspähen – bei den Nachbarn angucken, der Bäckerfamilie Kill. Wir tauchten so ganz nebenbei in die gediegene Atmosphäre von ›Bessergestellten‹ ein, und ich als angehender Schokoladen-Junkie widmete ein Gutteil meiner Aufmerksamkeit einem Gegenstand, den ich bis dato noch nicht kennengelernt hatte: einer Konfektschale. Die war mit edlen Pralinen gefüllt, und die Bäckersfrau hatte ausdrücklich grünes Licht für Naschattacken gegeben.* Merke: Skandale sind halb so schlimm, wenn nur ausreichend Sahne-Trüffel auf dem Tisch stehen.

Vor dem Radio habe ich sogar einmal bei einer Fußball-Übertragung geweint, und das bestätigt wieder eine alte These: Fußball im Radio ist wesentlich emotionaler als im Fernsehen. Anlass für meinen Tränenausbruch war das Ausscheiden der deutschen Mannschaft 1962 bei der Weltmeisterschaft in Chile. Ich kann mich sogar noch an den Namen des jugoslawischen Übeltäters erinnern, der unsere Jungs mit einem Distanzschuss platt machte: Radakovic hieß der Typ, der die Deutschen im Viertelfinale stoppte, Torwart Fahrian war machtlos, und außerdem fiel das Tor in der 86. Minute, auf Wiedersehen! An eine Fernseh-Direktübertragung war damals noch nicht zu denken, satellitentechnisch zirpten erst ein paar Sputniks durchs All, also war der Fan auf die verrauschte Radio-Reportage angewiesen – und heulte hinterher wie ein Schlosshund. Scheiß-Jugos!

Beim Fernseh-Fußball gab es für mich als kleinen Jungen von zehn, zwölf Jahren strenge Grenzen. »Papa, darf ich heute aufbleiben? Heute kommt Europapokal im Fernsehen«, fragte ich oft mit banger Miene. Europapokal kam mittwochs, nicht dienstags, nicht donnerstags, sondern nur am Mittwochabend. Und das war deshalb ein Problem, weil der Fußball mir den Schlaf rauben würde, den ich für meine glanzvolle Karriere am Dattelner Gymnasium dringend benötigte. So sah es jedenfalls mein gestrenger Herr Papa und verbannte mich ins Bett, wäh-

* Ausführlich habe ich von diesem spektakulären Erlebnis in dem Buch »Fritz Walter, Kaiser Franz und wir« berichtet, herausgegeben von Oliver Th. Domzalski und Frank Goosen, erschienen 2004 im Eichborn Verlag.

rend im Wohnzimmer die Herren Wosab und Konietzka in ihren goldglänzenden Flutlicht-Trikots Borussia Dortmund immer weiter Richtung Finale schossen.

Ich kann mich noch genau erinnern, wie ich bei angelehnter Schlafzimmertür hellwach in meinem Bett lag, während der BVB Benfica Lissabon mit 5:0 zur Strecke brachte. Ich hörte den Kommentar von Ernst Huberty aus dem Fernseher, war stinksauer, erschien zweimal im Schlafanzug im Wohnzimmer und wurde von meinem wütenden Vater wieder in die Koje gescheucht. Wenn jemals der Begriff der seelischen Grausamkeit seine Berechtigung hatte, dann an einem solchen Abend des sinnlosen Verzichts und tiefen Frusts. Aber immerhin war und blieb ich ein ganz, ganz toller Schüler – wahrscheinlich deshalb, weil ich morgens immer so ausgeschlafen war.

Bei meinen Stadion-Besuchen war der große Fußball in Gestalt von Bundesliga, Europapokal und Länderspielen einstweilen noch weit weg. Von Germania Datteln hatte ich mich allerdings abgewandt. Ich muss es zugeben: Es war ein schnöder Verrat, wie ich ihn mit meinen heutigen hohen Ansprüchen an Vereinstreue und wahre Anhängerschaft nicht mehr gutheißen kann. Germania Datteln wurde schlechter, stieg gar aus der Verbandsliga ab – und schon war ich weg. Das ist um keinen Deut besser, als wenn du deine Frau verlässt, nur weil sie ein paar Falten bekommen hat.

Meine neue Braut war die Spielvereinigung Erkenschwick; meine Hinwendung zu den Rot-Schwarzen aus der Nachbarstadt verlief wie in den archaischen Gesellschaften: Erkenschwick brachte Germania Datteln eine vernichtende Niederlage bei, und ich poussierte mit den Siegern. Es war aber auch zu peinlich! Anfang der Sechziger spielten Germania und die Spielvereinigung gemeinsam in der Verbandsliga, an einem Sonntag fuhren mein Vater und ich mit dem Küster von St. Amandus zum Stimbergstadion, der traditionellen Spielstätte der Erkenschwicker im Schatten der Schachtanlage Ewald Fortsetzung. Ich weiß noch, dass ich kurz zuvor Probe hatte; ich spielte bei der Pfarrspielschar St. Amandus in einem Weihnachtsmärchen den rotnasigen Zwerg Strumpel. Es gab insgesamt drei Zwerge, Rumpel, Pumpel und Strumpel; warum ich den offensichtlich versoffenen Gnom Strumpel zu spielen hatte, habe ich vergessen, eine Anspielung auf Alkoholmissbrauch kann es in dem Alter nicht gewesen sein.

Jedenfalls ging es nach der Probe nach Erkenschwick – einen Ort, der uns alteingesessenen Dattelnern schon immer sehr suspekt gewesen war, denn Erkenschwick galt als zutiefst proletarische Bergbaugemeinde mit rauen Menschen und derben Sitten, und war früher mal das ärmste Dorf Preußens, wie unser Chemielehrer am Dattelner Gymnasium voller Häme anzumerken pflegte.

»Da wohnen lauter Pollacken«, sagte mein Vater kurz, prägnant, vollkommen vorurteilsfrei und tolerant. ›Pollacken‹ waren dafür bekannt, dass sie obszöne Wörter benutzten, selbst an Sonntagen mit fein gerippten Unterhemden rumliefen, nie in die Kirche gingen, sich prügelten und ständig besoffen waren. Und nun erschien der edle, von wertvollen Menschen bevölkerte und unterstützte Fußballverein Germania Datteln am Stimberg, um den Proleten eine Lektion zu erteilen – holte sich aber dummerweise eine 0:7-Packung ab! Da lachten sich die Erkenschwicker auf den Rängen schlapp, und die moralisch überlegenen Dattelner Anhänger zogen bedeppert nach Hause, nicht ohne wilde Verwünschungen in Richtung eigene Mannschaft auszustoßen. In erster Linie war es aber unterwürfige Anerkennung der Überlegenheit des Gegners – und Manni übertrieb es ein wenig mit der Unterwürfigkeit, indem sein Fähnchen, das wild im Wind flatterte, jetzt nicht mehr die Farben Grün und Weiß, sondern Rot und Schwarz zeigte.

Zugegeben: Erkenschwick war schon immer eine Kategorie über Germania angesiedelt, gehörte ohnehin zu den Ruhrgebiets-Traditionsclubs, wie die Sportfreunde Katernberg oder der SV Sodingen und hatte sich in legendären Oberliga-West-Schlachten nach dem Krieg und in den 50ern mit Schalke und Borussia Dortmund gemessen. Sogar die große Schalker Ikone Ernst Kuzorra hatte sich schon mal herabgelassen, Erkenschwick zu trainieren, aber die ganz großen Erfolge blieben dem Verein vom Stimberg verwehrt, das höchste der Gefühle war nach dem Ende der Oberliga-Zugehörigkeit 1953 eine gepflegte Zweitklassigkeit in der 2. Liga West, der Regionalliga und der 2. Bundesliga.

Diesen echten Kohlenpott-Fußballern schenkte ich also jetzt mein Herz, und ich war buchstäblich bei Wind und Wetter unter den rund 3 000 Zuschauern, die den Stimberg regelmäßig bevölkerten. Ich erinnere mich noch an ein Spiel, bei dem es von der ersten bis zur letzten Minute goss wie aus Eimern – eine Tribüne, auf der man den eingeweichten Fans Asyl hätte gewähren können, gab es noch nicht –, aber ich litt trotzdem keine feuchte Not, denn ich hatte ja den mausgrauen Kleppa-Mantel meines Vaters, eine Art umgearbeiteter Gummischlauch, der mir zwar das Aussehen eines apokalyptischen Atomschutz-Beauftragten verlieh, mich aber trotz der Sturzbäche von oben trocken hielt.

Am Sonntag morgens in die Kirche, danach Frühschoppen mit Onkel August, dann der köstliche Sonntagsbraten zu Hause bei Mama (nur ganz wenige Menschen auf diesem Planeten beherrschen noch diese aromatische, dunkelbraune Bratensoße!), anschließend, den Bratengeschmack noch auf der Zunge, per Anhalter oder mit dem Bus nach Erkenschwick zum Fußball, das war zweimal im Monat mein Programm am Tag des Herrn, und ich vermisste nichts in der Zeit zwischen dem zwölften und achtzehnten Lebensjahr – außer vielleicht, gegen Ende dieser Zeitspanne, ein Mädchen, mit dem ich es hätte treiben können; aber dann traf ich ja Vera, bei der ich vorübergehend zumindest die Illusion haben durfte, sexuell zum Ziel zu gelangen.

Orgiastische Erlebnisse gab es auf dem Erkenschwicker Stimberg höchst selten, der Höhepunkt aller Höhepunkte ereignete sich am 4. Februar 1967: Erkenschwick stand im Achtelfinale des DFB-Pokals und der Gegner war kein Geringerer als der große, fabelhafte, unvergleichliche FC Bayern München mit den Herren Sepp Maier, Gerd Müller und Franz Beckenbauer.

Nur beim Datum musste ich nachschlagen, der Rest ist mir präsent, und auch wenn es keine Pokal-Sensation wurde, gehört das Spiel Erkenschwick gegen Bayern München zu den Top 20 meiner persönlichen Fußball-Hits – schon deshalb, weil einige der ganz großen damaligen Fußball-Stars fast zum Anfassen nah waren, nicht im Müngersdorfer Stadion, im Stadion Rote Erde oder gar im Fernsehen, sondern auf dem Stimberg, meiner Heimat als Fußball-Fan. Ein außergewöhnliches Erlebnis, ein fast weihevolles Gefühl, an dem ausnahmsweise auch mein Vater teilhatte. Als es mit Germania bergab ging, als die Grün-Weißen nur noch in den trüben Gewässern der Landesliga und später noch tiefer schwammen, erklärte Papa seine Phase als aktiver Fußball-Anhänger unausgesprochen für beendet. Aber bei Erkenschwick gegen Bayern fuhr er noch einmal mit, allerdings nicht ohne düstere Prophezeiungen (»Die werden denen den Kasten voll hauen, da kannze dich drauf verlassen!«) abzusondern.

Angesichts der Kräfteverhältnisse auf dem Platz waren solche Vorhersagen nicht besonders mutig, besonders vor ›kleines, dickes Müller‹, der die Dinger notfalls mit dem Arsch rein machte, hatten die Erkenschwicker – wie sich herausstellen sollte, vollkommen zu Recht – einen Heidenrespekt. Für alle, die die Mörder-Spannung schon jetzt nicht mehr aushalten können: Die Bayern gewannen mit 3:1, aber Erkenschwick blamierte sich nicht vor der bombastischen Kulisse von 20 000 Zuschauern – ungefähr soviele, wie die Stadt Einwohner hatte. Eine so mitreißende Stimmung wie an diesem Februar-Tag 1967 hat es in den Jahrzehnten danach bei den Spielen der Spielvereinigung nicht mehr gegeben.

Und ein paar Minuten lang lag die Sensation in der Luft! Bayern war mit 1:0 in Führung gegangen (Torschütze, wer sonst, Gerd Müller), und dann gab's Elfmeter für die Spielvereinigung. ›Ecki‹ Sockacki, der kantige Strafraum-Haudegen, machte wie immer die Augen zu und haute einfach drauf. Der Ausgleich, 1:1! »Er-ken-schwick, Er-ken-schwick, Er-ken-schwick!!«, skandierte das heißblütige westfälische Volk, und ich brüllte meinem Vater in dem napolitanischen Lärm zu: »Wenn die jetzt nervös werden, dann geht's aber hier rund!«

Ich glaube, Papa stand kurz davor, wieder zur Zitterpappel zu werden, wie damals bei Germania gegen Selm, Beckum oder Altenbögge, aber dann wuselte wieder jener Müller durch den Sechzehner, traf zum zweiten Mal an diesem Nachmittag und rückte die Verhältnisse gerade. Rainer Olhauser setzte noch eins drauf, die Bayern hatten ihre Pflichtaufgabe erfüllt, aber Kalla Seidenkranz, der Mann, um den sich in Erkenschwick auf dem Platz alles drehte, und seine Kameraden hatten keine Veranlassung, am nächsten Morgen den Blick in den Spiegel zu meiden. Zumindest, was das Spiel anging. Welche erschreckenden, den Selbsthass provozierenden Veränderungen die zwanzig Pils nach dem Pokal-Hit angerichtet hatten, stand auf einem anderen Deckel.

Er-ken-schwick gegen Bayern vor 20 000, und ich war dabeigewesen, ›mein‹ Verein auch noch abends im Aktuellen Sportstudio, es war eine Wonne, Fan der Spielvereinigung zu sein! Im Erkenschwicker Stadion habe ich auch zum ersten Mal Radio-Reporter in Aktion gesehen, Jochen Hageleit und Heribert Fassbender, auf dem mit Teerpappe ausgelegten Dach des Toiletten-Häuschens. Vor allem Hageleit beeindruckte mich mit seiner gewaltigen Gestik und mit Square-Dance-ähnlichen Figuren, die er während der Reportage in den Teer trat: vor der Schritt, seitwärts Step, wieder zurück und seitlich Kick, und gleich noch mal den ganzen Ritt! Solch ein Tänzchen hatte ich später nicht im Repertoire, aber mit den Armen habe ich auch immer gerudert wie ein nervöser Verkehrspolizist, und wenn ich bei der Reportage saß, wippte ich wie irre mit dem Knie, was sage ich, mit dem ganzen Bein, mit geschätzten hundert Wippern pro Minute. Wer es sah, bekam sofort den Impuls, die Hand beruhigend auf das wippende Knie zu legen, und wenn es eine anmutige Frau war, gab ich gleich noch eine Wipp-Zugabe.

Können Sie sich vorstellen, wie freudig erregt und stolz ich war, als ich ein paar Jahre später selber den Fußball-Reporter im Stimberg-Stadion geben durfte? An derselben Stelle wie Hageleit und Fassbender, jetzt als Kollege dieser beiden bekannten Reporter-Gestalten? Mit dem Blick auf meinen Stammplatz, wo noch drei, vier der früheren Kumpels standen, die angesichts der neuen Konstellation fast fremdelnd reagierten.

Als ich 1971 studienhalber nach Marburg an der Lahn auswanderte, ging die Liaison mit der Spielvereinigung Erkenschwick zu Ende, nur noch in größeren Zeitabständen wurde ich am Stimberg gesichtet. Außerdem hatte ich als trampender Sechzehn- und Siebzehnjähriger meinen Aktionsradius erweitert und besuchte bald regelmäßig eine neue, hochklassige Fußballbraut, die mich in den Farben Blau und Weiß erwartete. Und dann fing ja auch 1972 die aufregende Tätigkeit am Mikrofon an, und ich war als WDR-Nachwuchsstar nur noch in den großen Stadien dieser Welt zu Gast: in der Schwansbell-Kampfbahn in Lünen, am Bocholter Hünting und in der Herforder Jahn-Kampfbahn. Aber selbst wenn meine Reporter-Karriere in den ersten Jahren nur auf ganz kleiner Flamme köchelte: Ab und an schickte mich der große Sportchef-Übervater Kurt Brumme – wenn das Frühstücksei in Ordnung gewesen war und er keinen Stress mit der Gattin hatte – doch auf die wirklich legendären Sportplätze – aber nur dann, wenn unbedeutende Gegner in Müngersdorf, Schalke oder Dortmund aufkreuzten.

Die Glückauf-Kampfbahn am Schalker Markt hatte ich schon als Probereporter besichtigt, als meine Ausführungen noch nicht gesendet, sondern nur dem geneigten Boss zur Beurteilung vorgespielt wurden. Auf Schalke betrat ich auf dem Weg zum Reporterplatz unter dem Tribünendach nicht nur schaudernd heilige Steine und Treppen, sondern durfte auch mit eigenen Augen das berühmte Hinweisschild »Zu die Presseplätze!« lesen. Wieder einmal ein Beweis dafür, dass große Leistungen auf dem Fußballfeld und die Beherrschung der deutschen Sprache zwei ganz unterschiedliche Baustellen sind.

Mein allererster Besuch in einem ›großen‹ Stadion (im Vergleich zu den gigantischen Arenen von heute waren auch die meist mickrig) fand im September 1966 statt. Eines Nachmittags haute mich Udo Przybilla – der mit dem Künstlernamen Pele – an: »Willst du mit zum Europapokal nach Dortmund fahren?«, fragte er mich doch tatsächlich. Er hätte auch sagen können »In drei Jahren geht 'ne Rakete zum Mond. Interesse?«, oder »Claudia Cardinale will sich mit dir treffen, hast du Zeit?«

Ich geriet vor Freude total aus dem Häuschen, aber schon damals war es angesagt, cool zu bleiben und den Ball flach zu halten. »Ach, das wäre aber nett«, sagte ich deshalb bewusst zurückhaltend.

»Mein Onkel fährt da mit einem Kumpel hin, und sie haben noch zwei Karten extra«, konkretisierte Udo das Angebot.

»Ich muss aber zu Hause fragen, ob sie mich mitfahren lassen.«

»Okay, aber am besten sachse heute noch Bescheid, sonst müssen wir die eine Karte anderweitig verticken.«

Was soll ich Ihnen sagen – meine Eltern fragten zwar misstrauisch, wer denn die beiden Erwachsenen wären, mit denen wir da nach Dortmund führen, aber sie machten kein ernsthaftes Theater, wie ich es eigentlich erwartet hatte. Immerhin handelte es sich ja um eine nächtliche Fahrt in den Großstadt-Moloch Dortmund! Und so kam ich zu meinem ersten Europapokal-Spiel, im zarten Alter von fünfzehn, der BVB gegen die Glasgow Rangers, die erste Runde im Europapokal der Pokalsieger.

Die Dortmunder waren Titelverteidiger, hatten gerade im Hitchcock-Finale von Glasgow gegen den FC Liverpool den Europapokal geholt, setzten aber mit dem wenig renommierten neuen Trainer Heinz Murach und einer falschen Personalpolitik zum Sinkflug an. Das interessierte mich aber an jenem Septemberabend überhaupt nicht, ich war vollauf damit beschäftigt, Atmosphäre in mich aufzusaugen. Vier in den Abendhimmel ragende Flutlichtmasten, deren Scheinwerfer das Stadion ›Rote Erde‹ in ein unwirkliches, gleißendes Licht tauchten: Mir kam es aus der Ferne so vor, als sei gerade ein UFO mit Außerirdischen gelandet, ich fühlte mich wie im Traum oder im Kino. Um mich herum Tausende von Menschen in Schwarz und Gelb, Dampfschwaden von den Holzkohlengrills und der würzige Duft der Bratwürstchen – Peles Onkel ließ sich nicht lumpen und gab eine Runde Wurst aus –, Sprechchöre (»Der BVB, der BVB, der BVB ist wieder da!«), scheppernde Bierflaschen, berittene Polizei. Und dann ging's unter Natursteinbögen hindurch und hinein in die berühmt-berüchtigte Nordkurve.

»Taktisch am besten isses, sich vor einen von den Wellenbrechern zu stellen«, schlug Hubert, der Freund des Onkels, vor, »wenn ein Tor fällt, kippen sie beim Jubeln alle nach vorne um, aber wenn du vor dem Wellenbrecher stehst, kann keiner auf dich drauffallen.« Ein schlaues Kerlchen, der Hubert! Wir setzten seinen Vorschlag in die Tat um, kamen dadurch aber ziemlich unten zu stehen. Bis zum Anpfiff war noch eine Stunde Zeit, und so allmählich landete ich nach den ersten wundersamen, entrückten Gefühlen wieder in der Realität. Und entdeckte Gestalten, die mir bis dato weder in der katholischen Gemeinde St. Amandus noch auf dem Neusprachlichen Gymnasium für Jungen und Mädchen in Datteln begegnet waren: verlotterte Trunkenbolde, kantige Kerle mit Oberarmen wie eine Boa Constrictor nach dem Verschlingen eines Wildschweins – sämtlich Menschen, bei deren Anblick ich nicht die geringste Lust auf ein gemeinsames Fläschchen Sinalco verspürte.

»Scheiß S 04, Scheiß S 04!!«, grölte einer; einmal, zweimal und immer wieder, obwohl meines Wissens ein Auftritt der Schalker an jenem Abend nicht angekündigt war. Die schwankenden Bewegungen des Schalke-Hassers ließen eine affirmative Haltung zum Dortmunder Bier erkennen. Und dann pisste er auch noch hemmungslos auf die unterste Stufe der Stehränge, ohne dass ihn irgendeiner daran gehindert oder ihn deswegen angemacht hätte. Ja, wo sollte der Mann in seiner Not auch hinmachen? Bis zum Klo, durch die dichten Reihen der Fans, hätte er es ohnehin nicht mehr geschafft, der Bedauernswerte.

Ein anderer, seiner Statur nach Ehrenmitglied der Panzerknackerbande, stand unten vor den Stufen, schwenkte eine riesige schwarz-gelbe Fahne, nahm dann Anlauf, raste wie ein Stier auf die dicht stehende Fanmasse zu und schlug als lebendiger Rammbock eine Schneise in die Zuschauermenge. Einige fielen um, hielten sich den Kopf und andere Körperteile, andere waren noch rechtzeitig zur Seite gesprungen.

»Dat iss Ömmes«, jubilierte ein Glatzkopf schräg vor mir, »der hat 'nen Jagdschein. Der braucht dat, der glaubt, er wär ein Panzer.«

»Ziemlich viel Pack hier«, grinste Pele, »aber da gewöhnst du dich dran, die meisten sind in Ordnung.«

Dennoch war ich froh, dass meine Eltern nicht Augenzeugen der diversen Beispiele menschlichen Niedergangs wurden; sie hätten mich noch vor dem Anpfiff aus dem Verkehr gezogen, um die unschuldige Seele ihres Sohnes nicht mit weiteren Abartigkeiten zu belasten. Und dann marschierten die Mannschaften auf den Platz, vom tosenden Applaus der erwartungsfrohen 35 000 begleitet, die Schotten in Blau-Weiß, die Dortmunder in Schwarz-Goldgelb. Was für ein stolzes Gefühl, den berühmten Fußball-Profis, den Europapokalsiegern so nah zu sein! Anfassen war zwar nicht möglich, ich hätte mich vor lauter Ehrfurcht auch nicht getraut, aber in Sichtweite hetzten sie dem Ball hinterher, die westfälischen Fußballgötter, nicht nur auf einer kleinen Mattscheibe mit 59 Zentimetern Durchmesser. Nichts gegen Egon Nethövel von Germania Datteln, aber was sich da in der Kampfbahn Rote Erde bewegte, spielte im wahrsten Sinne des Wortes in einer ganz anderen Liga: Stan Libuda, Siggi Held, Emma Emmerich, alles Nationalspieler; der wuchtige Stopper Paul, Uhrmacher aus Bigge; die kleine Kampfkugel Hoppy Kurrat; der eisenharte Rudi Assauer, und im Tor der fliegende Hans Tilkowski – eine Parade illustrer Könner! Aber im Spiel gegen die lückenlos verteidigenden Rangers versagte die Dortmunder Spielkunst. Kein einziges Mal rauschte die jauchzende Menge in der Nordkurve mit dem Torschrei auf den Lippen gegen die Wellenbrecher, es gab ein jämmerliches 0:0, und da der BVB das Hinspiel im Ibrox-Park 1:2 verloren hatten, flog er aus dem Wettbewerb. Es sollte sechzehn Jahre dauern, bis Borussia Dortmund wieder international dabei sein würde.

»Sonne Scheiße!«, fluchte Peles Onkel, »Da hasse dir aber ein blödes erstes Spiel inne Rote Erde ausgesucht.«

»Iss nicht so schlimm«, murmelte ich nur, und das war nicht nur eine Floskel, denn trotz des frustrierenden Resultats war ich schwer beeindruckt von dem faszinierenden Drumherum eines in Flutlicht getauchten Europapokalabends. Und vom allergrößten Höhepunkt der Veranstaltung habe ich ja noch gar nicht berichtet. Es geschah kurz vor Schluss des Spiels: Da bolzten die Schotten zum tausendsten Mal den Ball über die Torauslinie, nur weg damit aus der gefährlichen Zone im Strafraum. Die Kugel flog weit in die Nordkurve, tickte noch zweimal auf und rollte kurz vor den Rängen aus. Nur sechs, sieben Meter von unseren Plätzen entfernt! Damals wurde noch berechtigterweise vom ›Spielball‹ gesprochen, denn es gab nur einen Ball. Nicht zwanzig Ersatzbälle, die zum Einsatz kamen, wenn die gerade im Spiel befindliche Pocke im Publikum oder auf dem Tribünendach gelandet war.

Dein Einsatz, Manni! Ich brauchte keinen Einsatzbefehl,

kein langes Nachdenken, kein Abwägen der Vor- und Nachteile meines Tuns, sondern hüpfte mit einem Satz die vier Stufen runter, legte die folgenden fünf Meter in handgestoppten 1,2 Sekunden zurück, griff mir den Ball und raste weiter Richtung Eckfahne.

Zäune gab es damals noch nicht, die Spieler mussten nicht durch Käfige vor den Wahnsinnigen geschützt werden, nur das übliche Geländer trennte die Nordkurve vom Spielfeld und von der Laufbahn drum herum. Als ich mit dem Ball unter dem Arm am Geländer angekommen war, stand dahinter ein Balljunge. Dem hätte ich den Ball eigentlich geben müssen, er war die autorisierte Person zur Weiterleitung des Spielgeräts an einen BVB-Akteur zwecks Ausführung der fälligen Ecke. Eigentlich. Denn wer stand dort an der Eckfahne und ruderte hektisch mit den Armen? Schnell, schnell, rück die Kirsche raus, et steht Null-Null, wir brauchen ein Tor! Es war der Mann mit der linken Klebe, Lothar Emmerich höchstpersönlich, der in dieser kritischen Situation seines BVB den Ball forderte. Von mir! Ich trug in diesem Augenblick Mitverantwortung für Ausscheiden oder Drinbleiben, Wohl und Wehe der Borussia lagen auf den Schultern von Emma und mir. Wir schauten uns nur eine Sekunde lang an, der Mann mit den sensationellen Toren aus allen denkbaren Winkeln und der kleine, dickliche Manni aus Datteln, und dann wusste ich, was augenblicklich zu tun war. Ich holte weit aus und warf Lothar Emmerich den Ball zu. Er tickte einmal auf, die Entfernung betrug zehn Meter, in der Aufregung war meine Wurftechnik erbärmlich. Aber Emma hatte ihn, legte ihn in Windeseile in den Viertelkreis an der Eckfahne und hob ihn angeschnitten in den Strafraum, von wo ihn die blau-weißen schottischen Defensivkünstler wie Roboter weghämmerten.

Welch ein erhebendes Gefühl! Ich hatte mal eben locker einem Weltklasse-Spieler die Kugel serviert, damit das Spiel weitergehen konnte. Es hatte zwar nichts geholfen, es blieb beim 0:0, aber in diesem Augenblick und auch später, als ich allen meinen Freunden und Klassenkameraden die Begebenheit erzählte, war ich der stolzeste Junge auf dem Globus.

Zum Stadion Rote Erde bin ich später noch häufig gefahren, auch als Reporter, zu einer Zeit, als die Borussen in der demütigenden Zweitklassigkeit herumkrebsten. In meiner Eigenschaft als jugendlicher Fan wandte ich mich bald dem ewigen Rivalen der Schwarz-Gelben zu, dem blau-weißen FC Schalke 04. Nein, ich werde mich jetzt nicht dafür entschuldigen, ich werde auch nicht krampfhaft nach triftigen Gründen für diese dramatische, charakterlose Entscheidung suchen. Vielleicht bin ich ja der geborene Renegat? War ich nicht schon Germania Datteln untreu geworden? Ich bitte nur um die Berücksichtigung meines jugendlichen Alters, in dem bekanntlich noch alles fließt und feste Strukturen erst im Entstehen sind.

Als frischgebackener Fan des FC Schalke 04 hatte ich bei jedem Heimspiel ein neues Abenteuer zu bestehen, denn ich begab mich trampenderweise von Datteln zum Schalker Markt. Aber es klappte immer, und außerdem wohnten in Datteln viele Schalke-Fans, darunter einer, der immer alleine mit seinem Opel Kadett auf Schalke fuhr. Der las mich oft auf, wenn ich auf der Castroper Straße den Daumen raushielt, und nahm mich mit zu den Heimspielen der Knappen.

1967 liefen bei den Schalkern noch viele kantige Gestalten wie Hermann Erlhoff oder Manni Pohlschmidt auf dem Platz rum, nach und nach wurde der Kader jedoch mit Spielern aufgefüllt, die auch in der Nationalmannschaft zu bewundern waren, Klaus Fischer etwa, der Fallrückzieher-Mann, der eisenhart-athletische Rolli Rüssmann oder Stan ›Keiner-kommt-an-Gott-vorbei‹ Libuda, ab 1971 dazu noch die von allen Frauen umschwärmten Kremers-Zwillinge. Regelmäßig habe ich die Schalke-Spiele in der Zeit von Rudi Gutendorf zwischen 1968 und 1970 besucht; der Trainer aus Koblenz hatte seine Riegel-

Rudi-Phase vom MSV Duisburg längst überwunden, ließ attraktiven Fußball spielen und war als Mann von Welt in der Lage, längere Sätze zu bilden, in denen mehr als Subjekt, Prädikat und Objekt vorkamen.

Rudi war auch zuständig für Show-Effekte. Er ließ die Spieler morgens um sechs vor den Kumpels an den Werkstoren Parade laufen, damit sie eine Vorstellung vom harten Los der arbeitenden Bevölkerung bekamen. Und Gutendorf war es auch, der Käfige mit Junglöwen aus dem Westerholter Löwenpark um die Laufbahn der Glückauf-Kampfbahn rollen ließ, um die lieben Freunde aus Dortmund – nicht ganz ernstgemeint – zu bedrohen. Dort hatte nämlich im Hinspiel ein schwarz-gelber Schäferhund den Schalker Friedel Rausch in den Hintern gebissen.

Auf Schalke war also immer was los, mit Günther Siebert regierte ein ebenso leidenschaftlicher wie durchgeknallter Präsident, diese Mischung gefiel mir. Und außerdem mischten die Schalker zu jener Zeit vorne mit, sie kamen 1969 ins Pokalfinale (und verloren gegen die Bayern), durften aber trotzdem am Europapokal der Pokalsieger teilnehmen. So sah ich also 1970, da war ich schon Student in Bochum, mein zweites Europapokalspiel nach der unvergesslichen Einstiegsdroge Dortmund – Glasgow. Schalke spielte gegen Manchester City, ich guckte für zehn Mark Eintritt auf einer Stahlrohrtribüne hinter der Gegengeraden zu. Das Spiel ist mir unter anderem deshalb in nicht so angenehmer Erinnerung, weil direkt hinter mir ein Choleriker stand, der im Minutentakt Tobsuchtsanfälle bekam – gegen den Schiedsrichter, gegen den Gegner, gegen die eigene Mannschaft, vielleicht auch gegen nicht ganz gerade gewachsene Grashalme, gegen alles und alle. Die Blauen gewannen mit 1:0 durch ein Tor von Libuda, wurden jedoch im Rückspiel mit 5:1 hingerichtet. Aber immerhin: Es hatte sich um ein Halbfinale gehandelt, die formale Qualität meiner Spiele als Stadionbesucher stieg.

Normalerweise stand ich in der Nordkurve. Die Plätze dort waren um fünfzig Prozent teurer als die in der Dortmunder Nordkurve, nämlich eine Mark fünfzig statt eine Mark. Außerdem war es in Schalke auch nicht möglich, das Eintrittsgeld zu sparen, indem man dem Ordner am Eingang heimlich eine Handelsgold-Zigarre im Wert von 30 Pfennig zusteckte. Aber auf die fünfzig Pfennig mehr oder weniger kam es nicht an, denn in der Glückauf-Kampfbahn fühlte ich mich sofort pudelwohl.

Es hatte sich auch noch eine weitere Mitfahrgelegenheit ergeben: Mein ehemaliger Mitschüler Sebastian Heitkamp fuhr regelmäßig mit seinem Vater zu den Spielen der Blau-Weißen, in einem Gefährt, dem ich auch heute noch die Bezeichnung ›Auto‹ verweigere: in dem berühmten Fiat 500, dem Tschinkwetschento, einer Quetsch-Kiste in Leichtbauweise, in der auf wundersame Weise drei oder vier Personen Platz hatten. Ähnliche Verachtung hegte ich auch, obwohl ich alles andere als ein Autofreak bin, gegenüber der von einer bestimmten Kategorie zwangsorigineller junger Menschen heiß geliebten Ente (in Betonung der eigenen Frankophilie auch Dööschewoo genannt). Sebastian kam aus Erkenschwick und machte gern mal einen Umweg, um den Schalke-Fan Manni mitzunehmen. Er war ein seltsamer Junge mit einer zur Schau getragenen Schwäche für markige Fahrtenlieder; keiner wusste, ob das selbstironisch oder ernstgemeint war. Immer wieder schmetterte er schaurige Hymnen wie ›Wilde Gesellen, vom Sturmwind durchweht‹ oder ›Wildgänse rauschen durch die Nacht‹ – kauft euch eine Mundorgel, singt die Songs nach und spürt ihn, diesen herrlichen, unwiderstehlichen Brechreiz! Und dann war er auch noch glühender Verehrer eines Sängers aus Bremen, der zu Recht in den Abgrund des Vergessens gestürzt ist: Ronny, ein ehemaliger Tontechniker von Radio Bremen, dessen größter Hit, mit tiefer, zurückhaltender Stimme vorgetragen, lautete: ›Kleine Annabell, musst nicht traurig sein‹. Welche verheerenden genetischen

Katastrophen müssen passiert sein, damit ein grundsätzlich recht sympathischer junger Mann mit einem solchen musikalischen Geschmack gesegnet wird – da lernst du doch wieder das Beten! Aber trotz dieser Fehlsteuerung mochte ich ihn und seinen bescheidenen Vater, und wir genossen eine Weile zusammen die Spiele von Nigbur, Rüssmann, Libuda und Co.

Ich verlor Sebastian aus den Augen, als ich nach Marburg ging, und hörte eines Tages vollkommen geschockt die Nachricht, dass er in den Wald gegangen war und sich erschossen hatte. Wegen einer unglücklichen Liebe, von der sich herausstellte, dass das Objekt der Zuneigung ein Mann gewesen war. Da passten dann plötzlich die Männer-Lagerfeuer-Romantik, Ronny und die rauschenden Wildgänse wunderbar ins Muster. Leider gestattete die Hetero-Gesellschaft und die sie tragenden Säulen dem lieben Sebastian nicht, seine Art der erotischen Weltsicht im proletarisch-spießigen Oer-Erkenschwick auszuleben. Da musste er eben seinem undercover gelebten Leben ein Ende setzen. An solchen Punkten packt mich auch noch heute die blanke, kalte Wut.

Ähnliche Gefühlsregungen befielen mich, als ich 1971 die ersten Berichte über den Bundesliga-Skandal hörte. Mein Bekenntnis zur Religion Schalke, das sich in zahllosen Pilgerfahrten zur Glückauf-Kampfbahn manifestiert hatte, wurde in den Grundfesten erschüttert. Meine Fußball-Lieblinge hatten den lächerlichen Betrag von 2 300 Mark pro Nase angenommen, um den abstiegsbedrohten Bielefeldern einen 1:0-Sieg auf Schalke zu ermöglichen. Es stürzte keine Welt ein, so gigantisch war der Stellenwert des Fußballs nicht, ich ging aber von einem auf den anderen Tag innerlich auf Distanz, nicht nur zu Schalke 04, sondern zur gesamten Bundesliga. Der Spaß am Fußball war mir erst mal gründlich verhagelt. Denn es hatten ja beileibe nicht nur die Schalker manipuliert, der Betrug im Abstiegskampf war fast flächendeckend versucht und in vielen Fällen auch durchgezogen worden.

Aber was müsste eigentlich passieren, damit ich wirklich und dauerhaft nichts mehr mit dem Fußball zu tun haben will? Ich glaube, es müsste sich folgendes herausstellen: Alle Spiele seit dem Ende des Zweiten Weltkriegs waren und sind vorher abgesprochen; die Schiedsrichter haben immer klare Anweisungen, wie zu pfeifen ist; alle verbalen Scharmützel, etwa bei den Zusammenstößen von Uli Hoeneß mit Rudi Assauer, Christoph Daum oder Willi Lemke, sind von Drehbuchschreibern ausgetüftelt, um die Stimmung anzuheizen; sämtliche Profis werden, mit Billigung von DFB und DFL, chemisch auf die höchste Leistungsebene befördert. An dem Tag, an dem ich von diesen Ungeheuerlichkeiten erfahren würde, könnte (!) mein Entschluss keimen, fürderhin nur noch Polo- oder Badminton-Spielen beizuwohnen. Da es so weit aber nie kommen wird, bleibe ich dem Fußball treu und verhalte mich wie der Vater gegenüber seiner Lieblingstochter: immer bereit, zu vergessen und zu vergeben, zwar fluchend und leidend, aber nie flüchtend und meidend, wie die Fans von Borussia Dortmund, die trotz skandalöser Management-Fehler ihrem Verein treu blieben und das Westfalen-Stadion wie eh und je füllen, weil der BVB eben zu ihrem Leben gehört wie Schlafen, Zähneputzen oder Bier aus der Flasche trinken.

So konnte auch der Bundesliga-Skandal mein libidinöses Verhältnis zum Fußballsport nicht kappen. Ob an Papas Hand zu Germania Datteln oder mit dem Mikrofon vor dem Mund beim WM-Finale: Fußball, dat iss mein Leben, und bis jetzt gibt es keinen Anlass, diesen fundamentalen Artikel aus meinem persönlichen Grundgesetz zu streichen.

Zugabe

Mannis erster ekstatischer Radio-Torschrei erschüttert die Ultrakurzwelle

Wir schreiben den 7. Mai 1972, es ist 16:36.

Im Ruhrgebiet ist noch alles ruhig, alles läuft nach den ewig gültigen, in Kohle gemeißelten Sonntags-Gesetzen: Am Essener Baldeneysee werden unschuldige Kinder bei lebendigem Leib zu Sonntags-Spaziergängen gezwungen, in schlecht belüfteten Schlafzimmern erfüllen Ehefrauen nach Kaffee und Erdbeertorte ächzend ihre ehelichen Pflichten, an Hunderten von Tresen geht der sogenannte Frühschoppen ebenso schleichend wie beschwingt in den Dämmerschoppen über.

Eine Minute später gerät die ordentliche und anständige Welt der Ruhris aus den Fugen. »Zuerst hab ich gedacht«, werden sich die Kinder, die Ehefrauen und die Zecher später erinnern, »dat wär sonne Art Rauschen, von ganz weit wech.« Dann beginnt die Luft zu vibrieren, Bäume biegen sich wie in heftigem Sturm – dabei ist gar kein Sturm da! –, der Dortmunder Fernsehturm schwankt, Autos auf der Bundesstraße 1 bei Wattenscheid-West beginnen, die masurische Polka zu tanzen, und plötzlich knallt eine brüllende Stimme flächendeckend über das Häusermeer zwischen Oberhausen und Kamen, wie aus Tausenden von unsichtbaren Lautsprechern schreit es in einer Mischung aus frisch geborenem Baby und notgeilem Hirsch: »Tooooor!!! Tooooooor in Wattenscheid!!!! Die Entscheidung in Wattenscheid!!!«

Die Menschen öffnen ihre vom Kohlenstaub tauben Fenster, schalten die Automotoren aus, in den jetzt wieder gut belüfteten Schlafzimmern ist ein Coitus Interruptus zu beklagen, und in den Ausflugslokalen rund um den Baldeneysee drängen sie sich um die Radio-Empfänger, denn auch dort ist die tobende Stimme auf allen Frequenzen zu hören.

»Wat schreit der denn so rum?«, rufen sich die Menschen zu. »Wat iss dat für einen? Hat der se nich mehr alle?« Und: »Wat iss denn überhaupt in Wattenscheid passiert? Da passiert doch sonst nix!«

Oh ja, es ist etwas passiert: In der 87. Minute des bedeutenden Regionalligaspiels Wattenscheid 09 gegen den VfR Neuss, in dem es um nicht mehr und nicht weniger als die Ehre geht – einem Rechtsgut, das knapp unter der unverzichtbaren Menschenwürde angesiedelt ist –, schießt der später so genannte ›Spargeltarzan‹ Hannes Bongartz das 2:0 der Wattenscheider gegen die bereits abgestiegenen Neusser. Und der Reporter-Novize Manni nutzt das Welt-Ereignis, das später von Saboteuren aus den Sport-Jahresrückblicken entfernt werden wird, um dem Ruhrrevier und den angrenzenden Regionen über Ultrakurzwelle mitzuteilen: »Ich bin da, Freunde! Ich bin schwer im Kommen! Und so laut Tooor schreien wie die anderen kann ich schon lange!«

Jetzt, wo meine Jugendbeichte in den letzten Zügen liegt, ist auch die Stunde gekommen, endlich den Schleier des Geheimnisses zu lüften, der seit über drei Jahrzehnten den orgiastischen Torschrei von Wattenscheid bedeckt: Ich hab's für Miriam getan, meine Torverkündung fiel nur deshalb so wild und prä-ejakulativ aus, weil ich ihr imponieren und es ihr über's Mikrofon besorgen wollte. Das Rumgebrülle hatte allein sexuelle Gründe, war Mittel zu dem nicht sehr heiligen Zweck, meine Gespielin aufzupeitschen und anzufixen für das abendliche gemütliche Beisammensein. Tja, so brutal und banal zugleich kann die Wahrheit sein.

Es sollten noch viele Torschreie folgen nach jenem denkwürdigen 7. Mai 1972, und in den allermeisten Fällen war das Gebrülle unter erotischen Gesichtspunkten betrachtet vollkommen sinnfrei. Aber eben nicht immer! Ein entsprechendes Enthüllungsbuch ist in Vorbereitung.